LÉON BAZALGETTE

—

Walt Whitman

L'Homme et son Œuvre

AVEC UN PORTRAIT ET UN AUTOGRAPHE

I

PARIS
MERCVRE DE FRANCE
XXVI, RVE DE CONDÉ, XXVI

WALT WHITMAN

DU MÊME AUTEUR :

FEUILLES D'HERBE, de Walt Whitman, traduction complète par Léon Bazalgette, d'après l'édition finale........................ 2 vol.

A la même librairie :

Le " Poème-Évangile " de Walt Whitman, par Léon Bazalgette.. 1 vol.

LÉON BAZALGETTE

Walt Whitman

L'Homme et son Œuvre

I

AVEC UN PORTRAIT ET UN AUTOGRAPHE

TROISIÈME ÉDITION

PARIS
MERCVRE DE FRANCE
XXVI, RVE DE CONDÉ, XXVI

MCMXXVI

I have had serious doubts
about the good of a Preface at
all to Leaves of Grass — but have
finally concluded to try it as
foregoing thoughts and granu-
(random and detach'd passages, as they follow each other—)
lations — suggestion-keys, such
as they are, not in explanation
(for the only real explanation is in itself)
or defence of the Volume. x but

of its incipiency and fruition. A good deal that might strictly have belong'd to this essay holds position already in *Specimen Days and Collect*.* [note] It is quite possible for there may be "parrot-like repetitions" – which danger, however, has not troubled me. But as the ensuing

INTRODUCTION

> ... Mais je n'entreprends pas de te définir,
> à peine de te comprendre,
> Je ne fais en ce moment que te nommer,
> te prophétiser,
> Je ne fais uniquement que te clamer !
>
> W. W.

L'Amérique qui songe et qui chante, derrière celle qui laboure et qui forge, a donné jusqu'ici au monde quatre génies universels : Poe, Emerson, Thoreau et Whitman. Quelque grands que s'attestent tels autres de ses poètes et de ses penseurs, ils n'ont, après tout, qu'une signification nationale et ne s'adressent pas comme ceux-ci au cœur de l'humanité ; ils appartiennent à l'histoire littéraire, où quelques-uns d'ailleurs ont droit à une place plus qu'honorable. Et parmi ces quatre figures, il en est une qui de plus en plus domine colossalement le groupe : c'est Walt Whitman.

Poète, voyant, vous hésitez à le définir. Il est l'un e l'autre et beaucoup plus encore. A travers lui un Continent tout entier semble prendre voix soudain pour se célébrer, une race jeune s'incarner sous les traits d'un Individu véritablement taillé dans une matière nouvelle, la Démocratie s'épanouir en cantiques aux accents imprévus. En l'écoutant, vous croiriez entendre quelque rhapsode, énorme et rude, qui de l'antiquité aurait invisiblement passé sur le sol américain, pour confesser les désirs, les émerveillements et la foi de l'Homme Moderne. Ses fresques gonflées et pullulantes sont comme les hymnes védiques de notre âge. Elles tressaillent de l'émotion qui accompagne le commencement d'une ère.

Si amples sont ses proportions que l'Amérique, à part une poignée de fidèles, n'a nullement conscience de son suprême interprète. Elle l'ignore. Peu importe d'ailleurs : elle a tout le temps de le reconnaître, lorsque, au septième jour, elle se reposera de ses labeurs. Et lui-même a tout le temps d'attendre. N'a-t-il pas dit quelque part, songeant à son propre cas : « La preuve des mérites d'un poète doit être sévèrement différée jusqu'au jour où son pays l'aura absorbé aussi amoureusement qu'il a absorbé son pays. »

En attendant cette heure, le monde est en voie d'offrir à Walt Whitman un autre témoignage. La conviction de quelques bons esprits, manifestée en diverses langues, est qu'il doit être regardé non seulement comme le premier sans conteste des chantres de sa race, mais comme le poète le plus puissant et le plus neuf du siècle dix-neuvième dans son ensemble. Conviction dont on peut sourire *à priori*, et qui cependant se propage de jour en jour.

Beaucoup, qui n'oseraient la partager, devraient avouer qu'il n'en est pas dans les temps modernes d'aussi prodigieusement vaste. Ses versets ont en effet, à un degré étonnant, la qualité qu'ont seuls possédée avant lui une douzaine peut-être de génies souverains : celle de s'adresser à la totalité du monde. Ils répondent, plus fortement qu'aucune autre voix, à des aspirations, à des besoins, à des ferveurs ressentis par tout ce qui appartient sur la planète à l'humanité jeune et tournée vers le futur. La révélation dont son œuvre est grosse apparaît aussi décisive pour nous autres, Européens, que pour ses compatriotes de l'Est, de l'Ouest ou du Midi. Ceux-ci tenteraient en vain de s'approprier Walt Whitman : il leur échappe. Passant toutes les frontières, il s'adresse à chacun des peuples de la terre ; et s'il n'est pas un jour reconnu par tous sans exception, il ne le sera pleinement — c'est-à-dire dans la mesure où il doit l'être — par aucun.

Il ne s'agit donc pas ici de présenter un « exotique », mais de supprimer les barrières qui nous cachent une source vive de beauté et d'amour, à laquelle des générations se désaltéreront comme on s'est désaltéré depuis des lustres à Shakespeare. A certains égards, Walt Whitman est plus près de nous que s'il était de notre sang. Il n'émerge pas des ténèbres du temps ou des brumes de l'espace, comme telle imposante figure, malgré tout solitaire et lointaine. C'est un grand Aîné qui éclaire notre marche, après avoir respiré notre atmosphère, suivi nos routes, éprouvé nos appétits et ruminé nos pensées. On lui ferait moins injure en l'ignorant qu'en le métamorphosant en curiosité poétique Le lecteur concevra donc aisément que ce travail a été pour moi autre chose qu'une entreprise littéraire. Il est le fruit d'une communion avec son œuvre et d'une intimité avec son individu assez étroites et assez ferventes pour que je me figure avoir vécu depuis des années tout près de lui. Qu'on ne s'étonne donc point d'y rencontrer les traces de mon sentiment personnel à l'égard de l'un et de l'autre. Si j'ai réussi à comprendre et à faire comprendre quelque peu — (ce dont je ne suis pas très sûr) — cette individualité de frappe neuve, cela ne pourra être que pour l'avoir tant aimée. Quelque émotion de beauté ou d'humanité que l'avenir me réserve, je sens bien que ce contact prolongé avec un tel révélateur demeurera la grande impression de ma vie.

En France, Walt Whitman a éveillé depuis vingt-cinq ans, parmi ceux qui ont pu le lire dans le texte, un petit nombre d'admirations très vives. Malgré qu'il ne soit pas rare aujourd'hui de voir citer son nom, il n'en demeure pas moins inconnu du public, même le plus averti. Puisque cette ignorance devait tomber fatalement quelque jour, — on n'ignore pas indéfiniment un Walt Whitman, — ne valait-il pas mieux l'introduire en bloc, dans son œuvre et dans sa vie, plutôt que par des fragments et des aperçus? Du moins cette méthode m'a paru plus sûre et plus en rapport avec son importance. D'où le présent volume, consacré à l'homme, et conçu comme une sorte d'introduction à la lecture des *Feuilles d'Herbe*. Il va sans dire que ces pages n'ont d'intérêt, si elles en ont, que par rapport à ce grand Livre : c'est celui-ci surtout qu'il faudra explorer pour comprendre celui qui l'édifia.

Je n'ignore aucun de ceux qui, en ce pays, ont rendu hommage à Walt Whitman et leur rends hommage à mon tour, au seuil de ce travail. Mais comment ma pensée n'irait-elle pas avant tout vers l'écrivain qui lui consacra, il y a vingt ans déjà, cet admirable essay que le poète lui-même rangeait parmi les plus pénétrantes appréciations de son œuvre en toutes langues et qu'il se glorifiait d'avoir pu susciter? Au nom de Gabriel Sarrazin demeurera toujours attaché l'honneur d'avoir, dès le début, salué Whitman d'une salutation ample et magnifique, de l'avoir sondé dans ses profondeurs. Je dois avouer que je me sentirais justifié d'avoir écrit ces pages si elles n'étaient pas jugées indignes de compléter son étude, qu'il faut estimer à certains égards définitive.

Précieux m'ont été les encouragements que j'ai recueillis depuis que m'a possédé l'idée de bâtir, dans la mesure de mes forces, une demeure française au barde américain, — non moins que certains appuis qui ne m'ont pas manqué. Il m'est agréable d'exprimer notamment à mon ami Horace Traubel, le confident des dernières années du poète et l'un de ses exécuteurs testamentaires, enthousiaste et fidèle gardien de sa mémoire, autour de laquelle il a élevé l'abri de la *Société Walt Whitman*, toute ma gratitude pour son affectueuse obligeance à me procurer les documents et les renseignements dont j'ai eu besoin. Parmi les satisfactions intenses que m'a données ce travail, je n'estime pas comme l'une des moindres celle de m'être rapproché de lui, en m'associant à l'œuvre à laquelle il s'est donné tout entier. Ce que je dois à mes devanciers, aux biographes de Walt Whitman, à tels de ses proches qui ont publié leurs souvenirs, et aux éditeurs de ses papiers posthumes, notamment à ceux qui édifièrent la *Camden Edition*, ce monument, est suffisamment attesté par les pages qui suivent, émaillées de citations et de références, pour que je n'aie pas besoin de préalablement le confesser. J'imprime cet aveu d'autant plus volontiers que mon intention ne fut jamais de réaliser un travail d'érudition, — que mes moyens autant que mes goûts m'interdisaient d'entreprendre, — mais bien de présenter une image en pied, aussi vraie et aussi vivante que possible, d'un homme autour duquel on pourra entasser les volumes sans pouvoir le définir complètement. La matière est inépuisable. J'aurai du moins essayé d'offrir un avant-goût de sa personnalité.

Au moment où j'achevais ces pages, une surprise et une joie m'étaient réservées : celles de l'apparition en Angleterre d'un ouvrage qui répondait trop intimement à mes propres sentiments pour ne pas les fortifier, quelque bien ancrés qu'ils fussent déjà. Je veux parler du livre de M. Henry Bryan Binns, où des facultés rares de psychologue s'allient à une compréhension vraiment émue du poète. Conçu d'après un plan quelque peu différent du mien, il contient des documents précieux, empruntés à des manuscrits inédits, dont certains me furent grandement utiles, en me permettant d'ajouter après coup quelques touches à mon portrait ou même d'en rectifier tels détails. Je crois mieux faire que m'excuser de cette liberté prise envers un confrère, en affirmant bien haut mon admiration absolue pour cet ouvrage sincère, fort et pieux, qui prouve quels progrès la « cause » de Whitman accomplit à l'heure présente dans le monde. Les quelques lettres inédites, contenues dans la biographie encore plus récente de M. Bliss Perry — ouvrage d'un tout autre caractère — m'ont également servi. Quant à cette mine d'informations qu'est le journal publié par Horace Traubel, sous le titre *Avec Walt Whitman à Camden*, comment n'y aurais-je pas puisé, en me félicitant qu'elle me fût ouverte avant la remise de mon manuscrit à l'imprimeur?

Tel ce travail, lentement et chèrement poursuivi, et que j'offre aujourd'hui avec l'espoir de convier d'autres esprits à la merveilleuse révélation contenue dans la personnalité de Walt Whitman. Combien de fois me suis-je arrêté en écrivant ces pages, déconcerté par la grandeur et la nouveauté de cette figure que je sentais pourtant si proche, persuadé que je ne parviendrais pas à les imprégner de son arome spécial et de son intime signification! Le navigateur qui a couru les mers pendant toute son existence, qu'en connaît-il? — me répétais-je alors. La surface. Il a pu pratiquer quelques sondages; mais qu'est-ce que cela en face des abîmes grouillants de vie? En réalité l'océan lui demeure inconnu. Et je comprenais mieux les étranges scrupules d'un Addington Symonds ne pouvant se décider, jusqu'à ses derniers moments, à mettre au point l'ouvrage qu'il avait de longue date préparé sur l'homme, plus que tous révéré, dont il avait subi l'emprise et absorbé l'œuvre verset par verset. J'ai néanmoins persévéré, dominé par un instinct plus fort que tous les scrupules. Puissé-je n'avoir pas totalement failli! Puissé-je surtout n'avoir pas trop affaibli les traits du grand Vivant, ces traits dont la réalité semble déjouer l'effort de ses portraitistes!

L. B.

Octobre 1907.

PREMIERE PARTIE

LES ORIGINES ET LA JEUNESSE

LONG-ISLAND (1819-1841)

I

LE COIN DE TERRE NATAL ET LES ANCÊTRES

Au soir de sa vie et du siècle dernier, un artisan-poète américain résumait en une page les péripéties de sa carrière. Invalide depuis de longues années, conscient de sa fin prochaine et l'envisageant avec un calme parfait, il se plaisait à jeter un dernier regard en arrière sur lui-même et les incidents du voyage dont il accomplissait la dernière étape. Il mourut l'année d'après.

Ce sommaire d'une existence, établi par un vieillard, suffit à nous apprendre qu'il parcourut, comme beaucoup de ses compatriotes, une riche gamme d'occupations, qu'il fut typographe, maître d'école, directeur de journal, charpentier, infirmier volontaire, employé de bureau, et qu'en outre il fit des poèmes. Mais qui soupçonnerait tout ce que dissimulent d'immense et d'insondable ces lignes simples et presque banales où l'on pourrait reconnaître le signalement d'un individu, sinon quelconque, du moins semblable à des centaines d'autres ? Comment deviner que, derrière cette page, s'élève, tel un monument aux proportions insolites, la vie la plus simplement grande, la plus ample, la plus pleine, la plus extraordinaire qui ait peut-être été vécue sur la planète? Une vie candide, joyeuse, épandue, multitudinaire, savourée à longs traits bien qu'avec calme et « sans en avoir l'air », et qui a passé tout entière dans une œuvre étrange, phénoménale, sans équivalent par son origine, son caractère et sa portée. Une vie auprès de laquelle l'exemple des grands aventuriers ou du plus affairé des capitaines d'industrie modernes apparaît presque pauvre, dès qu'on a pénétré les dessous et saisi l'ensemble. Une vie qui semble faire éclater le mot vivre pour le recréer avec des significations nouvelles.

Pour la décrire, il nous suffira de suivre, en l'élucidant, cette table des matières tracée par Walt Whitman aux approches de la tombe. Mais à l'instant d'entamer le premier chapitre, une inquiétude étrange vous saisit : la difficulté paraît presque insurmontable d'embrasser les mille aspects d'une existence à la fois si particulière et si universelle. La crainte de tronquer, de dénaturer ou de voiler cette grande figure vous fait hésiter sur le seuil. Vous vivez la minute d'effroi ressenti devant ce mystère qu'est toute chose immense et très simple.

Pour essayer de vaincre cette inquiétude, nous nous attacherons étroitement à la vérité qui, dans cette existence, est tellement belle que le plus sûr moyen de contribuer à son exaltation est de la respecter scrupuleusement. Plus on demeurera vrai, plus les proportions de l'homme apparaîtront démesurées. Et en gardant le souci de l'exactitude, nous chercherons surtout à préserver cette vérité centrale, intérieure, que l'omission d'une date ou d'un incident ne saurait modifier, parce qu'elle réside au delà. Jamais la pratique de subordonner le détail aux masses ne s'imposa davantage que pour le portrait en pied d'un Walt Whitman.

Pour dépeindre un tel vivant, il importe de le montrer dans la réalité concrète de ses gestes. C'est pour m'efforcer de conserver cette couleur, cette atmosphère de vie vécue et ce parfum de nature, que je m'effacerai le plus possible, en toute humilité d'écrivain, derrière ceux qui furent en contact personnel avec lui et l'ont saisi sur le vif. Le thème est trop grand pour qu'un essayiste y cherche des prétextes à effet.

Il est un fait capital, que nous ne perdrons jamais de vue, au cours de ces pages : l'identité de l'homme et de son livre. Identité réalisée à un degré jusqu'alors insoupçonné et telle que tout effort serait vain pour les dissocier. « Le lire dans les pages qu'il imprima, l'observer chez lui au coin du feu, est tout un (1) », déclare l'un de ses proches. Auparavant, le second en date de ses biographes avait semblablement noté : « Son individu corporel, sa vie extérieure, sa vie spirituelle interne et sa poésie ne font qu'un : l'un correspond à l'autre à tous égards, et chacun de ces aspects de lui-même peut toujours être déduit d'un autre de ceux-ci (2). » Même appréciation de la part d'un des grands compagnons de sa vie, qui déclare que le Walt Whitman de tous les jours est le « vivant commentaire » de son livre (3). C'est pourquoi nous aurons sans cesse à évoquer l'œuvre pour expliquer l'homme, — et réciproquement, lorsque nous essayerons de définir le poète-prophète. Si nous méconnaissions ce point de vue, l'un et l'autre demeureraient une énigme pour nous.

Ce n'est qu'artificiellement et momentanément que nous pourrons séparer le livre de celui qui le conçut tel, sans doute pour se donner plus largement encore que dans la vie. Cet *un* — le poème-individu — est par essence indissoluble : l'individu apparaît dans la réalité grand comme un poème, le poème s'offre à nous comme un individu. Reconnaissons ici que la nouveauté du sujet exclut les méthodes précises des biographes. Et que l'on n'exige pas de nous plus de rigueur scientifique dans l'exposé de la vie de Walt Whitman, que lui-même n'en a mis à la vivre.

Quelle que soit la valeur du livre laissé par le barde américain — et en fait elle est incalculable — il n'est pas exagéré d'affirmer que l'homme semble plus extraordinaire encore.

(1) *In Re Walt Whitman*, p. 117.
(2) Bucke : *Walt Whitman*, p. 51.
(3) Burroughs : *Birds and Poets* (*The Flight of the Eagle*), p. 243. Voir aussi *Notes* du même, p. 13.

« Walt Whitman dans sa personne est plus grand que son livre ou que n'importe quel livre, — disait l'un des intimes amis de sa vieillesse. Il est fait de cette matière héroïque qui crée de tels livres (1). » En réalité, ils ne sont tous deux que l'aspect visible et invisible d'une même Personnalité. Nul détail ne sera donc oiseux qui nous fera pénétrer plus avant dans la compréhension du vivant lui-même. Les chapitres de son existence sont les degrés naturels qui nous conduisent au seuil de son poème, dans un sentiment propre à nous en livrer l'accès. Sans cela, nous pourrions sans doute longtemps errer autour de la demeure avant d'en trouver la porte.

L'essentiel est que l'homme nous devienne familier et se révèle à nous tel qu'il apparut à tous ceux qui le virent passer sur les trottoirs de New-York, de Washington ou de Philadelphie. Nous sommes pleinement en mesure d'apprécier les grands drames Elisabéthains, l'Odyssée, le Cantique des Cantiques ou le Rig-Véda, sans presque rien connaître de l'existence de leurs auteurs. Je ne crois pas que nous puissions — actuellement du moins — nous approcher, dans un sentiment adéquat, des *Feuilles d'Herbe*, en ignorant tout de celui qui projeta, en cette ode-épopée du Moi moderne, sa toute-puissante personnalité.

L'Atlantique ! Il en est sorti, le vieux Northman : le lointain murmure de l'océan a répondu à ses premiers vagissements ; le tumulte d'assaut de ses lames a formé l'accompagnement de ses premières méditations ; le rythme de ses flots, l'ondulation de ses rivages lui ont dicté la loi de ses poèmes ; ses brises ont tanné sa peau, son sel pénétré sa chair. Il exhale une odeur de dieu marin, il en propose la rudesse ample. Lui-même, sur ses vieux jours, aimait à se comparer à quelque capitaine de la mer, retiré dans sa cabine et songeant à ses voyages d'antan. Walt Whitman aurait dû naviguer, comme les Williams et les Kossabone de sa lignée maternelle, s'il n'eût préféré fendre, d'une proue plus audacieuse, les plaines liquides de son grand rêve d'humanité...

(1) *Camden's Compliment to Walt Whitman*, p. 23.

Long-Island — la Longue Ile — s'étend, en face du continent nord-américain, tel un poisson qui viendrait le heurter de la tête, en son milieu, comme pour happer l'île Manhattan, où s'élève New-York. De Brooklyn au promontoire de Montauk, qui marque l'une des deux extrémités de sa nageoire caudale, ce gigantesque cétacé mesure environ deux cents kilomètres sur une largeur moyenne de quatre à cinq lieues. Une chaîne de collines irrégulières, qui parcourt l'île dans toute sa longueur et la partage en deux versants, figure son épine dorsale (1). Les Indiens l'avaient appelée Paumanok, et Walt Whitman adorait ce nom aux sonorités plus rudes.

De larges étendues demeurées incultes — forêts de sapins, garigues, sables, prés salés — communiquent à cette terre un aspect sauvage et rugueux. La côte méridionale est bordée, par places, d'immenses lagunes, en avant desquelles d'étroites et longues barres de sable, sorte de digues naturelles, soutiennent les assauts de l'Atlantique. D'innombrables petites îles en forme de cônes parsèment la grande baie du sud. A l'est, dans les parages du promontoire qui s'avance en plein océan, veillent des phares. Pendant les tempêtes, les barres ont vu souvent des naufrages et ces redoutables bords d'aspect blanchâtre gardent le secret de maintes tragédies de la mer. Région des vents et des vagues, région rude et peu attrayante, empreinte d'une splendide désolation : l'immensité vous y confronte de toute part et l'incessante rumeur, sourde ou furieuse, des lames en semble l'écho. L'arome des herbes marines emplit les baies. Naguère toutes les espèces de gibier d'eau et de poissons peuplaient en abondance ces rivages, habités par une race d'hommes farouches et hardis comme des vikings, depuis longtemps éteinte.

Contrastant violemment avec cette côte aride et solitaire, la région des collines et le versant septentrional qu'elles abritent offrent, surtout vers le centre, un aspect riant et cultivé. C'est un pays de coteaux et de vallons dont les herbages, les bois — où abondent le chêne, le sapin, le noyer, le châtaignier, l'a-

(1) I. Hull Platt: *Walt Whitman*, p. 1.

cacia — les nombreux plants de pommiers, les sources, les petites rivières d'une eau pure et glacée, et notamment les hameaux aux antiques maisons basses, avec leurs impressionnants petits cimetières, évoquent presque la Normandie ou le Suffolk anglais, le « pays de Constable ». Le milieu est ici essentiellement paysan et patriarcal : et au commencement du dix-neuvième siècle, cette fertile partie moyenne de la Longue Ile nourrissait grassement ses fermiers (1). Les petits chemins de campagne serpentent entre les haies, reliant les pâturages et les fermes dont le seuil s'égaye d'un pied de lilas. Les nombreux replis du terrain ménagent des perspectives infiniment variées et, par delà les eaux du détroit, la côte du Connecticut s'estompe. Le rivage du nord, pittoresque et dentelé, offre le sûr abri de ses anses et de ses fiords.

Tel le double caractère, sauvage et doux, maritime et champêtre, de cette île-cétacé qu'un pont immense relie aujourd'hui à New-York et dont l'aspect s'est beaucoup modifié au cours des âges, sans que s'évanouissent le charme de ses campagnes ondulées ni la splendeur farouche de ses bords.

Au temps des humbles débuts de la grande migration qui entraînait vers l'appropriation d'un nouveau continent les Européens du nord, deux courants d'origine différente s'étaient répandus dans Long-Island. De New-Amsterdam (le futur New-York), des Hollandais s'étaient avancés vers le centre de l'île, occupant toute la partie occidentale, et notamment le comté de Queens. Un peu plus tard — vers 1650 — des colons anglais, quittant les établissements du Massachusetts et du Connecticut, avaient franchi le détroit pour venir s'installer dans le comté de Suffolk, situé à l'est. Ces deux contingents, très distincts à l'origine, auxquels on peut adjoindre quelques Indiens, qui se trouvèrent refoulés vers le promontoire de Montauk, et un petit nombre de noirs, formèrent les « Paumanackers » ou Long-Islandais. Ainsi le fond de la population de l'île se rattachait directement aux deux grandes souches qui constituent les assises de la nationalité américaine, et dont la fusion a déterminé

(1) I. Hull Platt : *Walt Whitman*, p. 2.

le caractère prédominant de la race. Quelle qu'ait été en effet l'importance des autres contingents initiaux, comme les Ecossais, les Suédois ou les Huguenots, et quelques modifications qu'aient apportées les courants postérieurs à cette chimie secrète où s'élabore un peuple nouveau, le double apport des Pays-Bas et de la Grande-Bretagne devait demeurer essentiel. Et, maintenue par son insularité à l'écart des grand flots de l'immigration et des vastes entreprises qui transformaient le continent, Long-Island put conserver longtemps, à l'état presque pur, ces deux éléments de sa population et rester comme un fragment de l'Amérique primitive, base et sauvegarde de l'Amérique future. Vers 1820, l'île entière ne possédait pas soixante mille habitants (1) : aujourd'hui Brooklyn seul en compte près d'un million et demi. Les gens des hameaux s'adonnaient à l'agriculture, à l'élevage, à la pêche, à la construction des bateaux. Ils avaient le renom d'excellents cultivateurs et de hardis marins.

C'est dans la partie moyenne de l'île, à environ une lieue du bourg d'Huntington et légèrement à l'est de la limite des comtés de Queens et de Suffolk, qui marquait également à l'origine la ligne de partage des deux nationalités, qu'est situé le hameau de West-Hills, auquel appartenait la ferme patrimoniale des Whitman, le « Whitman homestead », où l'arrière-grand-père, le grand-père et le père du poète avaient vécu en paysans propriétaires, faisant valoir leur bien.

L'origine de ces Whitman d'Amérique remontait au temps d'Elisabeth. L'ancêtre reconnu était un certain Abijah Whitman, que la bonne vieille Angleterre avait vu naître aux environs de l'an 1560, et dont trois fils passèrent l'Atlantique. Le premier, Zechariah, qui était né en 1595 et avait embrassé l'état ecclésiastique, fit la traversée en 1635, sur le *True Love*, et vint s'établir à Milford, dans le Connecticut. Cinq ans plus tard, le second, John, qui était né en 1602, s'embarqua sur le même vaisseau et se dirigea vers Weymouth, dans le Massachusetts. Il mourut en 1692, ayant eu cinq filles et cinq fils, tous

(1) H. B. Binns : *Life of Walt Whitman*, p. 3.

vivants en 1685 : l'un de ces derniers, Samuel, vécut centenaire (1) et un autre, le révérend Zechariah Whitman, de Hull dans le Massachusetts (neveu de l'autre Zechariah), était un gradué d'Harvard (1668), que les annales de Dorchester décrivent comme un *Vir pius, humilis, orthodoxus, utilissimus* (2). Ce fut, croit-on, la postérité de John qui répandit à travers le New-England et l'Amérique entière le nom de Whitman, porté par des milliers d'individus, preuves vivantes de la vigueur et de la fécondité du tronc originel. Le troisième fils d'Abijah, Robert, né en 1615, vint en Amérique sur *l'Abigail*, l'an 1635, se maria en 1648 et vivait encore en 1679.

Le premier des trois frères nous intéresse seul ici, car c'est à lui que se rattache la généalogie du poète. Un fils du révérend Zechariah, de Milford, nommé Joseph (3), traversa le détroit de Long-Island quelque temps avant l'année 1660 et vint s'établir au bourg d'Huntington, qui venait d'être fondé, en 1653, par des colons du Massachusetts sur un terrain acheté aux Indiens (4). On sait seulement qu'il y conquit une honnête aisance, qu'il y vécut pendant trente ans au moins et fut nommé par ses concitoyens à divers emplois publics (5). Ce fut lui ou bien l'un de ses fils, dont le nom est resté inconnu (6), qui acheta la ferme de West-Hills. Ce fils inconnu eut lui-même un fils du nom de Nehemiah, né vers 1705, qui épousa Sarah White, laquelle vécut de 1713 à 1803 (7). L'aîné de leurs quatre fils, Jesse, naquit en 1749 et mourut en 1803. Il avait épousé, en 1775, Hannah Brush, fille de Tredwell Brush, et en avait eu trois fils, dont un du nom de Walter, qui était né

(1) Bucke: *Walt Whitman*, p. 14.
(2) Triggs: *Selections from Walt Whitman*, Introduct , p. XVI.
(3) Il paraîtrait que ce Joseph Whitman n'était pas le fils du Révérend Zechariah Whitman, de Milford, qui mourut sans prostérité. Il serait venu de Stratford, dans le Connecticut, et aurait vu le jour en Angleterre. (Bliss Perry, *Walt Whitman*, pp. 2-3.) C'est là un point de généalogie que les biographes futurs éclairciront sans doute.
(4) Bliss Perry : *Walt Whitman*, p. 2.
(5) *Id.*, p. 3.
(6) Bliss Perry (*Walt Whitman*, p. 3) cite un « John Whitman, aîné » qui remplit des fonctions municipales entre 1718 et 1730 et qui pourrait être, selon lui, le père de Nehemiah.
(7) *Camden Edition*, Introduction, pp. XIII-XIV.

le quatorze juillet 1789, le jour même de la prise de la Bastille, et qui est le père du poète.

Une vigueur exceptionnelle paraît avoir été le trait capital de la famille. Ces Whitman étaient, en général, des gens de haute taille et solidement charpentés. On se les imagine tranquilles et plutôt graves, très fermes de caractère et parlant peu, exclusivement occupés de leurs terres et de leurs bestiaux : de ces hommes rudes que nulle puissance au monde ne saurait plier et qui semblent participer de la force tranquille des éléments. Ils étaient remarquables par leur longévité et leur fécondité : depuis l'ancêtre venu d'Angleterre jusqu'aux parents de Walt, les nombreuses familles semblent une tradition ininterrompue de leur lignée. Le poète lui-même ne sut pas mentir à sa race, puisque, sans être marié, il eut six garçons. On connaît à son arrière-grand-père, Nehemiah Whitman, vingt-deux petits-fils et petites-filles, en dehors de ceux dont on a perdu la trace (1).

C'était une race ample et riche de sève, bâtie pour les longs travaux et sans la moindre trace d'usure ni de dégénérescence. Elle apportait les qualités foncières et massives qui font les constructeurs de cités. Tandis que parmi les Whitman du New-England, nombreux furent les ministres, les professeurs, les gradués d'Harvard ou de Yale (2), ceux de Long-Island demeurèrent toujours à l'écart des carrières libérales. Bons cultivateurs, excellents citoyens, quelques-uns d'entre eux des artisans, nuls d'entre les descendants de Zechariah n'a laissé les traces d'une mentalité particulière. Tous furent et restèrent du peuple, des travailleurs manuels, des paysans « avec peu ou pas de culture, et sans la moindre tendance artistique dans aucune direction (3) ». Leur descendance forme « une suite ininterrompue d'hommes simples adonnés aux métiers, le meilleur quoique le plus obscur fondement des démocraties (4) ». Ils jouissaient pourtant d'une certaine aisance et appartenaient à

(1) *Camden Edition*, Introduction, p. XIII.
(2) Triggs : *Selections*, Introduction, p. XVI.
(3) *Camden Edition*, Introduction, p. XVII.
(4) *Id.*, p. XVIII.

« cette classe qui travaille de ses mains et que ni la richesse ni la réelle pauvreté ne caractérise (1) ». De père en fils, durant près d'un siècle et demi, leur ferme de West-Hills les faisait vivre. Hospitaliers, soucieux des bienséances et de l'éducation de leurs enfants, leur réputation dans le comté était excellente (2). A l'origine, le bien qu'ils possédaient avait dû être important, et Nehemiah sut encore l'arrondir. Mais par suite de partages ou de circonstances contraires, il ne parvint que fort amoindri entre les mains de Walter, le père du poète.

Certains individus se détachent par quelques traits du fond obscur de la descendance. Par exemple cette Sarah White, la bisaïeule de Walt, qui semble avoir réalisé l'idéal de la virago. De teint basané, chiquant comme un vieux marsouin, brusque et d'aplomb, elle montrait aux étrangers une mine rébarbative et ne choyait que ses négrillons, toujours pendus à ses jupes. Ecuyère consommée, on la vit, après qu'elle fut devenue veuve, sortir à cheval tous les jours pour visiter ses terres et diriger le travail de ses esclaves, jurant comme une païenne lorsqu'elle les trouvait en défaut. Elle mourut à quatre-vingt-dix ans (3). Hannah Brush, la grand'mère du poète, était une orpheline qu'avait élevée sa tante Vashti Platt, propriétaire d'une ferme importante et de nombreux esclaves dans la partie orientale de l'île. Elle fut maîtresse d'école pendant un temps et de plus une excellente couturière. Femme de la vieille école, elle était belle et robuste, d'une distinction naturelle, fine, spirituelle et gaie (4). Comme elle avait traversé la période révolutionnaire et qu'elle vécut jusqu'en 1834, son petit-fils, qui la connut à quinze ans, put l'entendre raconter ses souvenirs et connaître par elle le fier esprit qui animait les ancêtres de la grande époque (5). Pendant la guerre de l'Indépendance, les Whitman s'étaient signalés parmi les plus enthousiastes « rebelles » de l'île. Plusieurs d'entre eux avaient servi sous Washington, cer-

(1) Walt Whitman : *Prose Works*, p. 457.
(2) Burroughs : *Notes*, p. 120.
(3) *Camden Edition*, Introduction, p. xx.
(4) *Id.*, p xx.
(5) Triggs : *Selections*, Introduction, p. xvi.

tains comme officiers, tel ce fils de Nehemiah, qui fut tué comme lieutenant à la bataille de Brooklyn : événement que le poète devait interpréter dans l'un de ses poèmes, l'*Histoire du Centenaire* (1). Le major Brush, l'oncle d'Hannah Brush, dut expier dans une prison anglaise l'ardeur de son patriotisme.

Si ces Whitman appartenaient aux éléments les plus sains d'une région dont les habitants étaient de souche britannique, leurs voisins, les Van Velsor, qui vivaient à une lieue environ de West-Hills, à la lisière du comté de Queens, et dont Walt sortait par sa mère, pouvaient également passer pour de typiques représentants de la vieille race hollandaise américanisée. Les Van Velsor, comme les Whitman, vivaient depuis plusieurs générations sur leur ferme, située dans un coin pittoresque, au bord de la route solitaire qui monte de Cold Spring Harbor, un petit port s'ouvrant sur le détroit.

La date de leur arrivée dans le pays demeure incertaine; mais les premiers du nom étaient certainement venus avec les colons hollandais qui, de New-Amsterdam, s'étaient répandus dans l'ouest de Long-Island. L'ancêtre le plus lointain que l'on puisse nommer est ce légendaire « Kossabone, Vieux Loup de Mer », qui mourut à quatre-vingt-dix ans et dont Walt, dans une de ses poésies, évoquera, d'après des souvenirs de famille, la fin impressionnante, dans son grand fauteuil, en face de la mer et des vaisseaux dont son œil mourant suit les évolutions (2). On peut conjecturer que Mary ou Jenny Kossabone, qui épousa l'arrière-grand-père du poète, Garrett Van Velsor, un tisserand de draps, mort en 1812, était sa petite-fille. Le second des six enfants issus de ce mariage fut le « Major » Cornélius, qui s'unit à Naomi (abrégé en Amy) Williams, l'un des dix enfants du « capitaine » John Williams et de Mary Woolley. Naomi Van Velsor mourut en 1826 et le « Major » en 1837. Le poète les connut dans son enfance : et c'est d'eux que naquit, en 1795, la mère de celui-ci, Louisa Van Velsor.

(1) *Camden Edition*, Introduction, p. XIX.
(2) Walt Whitman : *Leaves of Grass*, p. 395.

En dépit du voisinage, du genre de vie à peu près semblable et d'aspirations identiques, les Van Velsor et les Whitman différaient sensiblement entre eux. Alors que chez les Whitman, de souche britannique, le trait capital était la fermeté du caractère, allant jusqu'à la dureté, les ascendants maternels étaient redevables à leur origine néerlandaise du fonds de vitalité abondante et de jovialité qui les distinguait. Chez les fermiers de Cold Spring dominaient la belle humeur, la bonhomie, la chaude cordialité communicative, naturelles à un peuple en possession de l'art de vivre : ils apportaient quelque chose de plus gras, de plus plastique, de plus varié et de plus ouvert que leurs voisins. Il fallait ajouter à ces caractéristiques l'indomptable esprit de hardiesse et de liberté qu'avait si magnifiquement prouvé la race dans la mère-patrie et qui persistait sur le nouveau continent. Les Van Velsor étaient agriculteurs, éleveurs, artisans, marins. Cornélius, qui se détache comme la figure la plus pittoresque du groupe, offrait le type parfait du Hollandais américanisé. Son petit-fils nous le décrit sous les traits d'un fort homme, au visage écarlate, jovial et franc, avec une voix sonore et une physionomie caractéristique (1) : « le meilleur des hommes », affirme quelqu'un du pays qui le connut bien (2). Les Van Velsor étaient réputés pour leurs chevaux de sang, qu'ils élevaient et dressaient eux-mêmes (3). Le « Major » possédait toujours un beau cheval et ses fils suivaient son exemple (4). Sa femme, Naomi Williams, appartenait à une famille où de père en fils on naviguait. Le père de celle-ci, John Williams, homme bon et charitable, connu pour aimer la bonne chère, était capitaine et co-propriétaire d'une goëlette faisant le service de New-York à la Floride, et son frère était également marin. Tous deux périrent en mer (5). Naomi nous est dépeinte comme une femme vraiment adorable par la douceur et le charme

(1) Walt Whitman : *Prose Works*, p. 11.
(2) Bucke : *Walt Whitman*, p. 15.
(3) Walt Whitman : *Prose Works*, p. 11.
(4) Burroughs : *Notes*, p. 78.
(5) Walt Whitman : *Prose Works*, p. 11.

intime de sa présence. Généreuse et accueillante, sachant se faire chérir des enfants, d'âme élevée, profonde, intuitive, elle se montrait en tous points la digne épouse de l'excellent « Major ». Son petit-fils avait gardé d'elle un souvenir particulièrement ému, qui lui inspira un jour cette strophe :

Contemplez cette femme!
Elle regarde de sous sa coiffe de quakeresse, son visage est plus clair et plus beau que le firmament,
Elle est assise dans un fauteuil sous le porche ombragé de la ferme,
Le soleil brille en plein sur sa vieille tête blanche,
La toile de sa robe ample est de nuance crème.
Ses petits-fils ont cultivé le lin et ses petites-filles l'ont filé avec la quenouille et le rouet (1).

Les Williams étaient probablement de souche galloise. Le poète d'ailleurs ne faisait pas grand cas de cette origine: et quelle qu'en soit la vraisemblance, il faut bien reconnaître que rien de particulièrement celtique n'apparaît dans la formation de Walt Whitman.

Une influence dont il reconnaissait au contraire les traces indubitables en lui était celle qui lui venait, par les Van Velsor, du bon peuple de Hollande. C'est à bon droit qu'il se félicitait de l'avoir subie. Nulle race européenne n'a charrié à travers le monde un sang plus précieux, un principe plus actif de vitalité et de fécondité que celle des Pays-Bas, qui notamment constituait, chronologiquement et figurativement, le fondement de l'Etat de New-York. « Ni l'élément irlandais-écossais, ni l'élément juif, — écrit W. S. Kennedy — ne sont plus obstinément, plus opiniâtrement prépondérants dans l'océan de la société humaine en Amérique que ne l'est l'élément hollandais. Il teinte et sature les vagues de l'humanité à travers les générations, de même que les fleuves qui se jettent dans l'océan imposent leur propre couleur aux flots jusqu'au loin, en pleine mer. On ne se rend pas assez compte à quel point l'élément hollandais s'est infiltré à travers notre population dans le New-York et la Pennsylvanie. Jusqu'en

(1) Walt Whitman : *Leaves of Grass*, p. 353.

1750, plus de la moitié des habitants de l'Etat de New-York étaient Hollandais. Aujourd'hui, les Hollandais ruraux ont presque toujours des familles nombreuses et constituent à tous égards le plus solide élément de leur communauté. A New-York, à Brooklyn et à Albany, il est inutile de dire qu'appartenir à une famille hollandaise c'est appartenir à l'aristocratie, être de sang bleu (1)..... » Aux Etats-Unis, le Néerlandais avait apporté son instinct réaliste, positif et terrien, son intelligence solide, son esprit de méthode, sa passion d'indépendance, et par-dessus tout ses magnifiques qualités physiques de santé et d'équilibre. Destiné à servir d'assises à l'édifice américain en construction, il en assura l'aplomb et la solidité, comme ses frères de l'hémisphère austral assureront l'avenir de la Fédération Sud-Africaine. Sans l'élément britannique, il est vraisemblable que les Etats-Unis n'existeraient pas aujourd'hui : mais sans l'élément hollandais, il est certain qu'ils n'auraient pas atteint leur grandeur présente. Bucke a donc raison d'affirmer que les New-Yorkais devraient se sentir aussi fiers du navire *Goot Vrow* et du débarquement des premiers Hollandais à Communipaw que les habitants du New-England le sont du *May Flower* et du rocher de Plymouth, où abordèrent les « Pères Pèlerins (2) ». La race des Pays-Bas est entre toutes une race-mère. Sa présence sur une terre nouvelle semble porter bonheur à la nation qui s'y développera un jour.

D'autres influences avaient également marqué profondément le coin de terre où allait naître le poète, et particulièrement ses ascendants. La secte des Quakers ou Amis s'était fortement implantée à Long-Island, qui était devenu un de leurs centres. Le cordonnier George Fox, son fondateur, avait rencontré, lors de son voyage en Amérique, des auditeurs attentifs parmi les Paumanackers, et son verbe avait éveillé des échos dans l'âme de cette population rude et indépendante, lorsqu'il était venu, en 1672, prêcher au peuple en plein air, comme au

(1) *In Re Walt Whitman*, p. 197.
(2) Bucke : *Walt Whitman*, p. 17 (note).

temps des Apôtres (1). Maints souvenirs de ce temps survivaient encore dans la mémoire des gens de l'île, lorsque Walt était enfant. L'une des grandes figures du quakérisme, le prédicateur Elias Hicks, était né à Long-Island et y avait évangélisé. Celui-là était un esprit radical, qui, trouvant la doctrine de la société trop formaliste, avait fomenté une dissidence. Hicks méprisait les credos, les Eglises et toute organisation de la vie religieuse. La religion ne consistait, pour lui, qu'en émotion spirituelle, qu'en une « silencieuse extase secrète », qu'en obéissance à la loi divine qui parle dans les profondeurs de la conscience individuelle. Toutes les manifestations extérieures n'étaient que mensonges à ses yeux. « Ne cherchez la vérité qu'en vous-même »; tel était l'un de ses préceptes essentiels. « C'est le plus *démocratique* des religionnaires et des prophètes (2) », a écrit Walt Whitman dans l'opuscule qu'il consacra sur le tard à Elias Hicks, pour réaliser une pensée de sa jeunesse en rendant hommage à celui qui avait traduit les aspirations religieuses de sa race. Ainsi les Hicksites s'affirmaient comme la gauche du quakérisme, qui était lui-même à l'extrême-gauche de la riche variété de sectes issues de la Réforme.

Il importe de connaître le caractère nettement original et hétérodoxe de cette société des Amis, qui représentaient le sentiment le plus extrême d'aversion pour le dogme, en deçà du christianisme. Ils n'avaient ni ministres ni sacrements. La divinité du Christ et l'autorité des Ecritures leur importaient beaucoup moins que la « lumière intérieure » qui éclaire la conscience de tout homme sur terre et dont ils avaient fait le roc de leur doctrine.

Les Quakers étaient des gens de mœurs ultra-simples, inflexibles et opiniâtres, têtus, étroits, foncièrement pacifiques, abhorrant l'oppression sous toutes ses formes, politique aussi bien que spirituelle : en somme des *individualistes* religieux. Leur obéissance exclusive à l'appel du dedans, qu'ils jugeaient

(1) Walt Whitman : *Prose Works*, p. 475.
(2) *Id.*, p. 455.

un ordre divin manifesté à l'homme, donnaient à leur caractère une trempe spéciale, une rigidité qui se manifestait dans leurs habitudes et leur allure sociale. Regardés avec méfiance par les autres sectes, qui réprouvaient leurs excès d'indépendance, ils se trouvèrent notamment, aux temps coloniaux, en opposition radicale avec les Puritains. En face de ces derniers, orientés vers l'intolérance et la théocratie, le quakérisme représentait dès l'origine les principes les plus modernes, tels que la séparation des Eglises et de l'Etat, l'égal traitement de toutes les dénominations religieuses, le libre-échange, la justice envers les indigènes. Mécontents de l'Angleterre, les Amis arrivèrent en Amérique pour se voir cruellement persécutés par les Puritains du New-England (1). A force d'opiniâtreté, ils parvinrent pourtant à promouvoir la fin du régime de proscription des hérétiques dans le Massachusetts. La prospère colonie quaker de Pennsylvanie devint la ruche d'où essaimèrent dans tout l'Ouest, porteurs de l'esprit libertaire, les pionniers (2). Tel l'esprit, synonyme d'indépendance farouche et irréconciliable, des vieux Quakers qui, sous la rude écorce, portaient l'élément vital de la démocratie et du monde moderne. Ces hommes bizarres, mais simples et grands, en dépit de l'étroitesse souvent absurde qu'ils manifestaient, qui refusaient de se découvrir devant quiconque, fût-ce le président des Etats-Unis, qui tutoyaient tout le monde, et sur leur tombe s'interdisaient toute inscription, apparaissent comme les stoïques de notre âge et les ancêtres des libres penseurs religieux les plus récents. Le pays pouvait s'estimer heureux, qui les posséda à ses origines et qui en reçut des hommes tels que les Thomas Paine et les Lincoln...

Chez les Whitman comme chez les Van Velsor, la secte comptait des adeptes ou rencontrait des sympathies. Le grand-père Whitman, Jesse, — qui connaissait également Thomas Paine (3) — avait été dans sa jeunesse l'intime compagnon d'Elias

(1) Walt Whitman : *Prose Works*, p. 475.
(2) Cf John Fiske : *The Dutch and Quaker Colonies in America.*
(3) H. B. Binns : *Life of Walt Whitman*, p. xxv.

Hicks, pour devenir plus tard son admirateur. Le père du poète suivait assidument ses sermons : et Walt lui-même se souvenait d'avoir assisté avec ses parents, comme bambin, à un de ses derniers prêches à Brooklyn (1). Toute la descendance était plus ou moins teintée de quakérisme. Du côté maternel, les traces des mêmes tendances religieuses se manifestent : Amy Williams, si elle n'était peut-être pas une vraie quakeresse, comme son petit-fils nous le rapporte, inclinait fortement vers la secte (2). Cette atmosphère particulièrement saine et fortifiante de la société des Amis, le poète put l'absorber par tous les pores dans le milieu familial et dans ses courses à travers l'île. Nous reconnaîtrons comment cet esprit d'indépendance et d'hétérodoxie devait se retrouver chez lui, élargi, métamorphosé, et quels liens invisibles et forts, par delà les divergences les plus évidentes, rattachaient aux vieux Quakers têtus et graves, le plus affranchi et le plus moderne des hommes. Dans ses pages sur Elias Hicks, on perçoit très nettement ces affinités secrètes, de même qu'on peut y relever les étapes de l'individualisme religieux, en marche vers les au delà du christianisme.

(1) Walt Whitman : *Prose Works*, p. 463.
(2) H. B. Binns : *Life of Walt Whitman*, Appendice A, pp. 347-348.

II

LA FERME DE WEST-HILLS

Le 8 juin 1816, Walter Whitman avait épousé la fille des fermiers de Cold Spring, Louisa Van Velsor.

Comme ses pères, Walter Whitman faisait valoir les terres de West-Hills. Mais le bien familial n'étant plus que de maigre rapport, il avait entrepris le métier de charpentier et de constructeur de bâtiments, dont les profits lui permirent seuls de vivre et d'élever une nichée nombreuse (1). Son enfance s'était écoulée à la ferme paternelle et, vers quinze ans, il était parti pour faire son apprentissage à New-York et y commencer la pratique de son état. Revenu au pays, il avait promené ses outils sur les différents points de l'île où la besogne l'appelait. On le reconnaissait pour un maître ouvrier, fournissant un travail consciencieux et durable. « Bon nombre de ses charpentes de granges et de maisons — écrivait Bucke en 1883 — avec leurs poutres desséchées par le temps, leurs tirants et leurs solives soigneusement ajustés, tiennent encore debout dans les comtés de Suffolk et de Queens, ainsi qu'à Brooklyn, solides et d'aplomb comme au premier jour (2). »

C'était une manière de géant, — il avait bien un mètre quatre-vingt-quinze, disait un homme du pays (3) — de charpente aussi solide et aussi massive que ses bâtiments, de physionomie sérieuse et plutôt taciturne. Au moral, une nature foncièrement honnête, calme et droite, d'une grande fermeté.

(1) Bucke : *Walt Whitman, Man and Poet.* Cosmopolis, juin 1898.
(2) Bucke : *Walt Whitman*, p. 15.
(3) J. Johnston : *A Visit to Walt Whitman*, p. 114.

Sur son visage aux traits puissants apparaît, avec de la force et de la sincérité, cette sorte de calme et austère énergie primitive que traduisent si souvent les portraits des hommes de « l'ancien temps », et qui forme un si frappant contraste avec la mobilité inquiète et fatiguée des faces contemporaines. On croit y deviner aussi, flottant autour de la bouche et du regard, une certaine dureté. Walt confessait que, dans sa jeunesse, il avait eu parfois d'orageuses discussions avec son père, causées par les prétentions autoritaires du charpentier : petits orages que l'excellente mère, naturelle médiatrice, parvenait toujours à dissiper (1). Dans un poème tout pénétré de ses impressions d'enfance, certain petit tableau d'intérieur évoque une scène de ce genre, qui pourrait bien avoir été inspirée par le souvenir de la maison paternelle (2). Comme les gens de sa race, Walter Whitman était plutôt lent et placide, mais une fois hors de lui, d'une violence d'ouragan. Son fils entretint d'ailleurs les plus affectueux rapports avec lui jusqu'à sa mort et put écrire véridiquement de ses père et mère : « Pour ce qui est de parents aimants et désintéressés, nul enfant ou nul homme n'a jamais eu plus de raisons de les bénir et de les remercier que moi. » C'était, en somme, un vrai Whitman que Walter, l'époux de Louisa. Cependant ses fortes qualités ne semblent pas l'avoir favorisé dans la lutte pour l'existence. Malchanceux ou trop honnête, dépourvu peut-être du sens des affaires, le bon ouvrier connut la gêne constante et, en mourant, ne laissa aux siens pour tout patrimoine que des regrets.

Sa femme, Louisa Van Velsor, dut être, si nous en croyons son fils, une nature vraiment exceptionnelle d'épouse et de mère. Comment ne pas ajouter foi à l'enthousiaste témoignage du poète, qui déclarait reconnaître en elle « la femme la plus suave qu'il ait jamais vue ou connue ou espéré connaître », lorsqu'on a regardé son portrait (3) ? C'est un de ces visages où rayonnent souverainement la beauté large et l'infinie bienveillance. Quelque chose d'indiciblement aimable et puissant à

(1) *Camden Edition* : Introduction, p. XVI.
(2) Walt Whitman : *Leaves of Grass*, p. 283.
(3) Voir le daguerréotype reproduit dans *The Wound Dresser*, p. 47.

la fois, de tendre et de fort, transparaît dans cette bonne vieille figure encore agréable et souriante à soixante ans. On croirait voir une image de la terre magnifique et féconde ou de la mère des hommes, égale à n'importe quelle tâche, comme celle d'enfanter une race nouvelle. Combien éloquente cette face riche et savoureuse de paysanne qu'illumine un reflet de contentement intérieur et de jeunesse éternelle ! Le « Major » Cornelius et Amy, la douce quakeresse, possédaient en Louisa une enfant vraiment digne d'eux. Jeune fille, elle s'était prouvée une intrépide amazone comme les femmes de sa lignée. Elle était belle et le resta jusque dans sa vieillesse. La santé merveilleuse qu'elle put conserver durant sa vie entière, emplie par l'incessant labeur domestique, justifia le sang riche et pur qu'elle avait reçu des Van Velsor. Pleine de bon sens, d'humeur égale, aimante et inclinée à l'optimisme, elle supporta toutes les misères en répandant autour d'elle la douceur et la confiance, comme une fleur donne son parfum, naturellement et sans compter. Elle eut neuf enfants et vécut pauvre. C'était une « ample femme », selon l'expression du poète, qui glorifiait dans toute sa personne les vertus de la race hollandaise, sereine, maternelle et féconde.

Elle était pourtant une simple, une illettrée, dont le champ d'activité se bornait aux soins du ménage. Mais comme sa mère elle possédait ces qualités intuitives, cet on ne sait quoi de très intime et de quasi-divin, qui appartient aux femmes supérieures. Dans ses lettres aux siens, qu'elle ne put jamais rédiger sans peine, elle témoigne de dons spirituels incomparables (1). Elle suivait irrégulièrement les offices religieux, à peu près indifférente à la dénomination de l'église qu'elle fréquentait : elle se prétendait Baptiste, mais, en réalité, ses préférences l'entraînaient plutôt vers les Quakers. Comme son mari ne pratiquait pas et se contentait d'affirmer sa sympathie pour la même secte, en allant écouter Elias Hicks, il n'y avait au logis aucune espèce d'observance religieuse (2). A ceux qui ne la virent que dans sa vieillesse, elle apparaissait une aïeule

(1) Bucke : *Walt Whitman, Man and Poet*. Cosmopolis, juin 1898.
(2) *In Re Walt Whitman*, p. 38.

grave, « imposante et contenue », remplie d'une « simple énergie organique (1) ». C'est qu'elle était en effet un typique exemple de ces « puissants êtres incultes » que son fils devait exalter (2). Elle était supérieure à son mari (3), et Walt Whitman ne manquait pas de s'avouer redevable envers cette admirable femme de ses plus intimes qualités : son génie ne l'empêchait pas de s'éprouver le fils spirituel de cette humble ménagère. Et ce fut la claire conscience de cette dette, orgueilleusement reconnue, qui contribua à rendre tellement fort le lien qui les unit. Une exceptionnelle tendresse, supérieure à l'attachement filial, exista toujours entre Walt et sa mère. « Il ne parle jamais d'elle, — disait son ami John Burroughs — sans que l'amour et la fierté n'inondent son visage (4). » Sa correspondance, sa conversation, ses œuvres en prose et en vers sont parsemées d'allusions à sa « mère chérie », révélatrices d'une affection passionnée et d'un respect presque religieux. Quand il lui écrit, il semble redevenir un petit enfant pour lui adresser ses tendresses et ses pensées quotidiennes. Et après qu'il l'eut perdue, il la caractérisa du fond de sa douleur, « la plus parfaite et la plus magnétique personnalité, la plus rare combinaison du pratique, du moral et du spirituel, la moins égoïste de toutes celles qu'il ait jamais connues..... (5) ». Ne l'a-t-il pas immortalisée d'ailleurs dans le monument qu'il lui a dédié parmi ses *Chants d'Adieu*, en une strophe dont la douleur contenue est si poignante (6) ?

A travers ces deux êtres si représentatifs de leur ascendance, deux races complémentaires s'unissaient. Nous reconnaîtrons plus loin ce que cette fusion signifia lorsqu'elle vint à se réaliser dans l'être de leur rejeton, avec l'addition du génie et même de quelque chose de plus que le génie. L'apport maternel venait tempérer d'optimisme vécu, de bienveillance et d'affectuosité généreuse ce qu'il pouvait y avoir de sévère et de tendu,

(1) *Camden Edition*, Introduction, p. XII.
(2) *In Re Walt Whitman*, p. 353.
(3) *Camden Edition*, Introduction, p. XXII.
(4) J. Burroughs : *Notes*, p. 121.
(5) Walt Whitman : *Prose Works*, p. 282 (note).
(6) Walt Whitman : *Leaves of Grass*, p. 376.

de rigide et d'étroit dans le caractère des Whitman. Et sur un point au moins les inclinations des deux familles étaient communes et les entraînaient vers l'indépendance spirituelle. « Nous ne devons pas oublier — nous dit Fiske, l'historien — que l'association étroite qui s'établit entre les colonies hollandaises et quakers d'Amérique ne fut pas due à un simple accident de voisinage. William Penn — (le grand Quaker qui donna son nom à la Pennsylvanie) — était Hollandais du côté maternel, et on reconnaît dans toutes ses idées politiques le tempérament large et libéral qui caractérisait les Pays-Bas et les plaçait en avant et au delà de tous les autres pays du monde ... Dans le cosmopolitisme qui se montra de si bonne heure à New-Amsterdam et qui s'est toujours pleinement maintenu depuis, il y avait, ajouté à la vie nationale américaine, la variété, la flexibilité, la généreuse largeur de vues, l'esprit de compromis et de conciliation nécessaire pour sauver la nation du provincialisme rigide. Parmi les circonstances qui préparèrent la voie à une nation américaine riche et variée, la colonisation primitive du centre géographique par les Hollandais fut certainement l'une des plus heureuses (1). »

La combinaison des deux souches s'effectuait donc dans des conditions extraordinairement propices en vue de procréer un type d'humanité plus complet, bénéficiant de toutes les vertus d'un sol nouveau. Ce n'est pas un artifice de panégyriste que de reconnaître les avantages exceptionnels dont la nature avait entouré la venue de cet homme vraiment prédestiné. Mystère insondé des transmissions héréditaires, des mélanges successifs comme en une série de creusets, des lentes et sûres préparations humaines ! Ces mots du Dr Bucke, le biographe du poète, revêtent ici une particulière autorité : « Nulle conclusion de la science moderne n'est plus sûre que celle-ci : qu'il n'y a pas de grand homme sans de grands ancêtres, qu'en vue de produire une personnalité suprême il faut premièrement qu'une souche exceptionnelle soit préparée. Alors même il y en aura beaucoup d'appelés pour un seul qui sera élu (2). »

(1) John Fiske : *The Dutch and Quaker Colonies in America.*
(2) Bucke : *Walt Whitman, Man and Poet.* Cosmopolis, juin 1898.

On peut affirmer que cette souche exceptionnelle était vraiment « préparée » lorsque Walt naquit, le 31 mai 1819, à la ferme de West-Hills, second fils de Walter Whitman, le charpentier, et de Louisa Van Velsor. Il trouvait dans son berceau le trésor énorme de force et de santé accumulé par les siens, nullement amoindri comme le domaine familial, mais accru à chaque génération. Issu d'une race de travailleurs manuels, de paysans, d'artisans, de marins, d'individus pratiquant des métiers divers, mais également mêlés à la terre et à l'océan, à l'air, à la matière, aux choses élémentaires, et appartenant à l'élite des gens du peuple, il sortait d'un sol admirablement vierge en fait d'intellectualité et d'art. Pas un des siens n'avait été adultéré par la culture, faussé par un excessif développement de la sensibilité, amoindri par les misères de l'existence urbaine. Rien que de l'humus naturel autour de sa jeune tige. Il était un surgeon poussé du plus authentique tronc américain, du cœur même de la race. Et de même qu'être de race pure signifie, pour un Américain, être issu de croisements, pareillement, dans une démocratie réelle et non fictive, être de haute naissance veut dire que l'on sort de la *moyenne du peuple*, de la plus saine portion de la masse, et non de gens titrés et privilégiés. A cet égard, le nouveau-né de West Hills s'attestait de haute naissance. Ses ancêtres, les mères aussi bien que les mâles, représentaient ce noyau d'individus, supérieurs en énergie et en vitalité, par qui les Etats-Unis furent vraiment édifiés. Ils avaient été de grands personnages du peuple. Walt plus tard avait le droit d'en être orgueilleux et il l'était en effet. Il pouvait bien, en sa candide fierté sans limite, se dire

> Bien engendré, et élevé par une mère accomplie...

et songeant à tous les siens, voués de siècle en siècle aux grands labeurs primordiaux, proclamer :

> Je sors du peuple dans son propre esprit...

La position de West-Hills est particulièrement heureuse. C'est un endroit retiré parmi les collines, où la végétation est luxuriante. Les fermes se découvrent au milieu des vergers, des prés, des vieux chemins bordés de haies touffues et ombragés çà et là par des grands arbres. Les insectes, les oiseaux, les sources, le gibier et les fleurs y abondent : on s'y trouve au cœur de la région agricole de Long-Island.

Quant au bien des Whitman, « c'était — au dire de leur descendant — un beau domaine, cinq cents acres, tout bon terrain, en pente douce à l'est et au sud, environ un dixième en bois, quantité de superbes vieux arbres. » « Il y avait — nous dit-il encore — les vastes et beaux terrains de mon grand-père (1780) et de mon père. Il y avait la nouvelle maison (1810), le gros chêne vieux de cent cinquante ou deux cents ans : le puits et le jardin potager en pente, et même, à une petite distance de là, les restes bien conservés de l'habitation de mon arrière-grand-père (1750-60), encore debout avec ses solives puissantes et ses plafonds bas. Près de là un imposant bosquet de grands et vigoureux noyers, magnifiques, apolloniens, les fils ou les petits-fils, sans nul doute, de noyers de 1776 ou d'avant. De l'autre côté de la route, s'étend le fameux plant de pommiers de plus de vingt acres, dont les pieds furent plantés par des mains réduites en poussière dans la tombe depuis longtemps (celles de mon oncle Jesse) : mais il est visible qu'un très grand nombre d'entre eux sont encore capables de se couvrir annuellement de fleurs et de fruits (1). »

Le primitif logis de l'ancêtre subsiste encore et sert aujourd'hui de charreterie. Celui plus récent, où le poète naquit, est encore habité par un fermier et la vie ne l'a pas abandonné. C'est une maisonnette d'un étage, précédée d'un petit perron. Ses murs talués, la courette herbue qui s'étend devant l'entrée, le pied de lilas qui décore sa façade, la barrière de bois et le vieux puits voisins lui donnent un savoureux cachet de rusticité et d'ancienneté. L'habitation est humble d'aspect, mais confortable (2) : à part l'aile construite sur la droite, elle est encore telle qu'elle fut bâtie, il y a près d'un siècle. Et dans une région que la proximité de la monstrueuse cité métropo-

(1) Walt Whitman : *Prose Works*, pp. 9 et 10.
(2) H. B. Binns : *Life of Walt Whitman*, p. 8.

litaine transforme peu à peu en banlieue, l'endroit conserve encore un charme de solitude et de nature.

West-Hills est assez près de la mer pour que le bruit confus s'y perçoive : notamment par les nuits tranquilles, après un orage, le grondement sourd et lointain des vagues produit un effet étrange. Walt avait à jamais gardé en lui l'écho de ce « mystique battement des flots (1) ». Tout près de la ferme se trouve la hauteur de Jaynes Hill, le point culminant de l'île. De cette éminence, qui n'a pourtant qu'une centaine de mètres, un merveilleux panorama de champs, de bois, de collines, illimité par les eaux du détroit d'un côté, par l'océan de l'autre, vous environne et vous éblouit. Plus d'une fois, dans sa jeunesse, le poète dut la gravir pour s'y imprégner d'espace et de vent, y embrasser l'immense horizon terrestre et marin. Toute la région d'ailleurs abonde en perspectives étonnamment variées.

Quant à l'existence que menaient les gens dans l'antique ferme, au début du siècle dernier, elle nous est décrite en quelques lignes par John Burroughs, le plus ancien des biographes de Whitman, qui eut pour écrire son livre les conseils et les suggestions de ce dernier :

... Hommes et femmes travaillaient de leurs mains. Les Whitman habitaient une longue ferme d'un étage et demi, aux énormes solives, qui est encore debout. Une grande cuisine, au plafond noirci par la fumée, pourvue d'une cheminée et d'un âtre vastes, occupait un côté de la maison. L'esclavage existait encore dans le New-York en ce temps-là et la famille possédait pour le travail de la maison et celui des champs, une douzaine ou une quinzaine d'esclaves, dont la présence donnait aux choses une apparence toute patriarcale. Vers le coucher du soleil, on pouvait voir les petits négrillons, formant tout un essaim, accroupis en cercle sur le plancher de la cuisine et mangeant leur soupe composée de bouillie de maïs et de lait. Dans la maison de même que dans la nourriture et le mobilier, tout était grossier mais substantiel. On ne connaissait ni tapis ni poêle : on ne prenait pas de café, et le thé et le sucre étaient réservés aux femmes. Des feux de bois flamboyants procuraient à la fois la chaleur et la lumière pendant les soirs d'hiver. Le porc, la volaille, le bœuf, de même que tous les légumes et céréales ordinaires, abondaient. Le

(1) Walt Whitman : *Prose Works*, p. 456.

cidre était la boisson ordinaire des hommes et on en prenait aux repas. Les vêtements étaient presque toujours d'étoffe grossière confectionnée à la maison. On voyageait, hommes et femmes, à cheval. Les livres étaient rares. L'exemplaire annuel de l'almanach était un régal et il était dévoré infatigablement pendant les longues soirées d'hiver.... Tous les gens de la ferme, hommes et femmes, se rendaient fréquemment en expédition à la plage pour se baigner : les hommes dans un but pratique, pour couper des herbes salées, chercher des coquillages et pêcher (1).

Les Van Velsor menaient à peu près le même genre de vie. A travers ses souvenirs, le poète évoque leur « vaste cuisine avec son immense foyer et la salle contiguë, les meubles primitifs, les repas, la maison pleine de gens gais, la douce vieille figure de sa grand'mère Amy avec sa coiffe de Quakeresse, son grand-père, le « Major »... (2) », tout ce cher décor paysan qui lui était si familier dans son enfance. Moins heureuse que celle des Whitman, la « longue demeure irrégulière, gris-brun sombre, aux parois couvertes en bardeaux, avec des hangars, des étables et une vaste grange », des Van Velsor, a depuis longtemps disparu et la « charrue a passé sur ses fondations ».

Ces dernières lignes datent du voyage que fit le poète à West-Hills, lorsqu'à soixante-trois ans, après avoir vécu et œuvré, il fut pris du désir de revoir son pays natal.

Tout ce qu'il a de religieux dans le sentiment qui nous rattache à une lignée d'ancêtres et à un coin de sol se retrouve dans la page émouvante, où le vieillard rend compte de sa visite aux petits cimetières solitaires et sauvages, en pleine nature, repris par la grande vie végétale, où reposaient les siens.

29 juillet 1881. Après plus de quarante ans d'absence (excepté une courte visite pour y conduire mon père une dernière fois, deux ans avant sa mort) je suis venu passer une semaine à Long-Island, à l'endroit où je suis né, à cinquante kilomètres de New-York. Parcouru les anciens lieux familiers, regardant, songeant et m'y attardant tandis que tout me revenait... J'écris maintenant ces lignes assis sur une vieille tombe (datant certainement d'au moins un siècle)

(1) J. Burroughs : *Notes*, pp. 78-79.
(2) Walt Whitman : *Prose Works*, p. 11.

sur le monticule funéraire des Whitman de nombreuses générations. On peut très facilement reconnaître plus de cinquante tombes et autant sont en ruines et devenues informes — buttes défoncées, pierres émiettées et brisées, couvertes de mousse : le monticule est jaune et stérile, avec des bouquets de châtaigniers au bord, et le silence n'est troublé que par le soupir du vent. Il y a toujours la plus profonde éloquence de sermon ou de poème dans tous ces vieux cimetières que Long-Island possède en si grand nombre : que devait par conséquent être celui-ci pour moi ? L'histoire tout entière de ma famille, avec ses chaînons successifs, depuis le premier établissement jusqu'à maintenant, est ici racontée — trois siècles se concentrent sur cette acre de terre stérile.

J'ai consacré le jour suivant, 30 juillet, au pays de ma mère et me suis senti plus encore, si possible, pénétré et impressionné. J'écris ce paragraphe sur le monticule des Van Velsor, près de Cold Spring, le plus significatif champ des morts que l'on puisse imaginer, sans le plus léger secours de l'art, mais dépassant de beaucoup celui-ci : un sol stérile, un plateau presque entièrement dénudé d'une demi-acre, formé par le sommet d'une butte et tout encadré de broussailles, de grands arbres et de bois épais, un lieu très primitif, à l'écart, nul visiteur, pas de route, (les voitures ne peuvent arriver ici, il faut porter le mort à pied et suivre à pied). Une quarantaine ou une soixantaine de tombes très visibles : autant de presque effacées. Mon grand-père Cornelius et ma grand'mère Amy (Naomi), ainsi que de nombreux parents proches ou éloignés, du côté de ma mère, sont enterrés ici. La scène, tandis que j'étais là debout ou assis, l'odeur délicate et sauvage des bois, une toute petite pluie fine qui tombait, l'atmosphère d'émotion de l'endroit et les souvenirs qu'il impliquait formaient un accompagnement approprié (1).

Cette même émotion, nous en ressentons quelque chose à notre tour devant les deux esquisses, illustrant le livre de Bucke, où l'aqua-fortiste Pennell a su traduire avec tant d'intensité l'éloquence muette et poignante de ces tertres mortuaires où dorment les grands aïeux anonymes qui préparèrent la venue du poète.

Nous nous retrouvons là devant les origines. Et nous devions les interroger sans hâte avant de suivre l'homme dans sa carrière mouvante et diverse, car elles l'ont façonné pour toujours, lui et son œuvre ; elles lui ont fourni une base si solide et si vaste dans la vie et dans l'art, que chacun de ses pas semble

(1) Walt Whitman : *Prose Works*, pp. 9 et 10.

affermi, chacun de ses chants élargi, par l'effort des générations qui le précédèrent. Nous les reconnaîtrons partout au cours du voyage, mêlées à ses traits et à ses strophes Il leur doit son ampleur, sa santé et sa force. Walt Whitman n'est pas une fleur magnifique éclose par surprise ou par artifice. Il est un produit de nature, immensifié par la souveraine individualité qui lui fut attribuée par surcroît. D'où l'intérêt particulier qui s'attache à découvrir ses racines et le terrain où elles plongent.

Ce prélude, qui contient en germe les motifs du drame, ce moment d'arrêt sur le seuil avant d'entrer, pour nous donner le temps d'examiner les alentours, la situation, l'aspect de l'extraordinaire demeure où nous sommes conviés, ne sont pas destinés à contenter une vaine ambition de biographe. Le poète lui-même nous recommande de ne négliger aucun des éléments qui concoururent à sa genèse. Ils contribuent en effet, pour une part essentielle, à l'explication de l'énigme admirable qu'il nous propose. Ce n'est qu'après avoir envisagé tout ce fond d'influences qui lui venaient du sol, des races, des ancêtres, du milieu, que nous pouvons saisir la signification profonde incluse en de tels vers :

> Ma langue, chaque atome de mon sang, faits de ce sol, de cet air,
> Né ici de parents nés ici dont les parents y naquirent et leurs parents de même .. (1).

(1) Walt Whitman : *Leaves of Grass*, p. 29.

III

ANNÉES D'ENFANCE ET D'APPRENTISSAGE

L'enfant avait reçu le prénom de Walter, mais comme on avait pris l'habitude à la maison d'en laisser tomber la dernière syllabe, sans doute pour distinguer le fils du père (1), la forme familière de Walt subsista et fut définitivement adoptée par le poète après la première édition de son livre, comme plus intime et plus vraie. Il a voulu n'être pour tous que Walt Whitman, comme il l'était pour les siens, et la postérité ne connaîtra pas d'autre nom. Et déjà on écrit simplement Walt, comme nous disons Jean-Jacques.

Walt avait quatre ans lorsque ses parents quittèrent la ferme au milieu des collines pour venir habiter le gros bourg qui se développait à l'extrémité ouest de Long-Island. Le temps n'était plus où l'on naissait et mourait sur le même coin de terre, près des ossements des ancêtres, et la mobilité de l'époque les gagnait eux aussi. Les circonstances avaient changé depuis la fin de la Révolution, époque de prospérité pour la famille, et le père venait tenter la chance à Brooklyn, où, en ce moment-là, on construisait beaucoup. Les Whitman devaient rester en ville une douzaine d'années, pendant lesquelles le charpentier exerça son métier avec des chances variables, sans jamais s'enrichir toutefois, jusqu'au moment où une maladie grave de la mère les rappela à la campagne.

Le ménage avec ses trois enfants — Walt était le second et un quatrième allait bientôt naître — s'installa à Front street, au bord de l'eau, non loin du « nouveau bac », qui faisait la

(1) *In Re Walt Whitman*, p 35.

navette entre Brooklyn et New-York. Il est probable que Walter Whitman spéculait sur les constructions, en hypothéquant ou en revendant les maisonnettes qu'il bâtissait : les fréquents déménagements des siens semblent l'indiquer (1). Après un séjour à Cranberry street, ils vinrent habiter une « jolie maison » — nous dit le poète — que le chef de la famille avait construite dans Johnston street. Puis ce fut à Tillary street qu'ils émigrèrent. Vers 1830, nous les retrouvons enfin à Henry street (2). Ce fut donc une existence un peu nomade que vécut l'enfant pendant ces premières années, bien que ces successives habitations fussent très rapprochées l'une de l'autre.

Le Brooklyn d'alors, humble noyau de l'énorme agglomération maintenant absorbée par l'extension new-yorkaise, n'était encore qu'une paisible petite ville de caractère très rural (3). Ce fut là que Walt, suivant son expression, quitta les robes et devint un gamin assez audacieux pour commencer d'explorer le monde d'alentour et de s'aventurer seul dans les rues, plus loin même que la boutique de l'épicier du coin, qui devint maire plus tard. Il semble avoir manifesté de très bonne heure des instincts d'indépendance et de vagabondage. On le voyait souvent sur le bac voisin dont les employés se prirent d'amitié pour le petit bonhomme, qui montait à bord et faisait un tour avec eux. L'enfant subissait déjà l'attrait de ces ponts mouvants qui devaient lui inspirer plus tard une véritable passion. Il considérait avec des yeux étonnés les chevaux qui piétinaient en rond si drôlement, au centre du bateau, pour produire la force motrice. C'était le tournant d'une époque, et le premier vapeur venait seulement d'être mis en service (4).

Ainsi dès qu'il fut en âge de se tenir sur ses petites jambes, il mena la vie insouciante, indépendante et musarde, la vie en plein air avec tous ses risques, de l'enfant du peuple, que

(1) H. B. Binns : *Life of Walt Whitman*, pp. 13-14.
(2) Walt Whitman : *Prose Works*, pp. 14-15, et Bucke : *Walt Whitman*, pp. 8.
(3) *Id.*, pp. 15-16.
(4) *Id.*, p. 505.

pousse aux carrefours, aux lieux attirants pour son intelligence en éveil, le même instinct obscur de migration, de curiosité et d'aventure qui animait les humanités primitives dans leurs courses à travers le monde : si futile que puisse sembler la remarque, elle ne l'est pas, au fond, car il importe au développement futur de l'individu qu'aux premiers souvenirs de notre enfance ne soient pas liées des idées de confinement et de subordination sous l'empire d'une surveillance étroite. Soixante ans plus tard, Walt gardait encore vivantes ces impressions de sa vie de gamin à peine échappé des bras maternels.

C'est ici que se place un incident de la cinquième année, — l'anecdote qui si souvent se retrouve dans la jeunesse des grands hommes, comme pour les marquer du signe de la prédestination. John Burroughs nous l'a contée :

« Le général Lafayette, pendant le séjour qu'il fit en Amérique, l'an 1825, vint à Brooklyn et parcourut en grand cortège les rues de la ville. Les enfants des écoles quittèrent la classe pour lui souhaiter eux aussi la bienvenue. On commençait alors les travaux de construction d'une bibliothèque publique pour les jeunes gens, et Lafayette consentit à s'arrêter en chemin pour poser la première pierre. Les enfants arrivèrent nombreux sur le chantier, où on avait déjà creusé pour l'édifice une énorme excavation irrégulière, entourée d'amas de grosses pierres, et plusieurs messieurs de l'assistance les aidèrent à grimper aux endroits d'où ils pouvaient en toute sécurité voir la cérémonie. Lafayette, qui était du nombre et s'occupait aussi des enfants, souleva le petit Walt Whitman, alors âgé de cinq ans, le serra un moment dans ses bras et, après l'avoir embrassé, le déposa en lieu sûr dans l'excavation (1). »

Le poète, dans sa vieillesse, se rappelait encore, parmi les souvenirs de cette lointaine époque (2), l'arrivée de Lafayette à Brooklyn. Ses parents habitaient alors à Tillary street. Le héros, de virile prestance, avec une expression de bonté sur le

(1) Burroughs : *Notes*, p. 80.
(2) Walt Whitman : *Diary in Canada*, pp. 5-7.

visage, était arrivé par le « vieux bac » et avait été reçu en grande pompe au bas de Fulton street (1).

Walt allait donc en classe à ce temps-là, c'est-à-dire à l'école communale. Il n'y fit que le court séjour — environ six ans — permis aux enfants du peuple, pressés de faire l'apprentissage de la vie pratique. Il fréquenta également l'école du dimanche de Saint-Ann's. Et l'enseignement primaire demeura l'unique fond d'instruction formelle et méthodique de toute son existence (2), auquel viendra s'ajouter plus tard le trésor de ses lectures et de ses études en tous sens. Le fils du charpentier n'était pas un privilégié.

Après l'école, il entra, en 1831, comme petit commis chez un avocat de Fulton street, où on lui donna un beau pupitre et une encoignure de fenêtre pour lui tout seul. Le patron était très bon et l'aidait dans ses écritures. Il abonna même son petit clerc à un grand cabinet de lecture, — ce que Walt nommait plus tard l'événement le plus remarquable de sa vie de gamin. Alors il se plongea avec délice dans les romans de toute espèce : la série entière des *Mille et une Nuits* y passa, puis les romans et les poésies de Walter Scott, sans compter bien d'autres merveilles (3). Ce fut un vrai festin. Ensuite il fut placé chez un médecin, également comme saute-ruisseau. A quatorze ans, il était temps de se décider pour un métier, et il entra comme apprenti dans l'atelier de composition d'une feuille hebdomadaire, le *Long Island Patriot*, pour apprendre l'état de typographe. Déjà il avait trouvé sa voie, car à travers les péripéties de son existence multiforme, ce fut dans les imprimeries qu'il trouva longtemps son occupation principale.

Le propriétaire du *Patriot*, S. E. Clements, avait des attentions pour ses apprentis et emmenait parfois Walt en pro-

(1) Walt Whitman : *Prose Works*, pp. 506-507.

(2) On ne possède aucun renseignement sur son passage ultérieur, comme étudiant, à l'Académie de Jamaica (Long-Island), signalé par Bucke (*Walt Whitman*, p. 22) et qui dut, en tout cas, être fort court et à peu près insignifiant. Comme il professa plus tard à cet endroit (Binns, *Life of Walt Whitman*, p. 33), il y a peut-être confusion.

(3) Walt Whitman : *Prose Works*, p. 15.

menade : le dimanche, il les conduisait tous à une église qui semblait une forteresse. A l'atelier, Walt avait pour collègue et ami un vieux révolutionnaire, qui avait vu Washington et qui lui racontait maintes histoires des temps héroïques. Après cela, il travailla au *Long Island Star*, le journal d'Alden Spooner (1), qui se souvenait plus tard de son apprenti comme d'un garçon notoirement flemmard (2) : épithète que Walt devait encourir pendant toute sa vie, fort injustement d'ailleurs.

De ces années-là le poète évoquait une vision qui avait vivement frappé son esprit de gamin observateur. Un jour de janvier, il se promenait dans Broadway, lorsqu'il aperçut « un vieillard débile et courbé quoique fortement bâti, avec de la barbe, emmaillotté dans de riches fourrures, coiffé d'un grand bonnet d'hermine, conduit et soutenu, presque porté, jusqu'au bas des marches du haut perron en façade de sa demeure (une douzaine d'amis et de serviteurs attentifs rivalisant d'empressement à le soutenir, à guider ses pas), puis soulevé et installé chaudement à l'abri sous d'autres fourrures, dans un magnifique traîneau, pour une promenade. Au traîneau étaient attelés une paire de chevaux tels que je n'en ai jamais vus de plus beaux. Et moi qui étais alors un garçon de treize ou quatorze ans peut-être, je m'arrêtai à contempler longuement le spectacle qu'offrait ce vieillard emmaillotté dans ses fourrures, entouré d'amis et de laquais, et qu'on asseyait avec tant de précautions dans son traîneau. Je me rappelle les chevaux pleins de fougue et rongeant leurs mors, le cocher tenant son fouet et, à son côté, un deuxième conducteur, par surcroît de prudence. Le vieillard qui était l'objet de tant de soins, je le vois encore aujourd'hui. C'était John Jacob Astor (3) ». Le fils des paysans de Long-Island, en croisant le magnat new-yorkais sur sa route, restait médusé devant la révélation du mystère énorme de la richesse.

Bien qu'habitant Brooklyn, durant ces années d'école et

(1) Walt Whitman : *Prose Works*, p. 15.
(2) H. B. Binns : *Life of Walt Whitman*, p. 20.
(3) Walt Whitman : *Prose Works*, pp. 17-18.

d'apprentissage, Walt n'avait pas dit adieu à la ferme de West-Hills ni à Cold Spring. Chaque été il retournait passer les vacances chez ses grands-parents et y faisait des séjours prolongés. C'est ainsi qu'il put connaître sa douce grand'mère Naomi, avec sa coiffe de Quakeresse, son jovial grand-père Cornelius et Hannah Whitman, l'autre aïeule. Une bonne partie de son enfance et de son adolescence s'écoula ainsi à parcourir en tous sens les campagnes et les rivages de son île, au point de la sentir aussi proche que s'il ne l'avait pas quittée à quatre ans C'est lui-même que nous interrogerons pour connaître les impressions que ces magnifiques mois de nature et de liberté lui avaient laissées :

En deçà des barres extérieures ou de la grève proprement dite, la baie du sud est partout relativement peu profonde : pendant les hivers froids, une glace épaisse en recouvre la surface. Lorsque j'étais gamin je m'aventurais souvent sur ces plaines gelées en compagnie d'un ou de deux camarades, avec un petit traîneau, une hache et un trident, pour aller chercher un plat d'anguilles. Nous faisions des trous dans la glace, et parfois nous trouvions tout un paquet d'anguilles de quoi remplir nos paniers de gaillards grands, gras, délicieux, à la chair blanche. L'endroit lui-même, la glace, le traîneau qu'on tirait, les trous qu'on perçait, le harponnage des anguilles, etc... c'était naturellement là de ces amusements qui sont le plus chers à l'enfance. Les rivages de cette baie, en été et en hiver, et tout ce que j'y ai fait dans ma jeunesse, sont mêlés au tissu des *Feuilles d'Herbe* d'un bout à l'autre. Un amusement dont j'étais très friand était de descendre à la baie en été pour ramasser des œufs de mouette. (Les mouettes pondent deux ou trois œufs, plus gros que la moitié d'un œuf de poule, sur le sable même, et laissent au soleil le soin de les faire éclore.)

J'ai connu parfaitement bien aussi l'extrémité est de Long-Island, la région de Peconic Bay, — j'ai été en bateau plus d'une fois autour de l'île Shelter et jusqu'à Montauk — j'ai passé bien des heures à l'extrême pointe sur la colline de la Tortue, près du vieux phare, à contempler le roulement incessant des vagues de l'Atlantique. J'aimais aller là-bas pour fraterniser avec les pêcheurs de « blue-fish » ou les escouades annuelles de preneurs de bars. Parfois le long de la péninsule de Montauk (elle a six lieues de long, avec de bons herbages) je rencontrais les étranges bouviers hirsutes, à demi-sauvages, qui vivaient en ce temps-là entièrement à l'écart de la société et de la civilisation, occupés à garder sur ces riches pâturages d'immenses troupeaux de chevaux, de bœufs et de moutons, appartenant aux cultivateurs des villes de l'Est. Parfois aussi les quelques Indiens ou métis qui existaient encore à cette époque sur la péninsule de Montauk, mais aujourd'hui, je crois absolument, disparus.

Davantage vers le milieu de l'île s'étendaient les plaines de Hempstead qui étaient alors (1830-1848) entièrement en prairies rases, inhabitées, plutôt stériles, couvertes de colchiques et de touffes d'airelles, cependant abondantes en beaux pâturages pour les bestiaux, la plupart des vaches à lait qui paissaient là par centaines, par milliers même, et que le soir (les plaines appartenaient aux villes qui en jouissaient ainsi en commun), on pouvait voir prendre la route de l'étable, en bifurquant sans se tromper aux endroits qu'il fallait. Je me suis souvent trouvé au bord de ces plaines vers le coucher du soleil, et je vois encore en imagination les interminables processions de vaches, j'entends la musique des clochettes de fer-blanc ou de cuivre tinter au loin ou tout près, j'aspire la fraîcheur de l'air du soir, délicieux et légèrement aromatique, et j'observe le soleil couchant.

A travers la même région de l'île, mais plus à l'est, s'étendaient de vastes espaces couverts de sapins et de chênes rabougris (on y faisait du charbon en grande quantité), monotones et stériles. Mais j'ai passé là bien des bonnes journées ou demi-journées à errer parmi ces chemins de traverse solitaires, respirant un parfum spécial et sauvage. Dans cette région, ainsi qu'à travers l'île tout entière et le long de ces rivages, j'ai passé des moments de ma jeunesse pendant bien des années, en toutes saisons, parfois à cheval, parfois en bateau, mais ordinairement à pied (j'ai toujours été un bon marcheur en ce temps-là), observant la campagne, les rivages, les incidents maritimes, les types, les hommes de la baie, les cultivateurs, les pilotes — j'ai toujours abondamment fréquenté ces derniers, ainsi que les pêcheurs. Tous les étés je venais là faire des excursions en bateau — j'ai toujours aimé les plages dénudées du sud, et j'y ai vécu quelques-unes des heures les plus heureuses de ma vie jusqu'à ce jour.

En écrivant ceci, toutes mes impressions me reviennent après un intervalle de plus de quarante ans — le bruit berceur des vagues et l'odeur saline — ma vie de gamin, la recherche des « clams », pieds nus avec les pantalons retroussés — le bateau qu'on tirait dans la crique — le parfum des prés salés — le bateau à foin, le ragoût de poisson et les parties de pêche... (1).

Le souvenir de cette époque heureuse devait rester cher à jamais au cœur du poète, par delà les expériences de son âge viril. Décrivant la côte méridionale de son île, fatale à tant de navires, il note que, « comme gamin, il vivait dans l'atmosphère

(1) Walt Whitman : *Prose Works*, pp. 13-14.

et les traditions de nombre de ces naufrages, — et qu'il fut presque témoin d'un ou deux d'entre eux. Par exemple, c'est au large d'Hempstead que se perdit, en 1840, le navire *Mexico*. (Il y est fait allusion dans « Les Dormeurs », poème des *Feuilles d'Herbe*) » (1). Plus tard encore, il évoquera le « vieux Moïse », un des esclaves libérés de West-Hills, « grand ami de mon enfance (2) ». L'océan surtout prit possession de lui à cette époque avec son odeur, son mouvement, ses bruits, sa vastitude. Il lui inspirait à cette époque déjà le désir de le chanter (3). Un parfum d'algues et de marée s'attachait à sa personne et il avait, nous dit-on, les allures d'un « moussaillon ». On rapporte ce mot d'un capitaine, en apercevant Walt : « Je flaire l'eau salée à quatre lieues de distance rien qu'en le voyant (4). » Quelle force animale et quelle ampleur ces intervalles de vie sauvage, exultante, gonflée d'inconscient bonheur, près de la mer ou sur la mer, préparaient pour l'individu ! Ils furent comme une absorption des éléments par tous les pores de son être en formation. Et nous songeons à ces vers où s'éternise le reflet de sa propre enfance :

> Il y avait une fois un enfant qui sortait tous les jours,
> Et le premier objet qu'il considérait, il devenait cet objet,
> Et cet objet devenait une part de lui pour tout le jour ou pour une certaine partie du jour,
> Ou pour nombre d'années ou pour de vastes cycles d'années.
> Les premiers lilas devinrent une part de cet enfant,
> Et l'herbe et les liserons blancs et rouges et le trèfle blanc et rouge et le chant du vanneau,
> Et les agneaux de Mars et les petits rose pâle de la truie, et le poulain de la jument et le veau de la vache,
> Et la bruyante couvée de la basse-cour ou qui s'ébat dans la bourbe au bord de la mare,
> Et les poissons qui se suspendent si curieusement là-dessous et le superbe et curieux liquide,
> Et les plantes aquatiques avec leurs gracieuses têtes aplaties, tout cela devint une part de lui-même... (5).

(1) Walt Whitman : *Prose Works*, p. 13.
(2) *Id.*, p. 422.
(3) *Id.*, p. 95.
(4) Triggs : *Selections*, Introduction, p. XXII.
(5) Walt Whitman : *Leaves of Grass*, pp. 282-284.

Walt, vers seize ans, assemble des caractères dans les imprimeries de New-York. Son métier d'ailleurs — et il en sera toujours de même avec lui — ne l'absorbe que médiocrement. Une fièvre de connaître s'est emparée de lui. Il vit ces heures intenses où tout adolescent généreux brûle de se mesurer avec le monde. Frémissant d'ardeurs intellectuelles, il dévore des multitudes de romans et indistinctement tous les livres qui lui tombent sous la main. Il court les conférences de Brooklyn et des alentours et prend une part active à leurs controverses. Il fréquente avec passion le théâtre, autant que ses ressources le lui permettent (1). C'est la période d'éveil de toutes les curiosités. Non content de lire et de parler en public, il écrit des poésies et des petites nouvelles pour les revues et les journaux.

C'est aux environs de la dix-septième année qu'apparut dans sa ligne de vie la première de ces brusques interruptions que favorisent le tempérament et l'esprit d'initiative de l'Américain. Il abandonne les casses et gagne son île, où bientôt il s'improvise maître d'école de village. Sans doute le désir de se rapprocher des siens, qui avaient alors quitté la ville — de nouveaux enfants étaient venus au charpentier, et la naissance du dernier garçon avait coûté à la mère, pourtant si robuste, des mois de maladie, — n'était pas étranger à cette résolution. Selon l'habitude d'alors, il loge « à la ronde », dans les familles de ses élèves, où se mêlent les filles et les garçons, souvent du même âge que leur professeur. Les souvenirs de l'un d'eux projettent une lueur vive sur cette période d'adolescence. Je les transcris dans toute leur saveur :

> J'ai été un de ses élèves à Flushing, Long-Island. Il faisait la classe à Little Bay Side. Nous éprouvions beaucoup d'attachement pour lui.
>
> Sa méthode d'enseignement était particulière. Il ne se restreignait pas aux livres, comme la plupart des maîtres le faisaient alors, mais il enseignait oralement, — oui, il avait des idées originales, bien à lui. Je puis en juger, car j'en avais entendu certains autres qui pratiquaient eux aussi l'enseignement oral. Mais le plan qu'il avait adopté était entièrement conçu par lui-même et conduisait à d'excellents résultats.

(1) Walt Whitman : *Prose Works*, p. 16.

Il n'était pas sévère avec les enfants, mais il obtenait une absolue discipline dans l'école. Avant et après la classe et pendant les heures de récréation, il n'était qu'un enfant parmi d'autres enfants, toujours libre et naturel, jamais empesé. Il prenait une part active aux jeux. Il paraissait avoir pour but d'enseigner même quand nous jouions.

Whitman ne « blaguait » jamais. Je voyais bien qu'il ne perdait jamais de vue la nature sérieuse de sa tâche et sa responsabilité. En même temps rien dans ses manières ne laissait apercevoir qu'il se sentait au-dessus de nous ou qu'il désirait d'une façon quelconque se donner un ton ou un air de supériorité.

Whitman aimait beaucoup à exposer un sujet ou à décrire un événement devant ses élèves. Il ne faisait pas cela en particulier, mais pour tous. Lorsqu'un sujet lui paraissait en valoir la peine, il y consacrait un temps considérable. Il était toujours intéressant et parlait très bien, sachant retenir l'attention des écoliers, qui, entre parenthèses, étaient soixante-dix ou quatre-vingts. Nos âges variaient entre seize, dix-sept et dix-huit ans : cependant il se trouvait aussi beaucoup de jeunes blancs-becs comme moi.

Je n'ai jamais entendu un seul écolier ni aucuns parents formuler la moindre plainte contre Walt. Nous lui étions tous profondément attachés et nous eûmes beaucoup de chagrin quand il partit.

Les femmes ne semblaient pas l'attirer. Il n'allait nulle part avec elles spécialement, et n'était pas plus que cela enclin à rechercher leur société.

Sa bonté, son affabilité, le pied d'intimité sur lequel nous étions avec lui, avaient quelque chose de particulier et de charmant. Était-il d'une bonté toujours égale? — Oui, sans la moindre variation ; exactement le même, toujours.

Walt savait fort bien conter. Ah! oui, il était excellent, à la fois plaisant et sérieux. Ai-je dit qu'il avait ses idées à lui sur la façon de punir ses élèves? S'il surprenait l'un d'eux en flagrant délit de mensonge, il l'exposait devant toute la classe en contant une histoire. Mais l'histoire ne contenait aucun nom propre. Pas d'autre punition que celle-là. Mais il avait une telle façon de raconter son histoire que le coupable comprenait parfaitement de qui il s'agissait. Il s'y prenait de la sorte pour les fautes ordinaires : mais quand la faute était suffisamment grave, le secret était révélé devant la classe entière.

Il était une âme d'honneur. Si quelqu'un essayait de commettre un acte malhonnête, il lui faisait honte aussitôt. Il y avait, par exemple, un examen ou quelque chose de ce genre. J'avais un papier avec des noms dessus. Je ne m'en servais pas, mais il vit le papier. Lorsque l'examen fut terminé et au moment où les écoliers allaient quitter la classe, il dit qu'il regrettait que l'un d'eux ait pu faire une chose comme celle dont il s'était aperçu. Il ne prononça pas mon nom, mais je sais que je n'ai jamais commis cette faute depuis.

Le souvenir que je conserve de Walt est aigu, extraordinairement aigu, — probablement parce que sa personnalité avait sur moi un effet tellement particulier et puissant, même comme enfant. J'ai eu d'autres professeurs, mais aucun n'a laissé sur moi une telle empreinte. Et cependant je ne pourrais définir aucune chose en particulier. C'était l'ensemble de son attitude, ses manières en général, si sympathiques, son regard, sa voix, tout ce qu'il y avait de vivant et de cordial en lui. Je ressentais en sa présence quelque chose que je ne pouvais pas expliquer. Ce que je dis là, d'autres le diront également. Je crois qu'il produisait le même effet sur les autres que sur moi. Ils l'ont reconnu, mais pas plus que moi, ne peuvent en donner aucune raison définie. Nul ne pourrait dire pourquoi. Le souvenir qu'ils ont de lui est exactement semblable au mien. Il doit y avoir quelque chose là-dedans : ce n'est pas de l'imagination.

Whitman avait de la dignité et cependant il pouvait également descendre jusqu'à la familiarité. Dès l'instant où il franchissait le seuil de l'école, il devenait le maître. Il avait de l'autorité, mais il n'était pas sévère (1). Nous lui obéissions et le respections.

Il est une chose sûre. Pour ce qui est de la bonté du caractère de Walt, vous pouvez enregistrer mon témoignage à peu près absolu et aussi énergique que vous le voudrez. Même au temps lointain des années d'école, ceux d'entre nous qui l'ont connu, ses élèves de Long-Island, sentaient d'une manière ou d'une autre, et sans savoir pourquoi, que c'était là un homme au-dessus de la moyenne, qui attirait étrangement notre respect et notre affection (2).

Il nous faut rapprocher de ce témoignage si affirmatif et si curieux, celui d'un autre Long-Islandais, qui fut également son élève. Interrogé par le Dr Johnston, l'un des admirateurs anglais du poète, un vieux paysan, nommé Sandford Brown, formulait en ces termes l'opinion qu'il gardait de son ancien maître :

Walter Whitman ou « Walt », comme nous l'appelions, fut mon

(1) Dans une petite nouvelle, publiée par Walt en 1841, où il met en scène un maître d'école-bourreau, se trouve un passage caractéristique : « Le maître n'était pas taillé pour remplir un emploi aussi important et aussi plein de responsabilités. Trop prompt dans ses décisions, d'une sévérité inflexible, il était la terreur du petit monde qu'il régentait en despote. Punir semblait faire sa joie. Connaissant peu le cœur des enfants, qui s'ouvre et s'épand aussitôt comme une délicieuse fontaine dès qu'on s'adresse à eux avec de la douceur et des bonnes paroles, il était redouté de tous pour sa dureté, et nul d'entre eux ne l'aimait. Je voudrais qu'il eût été un exemple isolé dans sa profession. » (Walt Whitman : *Prose Works*, p. 343.)

(2) *Walt Whitman Fellowship Papers*, 1894. (I. H. Platt, *Walt Whitman*, pp. 6-10.)

premier maître. Il « fit l'école » dans le pays, pendant à peu près un an. J'étais un de ses élèves et je faisais très grand cas de lui. Je ne peux pas dire que, comme maître d'école, il fit tout à fait fiasco, mais sa réussite ne fut certainement pas brillante. Il n'était pas dans son élément. Il était toujours à rêvasser et à écrire, au lieu de s'occuper de ses fonctions, mais je suppose qu'il était comme beaucoup d'entre nous, pas très riche, et qu'il était forcé de faire quelque chose pour vivre. Mais l'enseignement n'était pas son fort. Son fort était la poésie. Les gens le considéraient comme un peu paresseux et indolent, parce que, quand il travaillait dans les champs, il lui arrivait parfois de s'en aller pour cinq minutes ou pour une heure, et de s'étendre sur le dos dans l'herbe au soleil, pour ensuite se lever et écrire quelque chose : et les gens disaient qu'il fainéantait. Mais je crois qu'il travaillait alors du cerveau, pensant ferme et écrivant ensuite ses idées... Il fit la classe pendant une année, après quoi sa sœur lui succéda (1).

Qu'il ait ou non réussi dans une carrière où son ascendant personnel et ses ressources devaient suppléer au peu d'instruction qu'il avait acquis dans les écoles publiques de Brooklyn, Walt mena pendant au moins trois ans cette existence de pédagogue villageois, coupée sans doute de séjours à la ferme qu'avaient reprise ses parents, depuis leur retour au pays. Il professa à Babylon, au bord de la grande baie du sud où il prenait des anguilles et des crustacés, à Jamaica, à Woodbury, à Whitestone (2). Ce fut alors qu'en la parcourant en tous sens il prit vraiment possession de son île et connut sa population. Au cours de cette vie un peu nomade, combien de foyers, combien de types divers — pêcheurs, paysans, éleveurs — il eut l'occasion de fréquenter et d'observer ! Il nommait lui-même ces années « l'une de ses plus profondes leçons de nature humaine derrière la scène et dans la masse (3) ».

Dans l'intervalle — il avait alors dix-neuf ans, — le jeune Whitman avait réalisé une autre de ces expériences dont la somme devait lui composer plus tard un incomparable savoir d'humanité. Il aimait à imprimer, au propre et au figuré. Il y avait un an et demi qu'il professait, lorsque nous le retrouvons

(1) J. Johnston : *A Visit to Walt Whitman*, pp. 113-115.
(2) H. B. Binns : *Life of Walt Whitman*, p. 33.
(3) Walt Whitman : *Prose Works*, p. 16.

à la tête d'un journal, le *Long Islander*, qu'il venait de fonder à Huntington, la bourgade dont dépend West-Hills, — et qui paraît encore aujourd'hui après plus de soixante ans. Son frère George, qui avait alors dix ans, en était co-propriétaire(1). Walt remplissait la besogne de directeur, de rédacteur en chef, de compositeur, de pressier et d'apprenti, réunissant en sa personne les éléments d'une rédaction. Malgré ces occupations multiples, le travail dans les bureaux du *Long Islander* ne devait pas accaparer tous les instants; parfois, on pouvait voir le directeur, au milieu de ses amis, balançant un anneau suspendu au plafond par une ficelle et s'efforçant d'atteindre un crochet fixé dans le mur à cet effet. Lorsque l'anneau restait accroché, on gagnait un petit pâté ou une pièce de vingt-cinq sous (2). Ou bien encore on jouait au whist. Les lecteurs étaient indulgents et Walt sans fièvre. Mais il y avait quand même des moments où celui-ci travaillait d'arrache-pied, et alors il n'y avait plus à plaisanter. Il fallait le laisser à son affaire(3). Ce qui le séduisait sans doute, c'était que son métier de typographe et ses talents littéraires trouvaient en cette entreprise une occasion de fusionner.

Ces mois où il imprima, rédigea et colporta la petite feuille durent être une phase particulièrement heureuse de son adolescence, et les lignes suivantes en redisent le charme :

... On m'encouragea à fonder un journal dans le pays de ma naissance. J'allai à New-York, achetai une presse et des caractères et engageai quelqu'un pour m'aider un peu ; mais je fis la plus grande partie de l'ouvrage, y compris le tirage, moi-même. Tout parut bien tourner — (seule ma tendance à ne jamais rester en place m'empêcha de me créer là peu à peu une situation permanente.) J'achetai un bon cheval, et toutes les semaines je parcourus le pays en distribuant mes journaux, consacrant un jour et une nuit à cette besogne. Je n'ai jamais fait d'excursions plus joyeuses : — je gagnais Babylon, sur la côte méridionale, suivais la route du sud, puis retournai chez moi en passant par Smithtown et Comac. Les impressions recueillies aux cours de ces promenades, les excellents fermiers à

(1) *In Re Walt Whitman*, p. 37.
(2) *Id.*, p. 37.
(3) H. B. Binns : *Life of Walt Whitman*, p. 32.

l'ancienne mode et leurs femmes, les repos au bord des prés, l'hospitalité, les bons dîners, des soirées çà et là, les jeunes filles, les courses à cheval à travers la brousse, tout cela me revient à la mémoire jusqu'à ce jour (1).

D'autres que Walt avaient gardé, eux aussi, la mémoire de ce temps. Deux ans après la mort du poète, des amis, en pèlerinage à Long-Islang, retrouvaient encore des villageois qui avaient connu le jeune directeur du *Long Islander* et n'hésitaient pas à évoquer sa figure :

Deux des ancêtres du hameau se rappelaient distinctement sa puissante personnalité, débordante de vie, s'ébattant dans la force, insoucieuse du temps et du monde, de l'argent et du travail. Il aimait les livres et les jeux, adorait réunir autour de lui, le soir, dans son imprimerie, les jeunes gens du village pour leur raconter des histoires et leur lire des poésies, de lui et des autres. Il appelait les siennes ses « jappements », un mot qu'il rendit fameux par la suite. Tous deux se souvenaient de lui comme d'un charmant compagnon, généreux en face d'une faute, glorieux de sa jeunesse, négligent dans ses affaires. Il faisait paraître le *Long Islander* à des intervalles irréguliers, — toutes les semaines ou toutes les deux semaines, ou toutes les trois semaines, — jusqu'au jour où ses bailleurs de fonds perdirent foi et espoir en lui et le remercièrent... (2).

Walt avait vingt-deux ans lorsqu'il quitta sa classe et son île pour retourner à New-York. D'autres ambitions s'éveillaient en lui, que le professorat n'était pas de nature à satisfaire. L'adolescence était close et avec elle les années d'apprentissage. Un plus vaste champ d'expérience lui était ouvert, où nous allons le voir bientôt s'épanouir au contact des hommes et des choses et atteindre sa plénitude.

Les renseignements que nous possédons sur la jeunesse du poète, hormis ce qu'il a bien voulu nous en laisser connaître lui-même et les témoignages que nous venons de citer, s'attestent singulièrement pauvres. Ils suffisent néanmoins pour nous prouver qu'il possédait déjà une personnalité très accentuée : les souvenirs du premier de ses élèves sont étonnamment significatifs à cet égard. Il proposait, dans sa physionomie et ses

(1) Walt Whitman: *Prose Works*, p. 195.
(2) I. H. Platt : *Walt Whitman*, pp. 11-12.

allures, quelque chose de très puissant et de très doux, cette inexprimable qualité qui, autour de certains individus, se répand comme un arome et attire irrésistiblement les sympathies. Parmi les jeunes gens des villages, il apparaissait autre, non pas d'une essence supérieure, mais très à part : singulier garçon qui, dans son langage, évitait les grossièretés et que l'on n'aurait pu surprendre en train de boire ou de machiner quelque mauvaise farce. Sans l'ombre de pose, mais sous l'empire d'un instinct inné, il semblait affirmer un grand respect de lui-même, qui lui interdisait de pratiquer quelques-uns des divertissements familiers aux drilles de son âge.

Mais surtout il était lui. Ce souci d'indépendance qui lui avait attiré, comme gamin, d'orageuses discussions avec son père, peu enclin à badiner sur le chapitre de l'autorité, s'était affermi avec les années. Il avait quitté de bonne heure le toit paternel, au temps de son apprentissage, et l'expérience qu'il avait déjà de la grande ville était venue fortifier ses tendances individualistes. Walt n'était pas l'ennemi du travail, loin de là, mais il était l'ennemi du travail prolongé et machinal, prévu et mesuré_ comme la journée du cheval de fiacre entre ses brancards. Sur ce chapitre il prétendait n'en faire qu'à sa tête et n'obéir qu'à son instinct. C'était comme pour l'alcool et les fréquentations crapuleuses : il refusait de se dégrader. Lorsqu'il travaillait aux champs par hasard, il passait pour un fainéant, parce qu'on le voyait, comme le dit Sandford Brown, poser parfois la faux, la fourche ou le râteau, pour s'étendre sous un arbre. Au milieu de l'ouvrage, une pensée le sollicitait, qui valait bien le travail de la fourche ou de la faux : pourquoi lui résister, puisqu'elle venait ? Ses ancêtres quakers résistaient-ils à l'appel intérieur ? Même pour les siens, avec lesquels il entretint toujours les relations les plus affectueuses, il demeurait une énigme. Sa douce et intuitive maman, malgré le lien de tendresse particulière qui l'unissait à son second fils, ne parvenait pas toujours à le comprendre. Quelque chose en lui leur échappait.

D'ailleurs il n'était nullement fixé sur ce qu'il ferait dans la vie : Walt n'était pas de ces adolescents qui, leurs études ou leur apprentissage terminés, se dirigent tout droit et sans hésitation vers le box qu'ils occuperont jusqu'à leur mort. Il ne savait pas, il attendait, il regardait le monde autour de lui. Au fond de son cœur un océan de désirs confus s'agitait, et il en éprouvait les délices et les tortures. Sous un visage heureux et des allures tranquilles il cachait une sensibilité très vive et sa jeunesse déjà avait connu des émois profonds.

Avec cela d'une insouciance magnifique, plein d'entrain et de gaieté, grand amateur de jeux et d'aventures, s'en donnant à cœur joie, dès qu'une partie de plaisir était décidée. Il n'y en avait pas de plus fou et de plus turbulent que lui pour mener la bande des jeunes gars. Partout où son existence errante le menait, il était leur chef naturel. Walt était vraiment un gaillard qui n'avait pas froid aux yeux. La pêche, les parties en barque, les longues promenades à pied étaient ses récréations favorites : par contre il voulut toujours ignorer la chasse. Jamais on ne le voyait à l'église, et les conventions semblaient n'avoir aucune prise sur lui. Il y avait certaines heures où une gravité particulière était répandue sur son visage : et les bonnes gens se demandaient si c'était bien le même garçon qui tout à l'heure exultait de la joie de vivre et s'abandonnait si totalement à la griserie de sa jeunesse et de sa force. Déjà cette apparente dualité de l'homme paraissait étrange et le marquait d'un signe spécial. D'humeur foncièrement égale, il se montrait envers tous pacifique et doux : pas au point cependant de se laisser marcher sur le pied. Témoin cette histoire rappelée par son frère George, et selon laquelle il administra un jour une maîtresse volée à un pêcheur qui l'avait fait passer en jugement, en se plaignant d'avoir été rossé par lui (1).

Débordant de santé, Walt, à vingt ans, était d'une force peu ordinaire. Il avait grandi très vite et atteint tout son développement vers quinze ou seize ans (2). De très haute taille et large d'épaules, il était la preuve vivante que le sang des Whitman coulait en lui pur et à pleines ondes. Et il en imposait

(1) *In Re Walt Whitman*, p. 35.
(2) Walt Whitman : *Prose Works*, p. 16.

déjà par son apparence de jeune athlète (1), avec des yeux gris-bleu qui regardaient bien en face, un visage ovale et régulier, un teint extraordinairement blond et des cheveux d'un noir intense (2).

(1) *In Re Walt Whitman*, p. 35.
(2) Bliss Perry : *Walt Whitman*, p. 9.

DEUXIÈME PARTIE

LA VIE MULTITUDINAIRE

NEW-YORK (1841-1855).

I

DÉBUTS LITTÉRAIRES

Si curieux que nous soyons d'assister à la genèse d'un tel individu, l'époque de plénitude qui s'ouvre au moment de son retour en la métropole, est de nature à nous solliciter plus puissamment. Les années de New-York, — dont lui était si cher le nom indien, Mannahatta, qui signifie « l'endroit autour duquel les eaux joyeuses et fiévreuses viennent sans fin se briser (1) » — ces années où il prit conscience de lui-même et d'où son œuvre a jailli, forment le fond merveilleux et unique sur lequel sa personnalité se détache. C'est alors que le drame magnifique et sans intrigue de son existence se noue et que notre attention, à le voir vivre et agir, s'intensifie.

La longue période —douze ou quinze ans — qui précéda l'éclosion de son poème, on la devine, plus qu'on ne peut la

(1) W. S. Kennedy : *Reminiscences of Walt Whitman*, p. 64 ; et Walt Whitman : *Diary in Canada*, p. 55.

décrire, emplie de vie luxuriante et toute enveloppée d'une chaude lumière dont certains faits qui nous sont acquis concentrent le reflet. Car les données précises sur l'existence du poète jusqu'à la trente-cinquième année sont peut être plus rares qu'à n'importe quelle autre phase de sa carrière. Nul annaliste ne vivait alors à ses côtés pour préserver l'histoire d'un homme qui n'avait pas d'histoire, d'un vivant perdu dans la foule, simplement occupé à vivre et à absorber son temps. Walt ne s'était pas révélé à lui-même et au monde. Quelques pages d'autobiographie, çà et là un document, nous permettent pourtant de conjecturer ce qu'alors il s'attesta, dans l'épanouissement merveilleux de son âge viril. Dix lignes d'un contemporain, une impression notée sur le vif, la peinture d'un geste ou d'un trait de caractère, parfois nous renseigneront davantage sur sa personnalité qu'un journal rigoureusement tenu.

En raison de l'extrême rareté des informations relatives à ce temps, nous renoncerons ici, plus encore qu'ailleurs, à suivre rigoureusement la chronologie des faits pour tenter d'exprimer le sens général et la nature particulière d'une époque féconde en expériences diverses, intimes, multipliées. Et nous devrons avouer que ce qu'il y eut, sans doute, de plus grand dans ces magnifiques années demeure impossible à redire et doit rester dans l'ombre.

En 1841, Walt quittait donc la classe où il professait et regagnait New-York, mû par de nouvelles ambitions. Il avait dirigé un journal, en pleine adolescence, et la métropole s'ouvrait, démesurée, devant ses jeunes désirs. Un grand gars de vingt-deux ans, qui en paraissait au moins ving-cinq, avec une vitalité exceptionnelle et une assurance singulière, venait ainsi se mêler aux remous d'une cité fourmillante et vorace. Cependant elle ne le dévorera pas : c'est lui qui l'absorbera, hommes et choses, paysages et foules, souffrances et joies.

Walt, durant ces années de New-York, mène une existence mixte : mi-ouvrier, mi-journaliste, il pratique un métier, uniquement pour vivre, selon une méthode (ou une absence de méthode) invariable chez lui. Pendant cinq ans, il travaille comme compositeur dans les imprimeries de New-York, sans se laisser envahir par sa tâche quotidienne. L'été, l'incorrigible musard, l'amoureux de grand air et de soleil, s'échappe souvent de l'atelier pour gagner les champs ou les rivages de son île. Et afin de pouvoir y prolonger son séjour, il ne dédaigne pas à l'occasion de s'engager pour les travaux de la culture, avec la même simplicité qu'il met à assembler des caractères devant les casses d'une imprimerie.

En revenant à New-York, Walt avait un souci, qui, sans le dominer, — cela eût été contraire à sa nature — le préoccupa sérieusement pendant les cinq ou six années suivantes : celui de « faire de la littérature ». Car Walt était écrivain. Il avait publié des petits contes et des poésies dans les périodiques. Cette vocation s'était affirmée dès la quatorzième année et il continua de sa manière tranquille à la suivre, jusqu'à ce qu'il fût devenu un homme nouveau, moment où toute cette littérature se dissipa comme une légère fumée à l'horizon, derrière lui.

On serait tenté de croire que, dans une vie dont un poème est l'âme, la clef, l'explication finale, les débuts littéraires ont une particulière importance. Ils n'en ont presque pas chez un Walt Whitman. Ce sont les expériences de vie de la période en laquelle nous entrons qui sont primordiales et significatives dans la formation de sa personnalité. L'homme ne serait en rien diminué, s'il n'avait pas publié dans sa jeunesse. Ni grandi non plus, d'ailleurs. Il demeurerait le même devant nous. Ses *juvenilia* sont comme les gourmands de l'arbuste qui ne rapportent aucun fruit et qu'on arrache sans dommage.

Le poète nous a lui-même raconté comment l'idée d'écrire lui était venue : « Dans mes excursions à travers Long-Island comme enfant et adolescent, il y a près d'un demi-siècle, j'entendis parler ou j'eus connaissance, sur mon chemin, de types, d'événements réels, d'incidents, que je m'essayai d'une main novice à raconter : je publiai ces pages pendant les visites que je faisais de temps à autre à New-York (1). » Ailleurs, il nous confie ses premières impressions d'auteur. Ses débuts s'étaient

(1) Walt Whitman : *Prose Works*, p. 202.

signalés, vers 1832, par de « petits morceaux sentimentaux » insérés dans le *Long Island Patriot*, où il commençait son apprentissage de compositeur. « Tôt après, j'eus une pièce ou deux publiées dans le *Mirror* de George P. Morris, journal alors célèbre et élégant de New-York. Je me rappelle avec quelle émotion à demi réprimée, je guettais l'arrivée du vieux facteur anglais, grand, gras, au visage enluminé, à la démarche lente, qui distribuait le *Mirror* dans Brooklyn : et quand j'avais le numéro, comme je l'ouvrais et en coupais les pages avec des doigts tremblants Comme cela me fit battre le cœur à coups redoublés de voir *ma pièce* imprimée en jolis caractères sur le beau papier blanc (1). »

Dès lors, Walt avait persévéré. Juste au moment de son arrivée à New-York, une nouvelle de lui, publiée dans le numéro d'août de la *Democratic Review*, remportait un vif succès. *Mort en classe* — sorte de récit moral inspiré par ses expériences de maître d'école, — fit sensation et fut abondamment reproduit dans la presse (2). Cette flatteuse réception dut fortifier les ambitions littéraires du jeune homme. Elle fut le début de sa collaboration régulière à cette revue, alors en pleine vogue et où se manifestait une pléiade de futurs grands hommes, tels que Poe, Hawthorne, Whittier, Lowell ou Bryant. De 1841 à 1845, la signature W. W. ou Walter Whitman y parut fréquemment. Et le jeune typo donnait de la copie ailleurs. Le *New World*, dans l'atelier de composition duquel il était entré en regagnant la métropole, insérait de ses vers. Des esquisses, des contes parurent au *Brother Jonathan* (3); au *Columbian Magazine*, à l'*American Review* et au *Broadway Journal*, dirigé par Edgar Allan Poe, qu'il alla voir un jour à son bureau et qu'il trouva cordial et séduisant, mais atone et l'air un peu vanné (4). Il écrivit en même temps pour des journaux, comme le *New York Sun*, l'*Aurora*, le *Tattler*,

(1) Walt Whitman : *Prose Works*, p. 195.
(2) J. Burroughs : *Notes*, p. 80 ; et H. B. Binns : *Life of Walt Whitman*, p. 33.
(3) Bliss Perry : *Walt Whitman* p. 26.
(4) Walt Whitman : *Prose Works*, p. 17.

le *Statesman*, le *Democrat*, la *Tribune* (1). Le publiciste en lui se dépensait alors juvénilement.

Plus tard, le poète était le dernier à se méprendre sur la valeur de ces productions « indigestes et puériles ». Il les aurait voulues dans l'oubli éternel, si ce n'eût été la crainte de leur reproduction frauduleuse, dont il était menacé. Aussi se décida-t-il, non sans remords, à en publier un jour quelques-unes comme appendice à son *Recueil* (2).

Un bref examen de ces pages de jeunesse suffit à nous expliquer la répugnance qu'éprouvait Walt Whitman à les rééditer. Elles n'autorisent nul espoir et prouvent seulement quel écrivain quelconque, détestable, se prouva, à cette période reculée, le poète des *Feuilles d'Herbe*. Rien de plus conventionnel et de plus médiocre que ces contes à la pensée grandement généreuse, mais dont la forme naïve et plate, l'allure mélodramatique, ne sont pas supportables. La plupart manifestent, sous leur pathos et leur enflure, une intention nettement moralisante. Leur auteur, alors en pleine crise d'humanitarisme, ne cherchait dans la littérature qu'un moyen propre à vivifier des enseignements. Son récent biographe, M. H. B. Binns, a très nettement caractérisé cette phase de sa jeunesse : « La conscience morale de Whitman était alors prédominante : il était l'avocat de « causes ». Mais son moralisme jaillissait d'une passion réelle d'humanité, qui prit la forme du sentiment ; sentiment qui était absolument sincère au fond, mais qui, dans son expression à ce temps-là, devint assez faux et guindé pour encourir le reproche de sentimentalité (3). »

Ce n'est pas qu'on ne distingue, très exceptionnellement d'ailleurs, noyé dans la banalité de ces historiettes, quelque motif ingénieux ou poétique, bien qu'inévitablement gâté par un traitement maladroit. Telle l'idée de cette veuve semant des fleurs indistinctement sur toutes les tombes d'un cimetière parce qu'elle ne peut retrouver celle de son mari. Parfois un trait, une ligne retiennent l'attention, parce qu'ils éveillent

(1) Walt Whitman : *Prose Works*, p. 195.
(2) *Id.*, p. 202.
(3) H. B. Binns : *Life of Walt Whitman*, pp. 34-35.

certaines correspondances fugitives entre le Whitman de la vingt-cinquième année et celui de plus tard. C'est ainsi qu'une de ces nouvelles, *Une impulsion mauvaise*, s'achève, après la gamme ordinaire des incidents affreusement tragiques, sur l'impression curieuse d'un coupable qui trouve au sein de la nature l'absolution de son crime. Elle l'accueille, lui l'assassin, comme elle accueille le plus innocent des fils de la terre, ne rejetant personne, admettant les plus vils à sa communion. Il est sans doute intéressant de trouver là comme le premier indice du sentiment, — qui plus tard s'épanouira si magnifiquement à travers l'homme et son poème — de sympathie ardente pour les déchus et les parias, d'acceptation pleine et entière des hors-la-loi Des phrases comme celles-ci semblent annonciatrices: « Ah, ce bon air du matin, comme il le rafraîchissait! Comme il se penchait au dehors pour boire le parfum des fleurs au-dessous de lui, sentant presque pour la première fois dans sa vie combien splendidement en vérité Dieu avait fait la terre et qu'il y avait un merveilleux délice dans le simple fait d'exister (1). »

Mais combien rares ces lueurs! Les *juvenilia* méritent en bloc l'oubli généreux et purificateur. Et l'on s'étonne surtout de ne trouver aucun point de contact entre l'homme réel d'alors — tel qu'il se manifestait déjà — et sa littérature : ce qui établit, je crois, que celle-ci ne fut qu'accessoire, malgré l'indéniable sincérité de ses ardeurs réformatrices. En tous cas, elle ne nous renseigne que médiocrement sur son moi intime.

Quant aux pièces de vers de ce temps-là, elles s'offrent encore plus pauvres et plus incolores que les proses, si possible. C'est tout au plus si l'une d'elles, — le *Prix du Sang* — inspirée par sa passion anti-esclavagiste et réellement émouvante, se détache de leur terne ensemble. Whitman, après qu'un autre sens lui fut né, encerclait de guillemets significatifs le mot poésie, lorsqu'il l'appliquait à ces lointaines élucubrations, attestant par là toute la pitié dédaigneuse que lui inspirait ce

(1) Walt Whitman: *Prose Works*, p. 348. — Voir aussi Bucke: *In Re Walt Whitman*, p. 340 (note): *Camden Edition*, IX, pp. 130-133, 140-148; Bliss Perry: *Walt Whitman*, pp. 22-23.

pseudo-lyrisme. Une notion purement conventionnelle de la forme poétique le possédait alors : plus tard, il avoua combien il dut lutter pour s'en débarrasser.

Il alla même plus loin. Enhardi par ses succès de conteur et de versificateur, il écrivit, peu après son retour à New-York, un roman. Ici également les guillemets s'imposeraient, car l'appellation semble un peu orgueilleuse en face de cette production. *Franklin Evans, Histoire du temps*, était offert au monde comme un « roman de tempérance ». Il fut publié dans un supplément du *New World*, l'hebdomadaire dans l'imprimerie duquel l'auteur travaillait. Le journal avait bien fait les choses, et le chef-d'œuvre — qui avait été écrit sur commande et payé comptant (1) — fut annoncé au public d'une manière sensationnelle, dont voici un échantillon : « Amis de la Tempérance, ohé ! *Franklin Evans* ou *l'Ivrogne, Histoire du Temps*, par un écrivain américain populaire. Ce roman, qui est dédié aux sociétés de tempérance et aux amis de la cause de la Tempérance dans tous les Etats-Unis, fera sensation... Il a été écrit spécialement pour le *New World* par un des meilleurs romanciers du pays, dans l'intention d'aider à la grande œuvre de réforme et d'arracher les jeunes gens au démon de l'intempérance, etc., etc... (2). » Cette virulente réclame ne fut pas vaine, car *Franklin Evans* eut un gros succès et fut tiré, dit-on, à vingt mille.

Le titre seul de cette production laisse deviner à quel genre « littéraire » elle peut appartenir. C'est la terrible et extraordinaire histoire d'un jeune homme que l'alcool conduit au vice et à tous les malheurs, et qui jure de pratiquer à l'avenir les règles de la plus stricte abstinence. Le style en est flamboyant et il y flotte un redoutable parfum de sainteté puritaine. Aussi Whitman, cette crise passée, désirait-il qu'on fît silence sur ce péché de la vingt-troisième année. Il n'en parlait jamais lui-même et ne s'en montra jamais fier, même au temps où il l'écrivit. Lorsque quelqu'un faisait allusion en sa présence à

(1) H. Traubel : *With Walt Whitman in Camden*, p. 93.

(2) *Camden Edition*, Introduction, pp. xxiv-xxv; *Id.*, VIII, p. 262; H. B. Binns : *Life of Walt Whitman*, p. 39.

son « roman », il n'hésitait pas à s'en gausser (1). Peu de temps avant sa mort, ses intimes firent rechercher partout, à titre de curiosité, un exemplaire de cette antique baliverne : l'auteur, en l'apprenant, leur dit qu'il « espérait bien que, grâce à Dieu », cette recherche demeurerait infructueuse. « Je ne sais pas comment j'en vins à écrire cela, — remarquait-il. Ce que je sais, c'est que j'étais tout bonnement dans le crû et le pas mûr, voilà tout. » Et il prétendait sarcastiquement que son fameux « roman de tempérance » avait été écrit sur la table d'une brasserie, à grand renfort de liquides inspirateurs.

Qu'il n'y ait là qu'une boutade, cela se peut : mais il paraît bien douteux que Walt ait été, en ce temps, un exemplaire « buveur d'eau ». Il fut toujours trop richement animal et trop libre, pour personnellement se plier à une règle absolue. Cependant il s'était passionnément intéressé au problème de l'hygiène, de la tempérance et de la culture physique. Des notes abondantes (2), appartenant à l'époque de *Franklin Evans*, en font foi : on y découvre des pages et des pages, presque des traités, sur la marche, la natation, etc... Perdus parmi ce fatras plutôt déclamatoire, de curieux paragraphes établissent, malgré tout, une sorte de concordance entre le littérateur de vingt-cinq ans, si ardent à épouser les « causes », et l'homme postérieur. Malgré le ton juvénilement outré des lignes suivantes, n'y reconnaît-on pas l'être de plénitude et de santé triomphale, qu'était en vérité le jeune apôtre, passagèrement empêtré dans le moralisme ?

« Quelle pitié ressentons-nous pour ces êtres chétifs, arrêtés dans leur croissance, flasques et lymphatiques, qu'on appelle des hommes et des femmes, et dont la terre est remplie ! Comment s'étonner que ces avortons maladifs soient tentés d'allumer, en leur organisme ralenti, des étincelles de vraie vie, à l'aide d'une surexcitation passagère !... L'élixir divin de la vie est une merveilleuse combinaison de soleil, d'air pur et d'eau ; du parfum des fleurs, de musique et du continuel

(1) *In Re Walt Whitman*, p. 39.
(2) *Camden Edition*, VIII, pp. 261-274.

changement des heures et des saisons. Nous nous entraînons les uns les autres à ingurgiter ces breuvages de feu qui sortent à gros bouillons de l'enfer, en nous volant cette inépuisable joie animale, que notre Créateur ferait ruisseler sur nous de toutes les choses vivantes et mouvantes. Boire jusqu'au fond de la coupe le nectar que la Nature distille, c'est ce saouler de santé (1). »

Il faut retenir, en songeant au Walt futur, ce dédain apitoyé d'homme fort vis-à-vis du faiblard, de l'homme de cabinet, du rêveur oublieux de ses organes, du neurasthénique, qu'au milieu de ses objurgations il entraîne à nager, à marcher, à faire des haltères, à vivre au plein air, sur le ton ardent et communicatif d'une Ada Negri incitant les mondaines anémiées et graciles, à rejeter l'attirail qui les supplicie, et à saisir la bêche pour retourner un coin de champ. On peut voir d'après ce seul fragment quelle passion déjà poussait l'homme jeune à défendre les « causes », dont il se détourna plus tard. Même en ces sermons laïques, Walt, par instinct, répudiait l'accent prude et posé du littérateur à l'usage des familles. Il ne pouvait se soustraire à son tempérament excessif et généreux. Et à travers sa crise de moralisme, il demeurait au fond l'être de nature que ces lignes révèlent. Celle-ci parlait trop fortement en lui dans tous ses organes pour qu'il pût s'en affranchir. A un autre point de vue, le souvenir de ces lances rompues en faveur de l'abstinence nous apparaîtra significatif, lorsque nous relèverons les accusations d'ivrognerie et de débauche que l'on décochera plus tard à ce grand païen, en dénaturant malignement certaines de ses affirmations poétiques.

Mais de toute cette littérature prédicante, rien ne devait subsister. L'homme en sortit indemne. Elle témoigne simplement qu'à un moment de sa jeunesse, certaines tendances, qui étaient dans la race, s'étaient imposées à son esprit, pour bientôt reculer et disparaître à jamais. Tous les Quakers de sa lignée étaient derrière lui lorsqu'il se prodiguait avec enthousiasme pour l'abolition de l'esclavage et de la peine capitale,

(1) *Camden Edition*, VIII, pp. 263-264.

et qu'il luttait contre l'alcool (1). « Je me suis débarrassé promptement de tout cela, — déclarait-il un jour à ses amis. Mais ce fut un sentiment fort tant que cela dura (2). » Comment pourrions-nous en douter ? Il avait l'idée d'accomplir de grandes choses et des ardeurs d'apostolat à dépenser. Il dut reconnaître assez vite qu'il s'était trompé de voie, car l'aventure de *Franklin Evans* demeura sans lendemain. Déjà les foules, avec leur réalité énorme, passaient autour de lui, à travers lui, et leur contact chaud, électrique, auquel il s'abandonnait, préparait la métamorphose d'où allait sortir un homme nouveau.

(1) Walt Whitman : *Prose Works*, p. 202.
(2) *Camden Edition*, Introduction, p. xxv.

II

L'HOMME DES FOULES

Hâtons-nous de voir vivre l'homme très loin des bluettes qu'il imprima durant quelques années. Malgré ses inquiétudes littéraires, Walt n'est pas une nature de scribe. Son moi réel s'épanouit en plein air et en pleine humanité, au cours de l'immense enquête qu'il poursuit lentement, en vue d'approfondir sa ville, son peuple et son temps.

D'un mot profond, Bucke dénomme ces années de New-York, le temps où le poète fit son « éducation ». Jamais on n'en avait rêvé de semblable. Un homme sorti du peuple allait faire sur lui-même l'épreuve de la démocratie, en parcourant à loisir la gamme entière des sensations que peut offrir une grande cité moderne avec ses alentours. Doué d'appétits vastes et divers, jouissant de facultés réceptives et communiales extraordinaires, cet enquêteur tranquille et sans mandat se trouvait placé au centre d'une collectivité mouvante et grouillante, dévorée d'activités fébriles. D'où l'intensité particulière des émotions qu'il subit à son contact et qu'il nous redira un jour.

Avec la simplicité qu'il met à se raconter, Walt Whitman nous a laissé entrevoir quelques-unes des expériences de cette période débordante. Nous le laisserons s'exprimer ici en ses propres termes, qui ont une saveur et un accent de vérité auxquels nulle transposition ne suppléerait.

Habitant Brooklyn ou New-York..... ma vie dès lors... s'identifia curieusement avec le Bac Fulton, qui devenait déjà le plus grand de sa sorte dans le monde comme importance générale, volume, variété, rapidité et pittoresque (1). Plus tard (de 1850 à 60) je traversais presque tous les jours sur les bateaux, souvent en haut dans la cabine du pilote d'où je pouvais dominer toute l'étendue, absorbant les spectacles, les accompagnements, les alentours. Quels courants océaniques, quels remous au-dessous — de même les grandes marées d'humanité avec leurs mouvements incessants. En vérité, j'ai toujours eu une passion pour les bacs : pour moi ils offrent de vivants poèmes inimitables, coulant comme un flot, intarissables. Le paysage de Rivière et de baie tout autour de l'île de New-York, à n'importe quel moment d'un beau jour — les marées tumultueuses, clapotantes — le panorama changeant de vapeurs de toutes dimensions, souvent une file de grands paquebots en partance vers les ports lointains — les myriades de goëlettes aux voiles blanches, de sloops, de skiffs, et les yachts merveilleusement beaux — les majestueux et solides bâtiments contournant la Batterie et s'avançant, sur les cinq heures de l'après-midi, en route vers l'est — la perspective au loin dans la direction de Staten-Island, ou au sud vers les Passes, ou de l'autre côté en amont de l'Hudson — quel rafraîchissement d'esprit de tels spectacles et de telles impressions m'ont procuré, il y a bien des années (et maintes fois depuis lors) ! Mes vieux amis les pilotes, les Baulsir, Johnny Cole, Ira Smith, William White et mon jeune ami, l'employé de bac Tom Gere (2) — comme je me les rappelle bien tous (3).

Rien ne saurait mieux caractériser que cet amour pour les bacs, routes mouvantes entre l'eau, la terre et le ciel, l'appétit de mouvement et d'étendue qui tourmentait le cœur de l'homme jeune. A travers ses poèmes, comme nous les verrons repasser, avec leurs foules, avec les senteurs et la perspective des eaux ! Debout à côté du pilote, Walt ne se lassait pas d'aspirer et de dénombrer l'humanité, superposant aux ondes ses flots agités, bouillonnants, rythmiques, de la même nature que les grandes forces naturelles, regardait couler le torrent humain et la mer..... Ce spectacle sans fin, joint aux relents de l'air salin, aux bruits et aux couleurs de la baie, le plongeait dans une étrange griserie. Il venait là se dilater, s'épandre

(1) Le Pont de Brooklyn n'existait pas alors et tout le trafic entre la cité métropolitaine et Brooklyn s'effectuait par bacs. Celui de Fulton street était le plus central. Pour se rendre compte de l'intensité du mouvement humain entre les deux villes, il suffit de savoir que le Pont de Brooklyn est annuellement traversé par plus de cinquante millions d'individus.

(2) Voir plus loin, page 174, les Souvenirs de Tom Gere sur le poète.

(3) Walt Whitman : *Prose Works*, pp. 16-17.

dans le paysage et dans les milliers de faces confrontées, rêver, se gorger de visions, tandis que, du battement redoublé de ses aubes, le petit vapeur filait, tissant jour et nuit son invisible trame d'allées et de venues. Et Walt se sentait vivre puissamment. Les pilotes et les mariniers étaient devenus peu à peu ses amis, non pas de ces connaissances qu'on salue de la main au passage, mais de vrais camarades, plus proches de lui que quiconque. Il faut entendre l'un d'eux, John Baulsir, raconter comment Wall lui apportait des fruits et des friandises régulièrement tous les jours, pendant qu'il était malade, en ajoutant que ceux qui avaient quelque chose à reprocher au poète ne devaient pas s'aviser de venir déblatérer contre lui à bord des bacs, où tout le monde le connaissait et l'aimait (1). Walt passait des soirées entières à se laisser porter d'un bord à l'autre, accoudé à la lisse ou causant avec les hommes. Un soir, il prit en mains le gouvernail, mais, soit inexpérience soit distraction, un terrible accident faillit se produire : après quoi il ne voulut plus jamais toucher à la roue et se contenta de rester à côté du pilote, ses regards embrassant la baie, sa méditation ceinturant la terre (2).

Au cœur de la cité, un autre spectacle pareillement le passionnait. C'était Broadway, la grande artère centrale de Manhattan, charriant le long de ses trottoirs la foule la plus enfiévrée qui soit au monde. Dans les remous de ce fleuve humain, Walt venait chaque jour se plonger ou, debout sur ses bords, en contempler, d'un œil inlassable et fasciné, le mouvement continu. Acteur et observateur à la fois, le piétinement, les cris, le grondement océanique, les files de véhicules, la houle des visages recélaient pour le grand enfant curieux un mystère énorme et tout un monde de beauté. Les pulsations de l'humanité en marche accéléraient sa propre vie et l'exaltaient comme un breuvage. Broadway ne lui offrait pas seulement le spectacle de ses piétons anonymes, mais celui des notabilités du jour. « J'y vis pendant ce temps, — note-t-il — Andrew Jackson, Webster, Clay,

(1) J. Johnston : *A Visit to Walt Whitman*, pp. 99-101.
(2) Bucke : *Walt Whitman*, p. 67.

Seward, Martin van Buren, le flibustier Walker, Kossuth, Fitz Greene Halleck, Bryant, le prince de Galles, Charles Dickens, les premiers ambassadeurs japonais et des quantités d'autres personnages célèbres de ce temps. Toujours quelque chose de nouveau ou d'inspirant : pourtant ce qui l'était surtout pour moi, c'étaient ces interminables courants humains, leur amplitude vaste, leur allure précipitée... (1). » Lorsque Manhattan était en fête pour quelque occasion extraordinaire, c'était également fête pour l'ami passionné des « trottoirs populeux ». A la vue et au contact des grandes marées de la foule, tout ce qu'il y avait de naïf, d'enfantin et de primesautier en lui bondissait comme en présence d'un grand phénomène planétaire. Et quelle foule! New-York en fête saluant l'arrivée de quelque grand personnage, « Manhattan aux millions de pieds descendant sur ses trottoirs », avec « tout cet indescriptible mugissement et ce magnétisme humain, ne ressemblant à aucun autre son dans l'univers, les cris de tonnerre joyeux, exultants, lâchés par d'innombrables gosiers d'homme (2) », les immenses processions avec torches, feux d'artifice, éclats de fanfares sauvages, au moment des élections présidentielles, les cohues lâchées et bondissantes...

Pour observer la foule, Walt avait adopté une place de choix : le siège des omnibus de Broadway, à côté du cocher, d'où il embrassait les spectacles de la rue, comme de la cabine des pilotes, sur les bacs, il dominait les eaux de l'East River. Il nous a raconté avec une bonhomie pittoresque, où transparaît son âme candide, jeune, émerveillée de tout, ces fameuses ballades en omnibus, joie de sa jeunesse et de son âge mûr :

Un aspect de ces jours-là ne doit aucunement être passé sous silence, — je veux dire les omnibus de Broadway, avec leurs cochers. Ces véhicules donnent encore (j'écris ce paragraphe en 1881) à Broadway une partie de son caractère — les lignes de la Cinquième Avenue, de Madison Avenue et de la Vingt-troisième rue circulent

(1) Walt Whitman : *Prose Works*, p. 17.
(2) *Id.*, p. 308.

encore. Mais les jours de gloire des vieux coches de Broadway, caractéristiques et copieux, sont finis Les Oiseaux-Jaunes, les Oiseaux-Rouges, les premiers Broadway, les Quatrième-Avenue, les Knickerbocker et une douzaine d'autres d'il y a vingt ou trente ans, ont tous disparu. Et les hommes qui s'identifiaient particulièrement avec eux, qui leur donnaient leur vitalité et leur sens, — les cochers — race étrange, naturelle, surprenante, aux yeux perçants, — (non seulement Rabelais et Cervantes, mais Homère et Shakespeare en auraient fait leurs délices) — comme je me les rappelle bien. Je dois leur consacrer ici quelques lignes. Combien d'heures, de matinées et d'après-midi, combien d'exhilarantes soirées j'ai passées — par exemple en juin ou juillet, à la fraîche, à parcourir en omnibus Broadway dans toute sa longueur, en écoutant quelque longue histoire — (et les histoires les plus colorées qu'on ait jamais débitées avec la plus impayable mimique) — ou bien encore en déclamant moi-même quelque tumultueux passage de *Jules César* ou de *Richard*. (Vous pouvez hurler aussi fort que vous voulez dans cette basse puissante, dense, ininterrompue de la rue). Oui, j'ai connu tous les cochers d'alors, Jack de Broadway, le Couturier, Bill Arrête-court, George Tempêtes, le Vieil Eléphant, son frère le Jeune Eléphant (qui vint après), Patte-à-Graisser, Pop Riz, le gros Frank, Joe le Jaune, Pete Callahan, Patsy Dee et une douzaine d'autres, car il y en avait des centaines. Ils avaient d immenses qualités, largement animales — manger, boire, les femmes — une grande fierté personnelle, à leur façon — il y avait peut-être çà et là quelques rustauds parmi eux, mais j'aurais eu confiance dans la corporation en général, en leur bienveillance et leur honneur, dans toutes les circonstances. Non seulement je les appréciais pour ce qui est de la camaraderie et parfois de l'affection, mais j'ai trouvé également en eux de grands sujets d'étude. (Je suppose que les critiques riront de bon cœur, mais l'influence de ces cochers, de ces déclamations et de ces escapades a joué un rôle indubitable dans la gestation des *Feuilles d'Herbe*) (1).

Ce que Walt ne nous dit pas, ce sont les raisons que les cochers eurent, quand il les connut encore mieux, plus tard, de l'aimer. Lorsque l'un d'eux était à l'hôpital, il allait le voir, le distraire et le soigner. Et tout un hiver, on le vit conduire un omnibus pour remplacer un cocher malade qui eût sans cela perdu sa place et laissé les siens dans la misère (2) : incident qui donna naissance à la légende, malignement propagée des années après, que le poète était un ancien cocher d'omni-

(1) Walt Whitman : *Prose Works*, pp. 18-19.
(2) J Burroughs : *Walt Whitman*, p. 24.

bus. Pour ces rudes gaillards primitifs, comme pour les pilotes, le « Walter Whitman » qui avait signé des contes dans la *Democratic Review* disparaissait complètement, et il ne restait que Walt, le grand gars fraternel auprès duquel ils se sentaient si à l'aise, et qui, par tous les temps, qu'il neige ou qu'il fasse soleil, se plaisait à grimper auprès d'eux et à se laisser conduire durant des heures. Ils avaient des gentillesses pour lui, lui passaient par exemple un coussin de réserve lorsqu'il venait s'asseoir à l'impériale de leur voiture. Et Walt, de son côté, pour leur rendre service, les aidait, les jours de mauvais temps, à faire la recette. « Oh j'étais fameux pour cela ! » disait le poète quelque trente ans plus tard à un ami (1).

Tout un monde de joies et d'émotions lui vint encore d'un de ses passe-temps favoris à cette époque, la fréquentation du théâtre. Depuis l'enfance, les planches avaient exercé une vraie fascination sur lui. Plus tard, écrivant pour les journaux, il eut ses entrées et en profita largement (2). L'impression qu'il en reçut dut être profonde, car, après avoir consigné, diverses fois dans ses pages autobiographiques, ses souvenirs d'habitué des salles de spectacle, il les repassait encore quelques mois avant sa mort.

Walt venait chercher devant la rampe, comme dans ses promenades le long des grandes artères, des sensations de foule. L'atmosphère vibrante des grands halls bondés de spectateurs aux écoutes, cette condensation d'électricité humaine que produit le phénomène dramatique, l'émotion qui des planches au public va se répercutant, le fort magnétisme qui se dégage de cet échange lui entraient par tous les pores. On imagine bien que l'auditoire offrait pour lui tout autant d'intérêt que la pièce, — peut-être plus. Le spectacle qui le passionnait devait être entre la salle et la scène. Cette sensation puissante et particulière du tressaillement en commun sous l'empire de l'œuvre théâtrale, comme on sent, à travers ces lignes, qu'il s'en est grisé !

(1) T. Donaldson : *Walt Whitman the Man*, pp. 203-204.
(2) Walt Whitman : *Prose Works*, p. 19.

Le vieux théâtre du Parc, quels noms, quels souvenirs ces syllabes évoquent ! Placide, Clark, Mme Vernon, Fisher, Clara Fisher, Mme Wood, Mme Seguin, Ellen Tree, Hackett, Kean cadet, Macready, Mme Richardson, Rice – chanteurs, tragédiens, comédiens. Quel jeu parfait !..... Fanny Kemble. — un nom qui évoque en même temps les grandes scènes de la mimique était peut-être la plus grande de tous. Je me souviens bien comment elle interprétait le rôle de Bianca dans *Fazio* et celui de Marianna dans *l'Epouse*. Le théâtre n'a jamais rien montré de plus beau : c'était l'avis des vétérans de toutes les nations et mon cœur et ma tête d'adolescent l'éprouvaient jusque dans leurs plus petites cellules (1)..... Fanny Kemble rendait avec un merveilleux effet des pièces telles que *Fazio* ou *l'Epouse Italienne*. Le pivot en était la jalousie. C'était un drame de passion à l'action rapide, pourtant solidement charpenté, et qui secouait terriblement. Ces vieux drames m'ont toujours paru construits comme un antique vaisseau de ligne, solide et aux jointures serrées de la quille au bord, — chêne, métal et nœuds. Oh ! comme tout cela nous plongeait dans l'extase et nous ballottait à mesure que les scènes passaient avec une violence de cyclone (2) !...

A cette époque, le théâtre le plus select — (prix, cinquante sous au parterre, et cinq francs les loges) — était le Parc..... Les opéras anglais et les vieilles comédies y étaient souvent représentés d'une manière admirable : les principales étoiles de l'étranger y parurent et on y jouait l'opéra italien à des intervalles éloignés. Le Parc a tenu une grande place dans ma vie d'enfant et de jeune homme (3)..... J'ai vu jouer merveilleusement bien à cette époque tous les drames de Shakspere (je les lisais soigneusement la veille) (4). Même actuellement je ne puis concevoir quelque chose de plus beau que le vieux Booth dans *Richard III* ou *Lear* (je ne sais pas dans lequel des deux rôles il était le meilleur), ou Iago (ou Pescara ou Sir Gile Overreach, pour sortir du Shakspere) — ou encore Tom Hamblin dans *Macbeth* — ou le vieux Clarke, soit dans le spectre d'*Hamlet*, soit dans Prospero de *la Tempête*, avec Mme Austin dans Ariel et Peter Richings dans Caliban. Ensuite d'autres drames joués par de beaux artistes, Forrest dans Metamora, Damon ou Brutus — John R.

(1) Walt Whitman : *Prose Works*, p. 19.
(2) *Id.*, p. 512.
(3) *Id.*, pp. 423-424.
(4) Il écrit ailleurs : « Dans ma jeunesse, quand cela m'était possible, j'étudiais toujours une pièce ou un livret très soigneusement et en entier, tout seul (parfois deux fois d'un bout à l'autre) avant de le voir jouer — je le lisais la veille ou l'avant-veille. J'ai essayé les deux méthodes — ne rien lire d'avance : mais j'ai trouvé que je gagnais davantage à me rendre bien maître de la pièce d'abord, si elle avait de la profondeur. (On pensait beaucoup moins aux effets de surface et au brillant en ce temps-là certainement)... » (*Prose Works*, p. 511.)

Scott dans Tom Cringle ou dans Rolla — ou bien Charlotte Cushman dans Lady Gay Spanker de *London Assurance* (1)..... (Je pourrais écrire tout un article sur la création incomparable du vieux Clarke dans le spectre d'*Hamlet* au Parc (2).)... Il y avait nombre de belles vieilles pièces, ni tragédies ni comédies — dont les noms sont absolument inconnus du public d'aujourd'hui. *Tout ce qui reluit n'est pas d'or*, où Charlotte Cushman avait un rôle qu'elle rendait superbement, était de ce genre..... J'ai vu Charles Kean et Mme Kean (Ellen Tree) — je les ai vus au Parc dans le *Roi Jean* de Shakspere. Lui naturellement jouait le principal rôle. Elle jouait la reine Constance. Tom Hamblin faisait Faulconbridge, et probablement le meilleur qu'on ait vu au théâtre. C'était une énorme pièce à spectacle..... La scène de la mort du roi dans le verger de l'abbaye de Swinstead produisait un grand effet. Kean entrait précipitamment, le visage d'une pâleur grise et jaune, et se jetait sur une chaise longue en plein air. Son agonie était horriblement réaliste. (Il avait dû prendre des leçons dans un hôpital.) (3)...

C'est à l'ancien théâtre populaire de Bowery, où triomphaient Forrest et Booth devant un public d'artisans, que se rattachaient ses souvenirs les plus émus, et cette préférence pour le gros drame fournit une indication précieuse sur son caractère et ses goûts à cette époque. La société élégante de New-York et de Boston maintenait en interdit ces deux maîtres comédiens, « probablement parce qu'ils étaient trop robustes». Ces artistes de la vieille école, auxquels correspondent nos Frédérik Lemaître et nos Tailhade, — de même que le théâtre Bowery évoque cette scène du boulevard du Temple à laquelle Théodore de Banville consacra d'attachants souvenirs — s'adressaient au peuple et c'était le peuple qui leur faisait fête. Et Walt, qui était du peuple foncièrement et possédait les appétits de l'enfant et du barbare, subissait l'emprise du mélodrame et de la pièce à spectacle. Il ne venait pas seulement, comme ses voisins du parterre, pour admirer de sonores éclats de sentiment et des aspects de grandeur épique, mais pour observer. Car il était pris surtout par le chaud courant d'émotion d'une assistance à l'enthousiasme naïf et puissant, remuée,

(1) Walt Whitman : *Prose Works*, p. 22.
(2) *Id.*, p. 423.
(3) *Id.*, pp. 511-512.

comme une mer où le vent souffle, par les passions élémentaires et tonitruantes. Quand il avait un fauteuil ou une place de loge, il l'occupait : sinon, il était également à son aise au paradis ou au parterre, dans le coude à coude des masses profondes de spectateurs.

Je me rappelle, en songeant à cette époque, tel bon soir au vieux Bowery, bourré du plafond au parterre d'un public principalement composé d'hommes jeunes et d'âge moyen, alertes, bien mis, au sang riche, appartenant à l'élite de la moyenne des ouvriers de naissance américaine — les émotions de la masse entière soulevée par la puissance et le magnétisme de mimes dont la grandeur n'a jamais été dépassée par aucun de ceux qui foulèrent les planches — tout l'auditoire entassé et ce qui bouillonnait en lui et brillait sur les visages et dans les yeux, qui, pour moi, faisait autant partie du spectacle que le reste — éclatant en une de ces tempêtes prolongées d'applaudissements particulières au Bowery — et ce n'était pas d'élégants petits bravos avec des gants de chevreau, mais une force électrique dégagée par environ deux mille hommes aux muscles solides — (l'inimitable tempête chromatique de l'une de ces ovations à Edwin Forrest, pour saluer son retour après une de ses absences, me revient en ce moment)..... Je me rappelle encore (car toujours j'épluchais le public aussi scrupuleusement que la pièce) les visages des plus célèbres écrivains, poètes, directeurs de journaux, de ce temps-là.., qui se montraient parfois aux loges de premier rang ; et même les grandes Eminences nationales, les présidents Adams, Jackson, Van Buren et Tyler, qui tous y firent de courtes visites à leurs tournées dans l'Est. Un peu après 1850, le caractère du théâtre Bowery, tel que je l'ai ci-dessus indiqué, changea complètement. Vinrent les bas prix et les programmes vulgaires... Cela ne veut pas dire que l'on ne rencontrait pas plus ou moins de grossièreté dans les foules d'alors. Car les types d'une portion du New-York d'autrefois — types qui n'ont jamais trouvé leur Dickens, ou leur Hogarth, ou leur Balzac, et ont disparu sans avoir été dépeints — les jeunes ouvriers des chantiers navals, les charretiers, les bouchers, les pompiers..., on les retrouvait toujours, eux aussi, parmi ce public, apportant avec eux la saveur de l'East River et des Bassins. L'argot, les mots d'esprit, par ci par là des gens en manches de chemises, une liberté pittoresque de tenue et de manières, avec une rude bonne humeur et une agitation perpétuelle, s'y laissaient généralement voir et entendre. Cependant il n'y eut jamais de public capable d'offrir à un bon acteur ou à une pièce intéressante le compliment d'une attention plus soutenue ou d'une sensibilité plus prompte (1).

(1) Walt Whitman : *Prose Works*, pp. 426-427.

Les pages enthousiastes qu'il a consacrées à Booth dénotent l'impression ineffaçable que Walt avait reçue du comédien qui fit frissonner sa jeunesse : « Quoique Booth doive être rangé parmi cette ancienne école, enflée, théâtrale, aujourd'hui presque éteinte, qui représentait Shakspere (peut-être inévitablement, d'une façon appropriée) d'après des conventions arbitraires et souvent faubouriennes, son génie fut pour moi l'une des plus grandes révélations de ma vie, une leçon d'expression artistique. Les mots feu, énergie, abandon, ont trouvé en lui des sens inédits..... Voilà ce que je pense du plus grand comédien des temps modernes..... — plus grand, je pense, que Kean dans l'expression de la passion électrique, la première qualité du tragédien..... (1). »

Après le théâtre, dont les souvenirs se rapportaient à son adolescence et à sa première jeunesse, la musique fut, un peu plus tard, l'une des passions élémentaires de l'homme. La musique sous sa forme la moins complexe, la mélodie, le vocalisme italien. « Les gens qui s'y connaissent et les musiciens parmi mes amis actuels, — écrivait-il en 1891 — prétendent que Wagner, le nouveau musicien, et ses drames, m'appartiennent beaucoup plus véridiquement et moi à eux. C'est très possible. Mais j'ai été nourri et élevé sous l'influence de la musique italienne, et je l'ai absorbée, et indubitablement je le montre (2). » Pour une nature comme celle de Walt, la musique italienne, dépourvue de tout élément intellectuel, sans programme ni « intentions », était encore la simple vie concrète. Il n'y cherchait pas une révélation d'art, mais s'en grisait comme des sons de quelque prodigieux oiseau chanteur. Dans la seule voix pure et pleine d'un virtuose, un mystère ineffable lui apparaissait. C'était pour lui comme l'efflorescence suprême d'une âme et d'une personne humaine livrant son secret. Et qui donc, en écoutant tel grand interprète, ne s'est senti parfois captivé jusqu'à oublier un instant l'œuvre elle-même, pour se laisser confondre par le prodige d'un organe ensorceleur ? « Au delà de toute autre puissance et de toute autre beauté — écrivait-il

(1) Walt Whitman : *Prose Works*, p 428.
(2) *Id.* ,p. 51?

peu avant sa mort — il y a quelque chose dans la qualité et la puissance d'une voix juste (les écoles appellent cela le timbre) qui touche l'âme, les abîmes (1). » La voix était pour sa sensibilité d'homme jeune une révélation incomparable, encore plus éloquente et plus émouvante que le regard.

Mes plus chers souvenirs d'amusement sont peut-être ceux qui se rapportent à la musique. Je doute que jamais les sens et les émotions des hommes de l'avenir puissent frémir comme ceux des auditeurs de la génération précédente, à la passion profonde du contralto d'Alboni, ou aux notes de trompette du baryton Badiali, ou en entendant le pensif et incomparable ténor Bettini dans Fernando de la *Favorite*, ou la basse Marini dans *Faliero*, parmi la troupe havanaise, au Castle Garden (2).... J'ai entendu, ces années-là, bien représentés, tous les opéras en vogue, italiens et autres : *la Somnambule*, *les Puritains*, *le Freischutz*, *les Huguenots*, *la Fille du Régiment*, *Faust*, *l'Etoile du Nord*, *Polinto* et d'autres. *L'Hernani*, *le Rigoletto*, et *le Trouvère* de Verdi, *la Lucie*, *la Favorite* et *la Lucrèce* de Donizetti, *le Masaniello* d'Auber, *le Guillaume Tell* et *Gazza Ladra* de Rossini étaient parmi mes jouissances particulières... Je me rappelle encore les splendides saisons au Castle Garden, près de la Batterie, de la troupe musicale havanaise dirigée par Maretzek — le bel orchestre, la brise de mer rafraîchissante, le vocalisme insurpassé — ... (La Batterie — les souvenirs associés à ce lieu — quelles histoires ces vieux arbres et ces allées et ces digues pourraient redire (3) !

Non seulement le drame et l'opéra, mais le concert sous toutes ses formes, le cirque, les exhibitions du music-hall attiraient singulièrement ce grand curieux de spectacles et de foules. Les chants des ménestrels noirs, les danses caractérisques des nègres, les farces populaires, les romances, tout ce qui gardait une saveur de pittoresque et de nature, l'enthousiasmait. Rien d'apprêté ni de conventionnel n'était là pour refréner son candide enthousiasme. Il était ouvert à toutes les impressions chères à la foule. Il fut même membre, pendant quelque temps, d'un cercle d'amateurs où il joua quelques petits rôles et trouva beaucoup d'amusement (4).

(1) Walt Whitman : *Prose Works*, p. 424.
(2) *Id.*, p. 495.
(3) *Id.*, pp. 19-20.
(4) *Id.*, p. 515.

Si, de tous les acteurs qu'il avait connus, Booth l'avait surtout frappé, le contralto fameux d'Alboni exerça sur lui une influence souveraine et permanente. Quand elle vint en tournée, il alla l'entendre chaque fois qu'elle parut à New-York ou aux environs (1). La copieuse matrone à la voix de rossignol fut pour Walt comme un oiseau surnaturel dont les trilles l'emplissaient de délices ineffables. Et, quarante ans plus tard, il écrivait : « J'aimerais beaucoup que Madame Alboni et le vieux compositeur Verdi (et Bettini le ténor, s'il vit encore) pussent savoir combien de noble plaisir et de bonheur ils m'ont donnés et combien profondément je me souviens d'eux, et les remercie jusqu'à ce jour (2).» Si fortes furent les émotions que lui donna le chant de la diva, qu'il voulut en marquer la trace dans ses poèmes, où l'image de Marietta Alboni demeure ineffaçablement...

L'orbe splendide, Vénus contralto, la mère épanouie,
Sœur des plus sublimes dieux......

Et d'ailleurs c'est visiblement à son souvenir qu'il dédia ces vers adressés *A Une certaine Cantatrice :*

Ici, prenez ce don,
Je le réservais à quelque héros, orateur, ou général
Quelqu'un qui servirait la vieille bonne cause, la grande idée, le progrès et la liberté de la race,
Quelque brave affronteur de despotes, quelque audacieux rebelle ;
Mais je vois que ce que je réservais vous appartient tout autant qu'à quiconque (3).

On peut le reconnaître déjà : ce ne fut pas une jeunesse rêveuse, solitaire, repliée sur soi que celle de Walt Whitman. Ces années de New-York furent une phase de vie surabondante, épandue, libre, joyeuse, sans méthode ni frein. Ni le doute, ni la timidité, ni la mélancolie n'atténuent les facultés énormes de ce grand garçon plein d'entrain, attentif et jouisseur — à sa façon — passionné d'expérimentation en tous sens

(1) Walt Whitman : *Prose Works*, p. 19.
(2) *Id.*, p. 511.
(3) *Id.*, *Leaves of Grass*, p. 16.

ui multiplie son contact sous toutes les formes avec les objets t les êtres, et s'ébat insoucieusement, tel un superbe animal umain, ivre d'éprouver sa magnifique santé. Il ne s'enferme as plus dans sa demeure que dans sa pensée. Au plein air, armi les passants, il vient satisfaire sa soif de sensations, de onnaissances directes et de surprises, cherchant uniquement à 'accroître par l'absorption des choses concrètes et vécues. Il emble prendre possession d'un Paradis, inventorier un hériage qui lui est échu. Goulûment il assimile les nourritures, se plonge dans les matérialités, répond d'un cœur émerveillé à toutes les invites muettes de son entourage. Ces années apparaissent comme une bâfre gigantesque d'impressions et d'émotions.

Ce qui surprend et déconcerte au premier abord, c'est l'universalité de ses sympathies. Rien dans l'ensemble des gestes humains ne lui semble méprisable ni indigne de son attention. Il paraît tenir de son organisme d'athlète une faculté athlétique d'absorption. Non seulement nul aspect de la vie ne lui est étranger, mais il se dénonce étroitement apparenté à tout et à tous. Il possède un instinct catholique qui lui fait reconnaître la vraie richesse des choses et des êtres immergés dans la masse obscure et jugés trop ordinaires par l'humanité qui passe. L'ouvrage de Bucke contient un passage admirable où le caractère unique de ces expériences d'un homme aux écoutes de tous les bruits de la vie ressort merveilleusement. Nous savons d'ailleurs, par un aveu du poète, que ces lignes furent écrites par lui-même. C'est donc une page d'autobiographie : et dans l'avenir, nul de ceux qui chercheront à déterminer ce que fut cette période de communion multiple et spontanée, « d'absorption non seulement des spectacles extérieurs » de sa ville, « mais beaucoup plus de leur cœur intérieur et de leur signification », ne devront s'écarter de ce document, car il contient la note intime et vraie.

> En premier lieu il étudia la vie — les hommes, les femmes, les enfants, il alla avec tous sur un pied d'égalité, il les aima et fut aimé d'eux, et il les connut infiniment mieux qu'ils ne se connaissaient eux-mêmes. Ensuite il se livra à une étude approfondie des bouti-

ques, des maisons, des trottoirs, des bacs, des fabriques, des tavernes, des réunions, des assemblées politiques, des parties de plaisir, etc. Il fut tout d'abord une absorbeur de soleil, de plein air et de rues, et ensuite des intérieurs. Il connut les hôpitaux, les asiles, les prisons et leurs habitants. Il traversa librement ces quartiers de la cité qu'habitent les pires chenapans,il connut tous ces gens et beaucoup d'entre eux le connurent ; il apprit à supporter leur saleté, leur vice et leur ignorance ; il vit le bon (souvent bien davantage que l'homme vertueux ne le croit) et le mauvais qui étaient en eux, et ce qu'il y avait pour excuser et justifier leurs existences. On dit que ces gens, même les pires d'entre eux, que pourtant Walt Whitman ne connaissait nullement, l'accueillirent toujours sans impolitesse et le traitèrent bien. Ceux-là seuls peut être qui ont connu l'homme personnellement et qui ont éprouvé le magnétisme particulier de sa présence, peuvent pleinement comprendre ceci. Nombre des pires d'entre ces malandrins s'attachèrent singulièrement à lui Il connut l'homme du coin qui vendait des pistaches et la vieille femme qui distribuait du café au marché, et causa librement avec eux. Il ne prenait pas en leur parlant des airs protecteurs, ils valaient pour lui autant que les autres,autant que lui,ils n'étaient que temporairement abaissés et obscurcis.

Il connut également d'autre part, et connut intimement, les gens de fortune et d'éducation aussi bien que les plus pauvres et les plus ignorants. Des négociants, des avocats, des médecins, des savants et des écrivains furent au nombre de ses amis. Mais les gens qu'il connut le mieux et qu'il aima le plus, et qui de leur côté le connurent le mieux et l'aimèrent le plus, ne furent ni les gens riches et conventionnels, ni les plus bas et les plus pauvres, mais les gens honnêtes de la classe moyenne, tels que les cultivateurs, les ouvriers, les charpentiers, les pilotes, les cochers, les maçons, les typographes, les mariniers, les conducteurs d'attelage, les bouviers, etc. Ceux-là, avec leurs femmes et leurs enfants, leurs vieux pères et leurs vieilles mères, il les connut comme personne, je crois, ne les connut auparavant, et entre lui et eux (particulièrement les vieilles gens, les mères et les pères) existèrent d'innombrables exemples du plus chaleureux attachement.

Il se familiarisa avec tous les genres d'emploi, non pas en lisant des rapports commerciaux et des statistiques, mais en observant les travailleurs à leur ouvrage (ils étaient souvent ses amis intimes), et en passant des heures auprès d'eux. Il visita les fonderies, les boutiques, les laminoirs, les abattoirs, les fabriques de lainages et les filatures, les chantiers maritimes, les quais, les magasins de carosserie et d'ébénisterie, — assista aux pique-nique (où l'on mange des coquillages cuits sous des pierres), aux courses, aux ventes aux enchères, aux noces, aux parties en barque, aux baignades, aux baptêmes, et à tous les genres de fêtes...

Parmi ses autres modes d'éducation et d'exercice, l'un consistait à prendre fréquemment la parole dans les conférences de sociétés. Le dimanche il allait de temps à autre aux églises des diverses sectes chrétiennes, parfois également aux synagogues juives; et s'il y avait eu des temples bouddhiques, des mosquées mahométanes et des autels chinois de Confucius accessibles, il les aurait sûrement visités avec le même intérêt et la même sympathie... Sa manière favorite d'étudier, c'était, après avoir déjeuné de bonne heure, de se rendre avec la diligence, ou parfois à pied, vers quelque endroit solitaire du rivage, à plusieurs lieues de la ville, généralement Coney Island (qui était alors un endroit très différent de ce qu'il est aujourd'hui). Il portait avec lui un havresac contenant un peu de nourriture destinée à un frugal repas, une serviette et un livre. Il passait là tout le jour dans la solitude en compagnie de la Nature, à se promener, à méditer, à observer la mer et le ciel, à se baigner, à lire et à réciter parfois tout haut Homère et Shakespeare en marchant à grands pas le long du rivage (1). Il suivait ces années-là les revues trimestrielles anglaises et le *Blackwood*, et quand il rencontrait un article qui lui plaisait il achetait le numéro, quelquefois d'occasion, pour quelques sous, détachait l'article et l'emportait avec lui pour le déguster à sa prochaine excursion au bord de la mer. L'existence de Walt Whitman à cette époque fut peut-être la plus heureuse qui ait jamais été vécue ; il parle de lui-même.

Errant çà et là, émerveillé de ma légèreté et de mon allégresse.

Chaque chose qu'il faisait ou qu'il voyait semblait lui donner du plaisir... D'autres fois il partait en mer avec ses amis des bateaux-pilotes et pendant toute une journée et toute une nuit il jouissait de l'air salin, du mouvement des vagues, de la vitesse du bateau, de l'isolement, du sentiment profond de communion avec la nature sauvage et l'océan. Les occupations les plus simples et les plus ordinaires (et peut-être aussi ce qui avait un mouvement précipité) étaient celles qui lui convenaient le mieux; la chose capitale, chez lui, c'est qu'il jouissait d'une santé parfaite et que toutes les joies de la vie lui étaient toutes naturelles... (2).

Dans le champ vaste, illimité, d'une pareille éducation, les suggestions de la vie et de l'instinct demeuraient les souveraines conductrices. Walt s'épanouissait selon sa propre loi inté-

(1) Voir Walt Whitman, *Prose Works*, p. 14. Ailleurs il écrit, à propos de son frère Jeff, ces lignes qui se rapportent à la même époque : « Nous allions souvent l'été à Peconie Bay, à l'extrémité est de Long-Island et de là à l'île Shelter. J'aimais les longues marches et lui emportait son fusil de chasse. O quels heureux moments, quels jours ! » *Prose Works*, p. 510.
(2) Bucke : *Walt Whitman*, pp. 19-22.

rieure, loin des méthodes et des conceptions admises. Sa culture était avant tout d'humanité et s'accroissait au contact direct des choses concrètes. Ce que d'autres avaient senti ou pensé avant lui, toujours intéressa moindrement cet autodidacte ; et ayant trouvé, comme il nous le confie,« qu'il pouvait tirer davantage des choses elles-mêmes que des peintures ou des descriptions que d'autres en ont faites (1)», il ne demanda à la lecture qu'un complément d'éducation.Cependant,comme, après tout, les grands livres, les souveraines œuvres d'art, les monuments impérissables du passé, sont aussi des réalités, la tout-dévorante curiosité de l'homme ne pouvait les laisser en dehors de son enquête. S'il les avait négligés, sa culture, telle qu'il la concevait, eût été incomplète, et il eût connu certaines limitations. Aussi absorba-t-il quelques livres, comme le reste, par le contact direct, en oubliant, ou plutôt en ne voulant pas apprendre, les jugements qu'ils avaient inspirés d'âge en âge aux critiques.

Walt lisait à sa manière. Il avait comme cabinet de travail deux endroits qu'il préférait à tous les autres : l'impériale des omnibus de Broadway avec le tumulte de la rue lui servant comme de repoussoir, ou quelque coin au bord de la mer, loin de toute présence humaine. La foule et l'océan lui semblaient de meilleurs compagnons pour l'étude des grands maîtres, que la solitude enclose et terne d'une chambre. Il appelait sa méthode : faire l'épreuve du plein air sur les génies. C'est, nous dit-il, « parmi les influences du plein air que j'ai parcouru complètement l'Ancien et le Nouveau Testament, et absorbé (probablement à mon plus grand bénéfice que dans n'importe quelle bibliothèque ou pièce enfermée — cela importe tellement, *l'endroit* où vous lisez) Shakspere, Ossian, et dans les meilleures traductions que je pus me procurer, Homère, Eschyle, Sophocle, les vieux Nibelungen allemands, les anciens poèmes indous, et un ou deux autres chefs-d'œuvre, Dante y compris. Il se trouva par hasard que je lus ce dernier presque entièrement dans une vieille forêt. Quant

(1) Bucke : *Walt Whitman*, p. 21.

à l'*Iliade* (la traduction en prose de Buckley), je l'ai lue pour la première fois et à fond sur la péninsule d'Orient, à l'extrémité nord-est de Long-Island, abrité dans un creux de rochers et de sable, avec la mer de tous côtés (1). »

Malgré cette préférence pour la lecture en plein air, il passa nombre d'heures d'hiver dans les bibliothèques de New-York. Walt n'était pas riche et ne pouvait pas toujours se procurer l'ouvrage qu'il désirait absorber, mais ses poumons, habitués à respirer largement, étaient rebelles à l'atmosphère morose et asphyxiante des salles de lecture. Sans en avoir l'air et tout en menant l'existence la plus détachée en apparence de toute préoccupation abstraite, il lut intensément et en tous sens. Son souci capital était de se tenir au courant de la pensée de son temps : aussi suivait-il très attentivement les journaux et les revues, que toute sa vie il préféra aux livres — hormis cette douzaine de livres éternels et culminants qu'il avait médités et qu'il finit par savoir presque par cœur. La masse énorme des articles de magazines marqués de coups de crayon et annotés en marge, que l'on a retrouvés chez lui après sa mort (2), dénoncent l'omnivore qu'il fut, aussi curieux de se renseigner sur l'existence de ses grands confrères du passé, par exemple, que de s'assimiler de la géographie, des données scientifiques ou des faits de l'existence quotidienne. Nul a priori dans ses goûts de lecteur : il se propose l'universel étudiant. Il transcrit des extraits, rédige des analyses, note des réflexions. Et tout ce savoir décousu entrait en lui comme l'air, les spectacles du dehors, les passants coudoyés ; il ne lui « meublait » pas l'esprit, selon l'expression consacrée, il était assimilé et transmué. Walt n'avait nulle envie de « s'instruire », pour caser des notions dans les lobes de son cerveau, il faisait seulement son enquête sur la vie, et, dans cette enquête, les livres et l'imprimé entraient simplement pour une part, et non la plus vitale. Il n'étaient que l'accessoire, la confirmation. Lorsqu'il avait une conversation avec quiconque — artisan,

(1) Walt Whitman : *Leaves of Grass*, A Backward Glance, pp. 432-433.
(2) *Camden Edition*, X, pp. 63-97.

marin, etc. — possédant des connaissances certaines et positives dans le domaine de son expérience personnelle, il notait avec soin ce qu'il venait d'entendre. Tout lui était bon, tout ce qui était authentique et réel. Au théâtre, dans la rue, sur les bateaux, à travers champs, sa constante habitude était de crayonner ses impressions. Les renseignements les plus insignifiants en apparence — tels que la mention et la description, en quelques lignes, d'un charretier qu'il a rencontré et avec lequel il s'est amicalement entretenu, il les enregistrait avec autant de soin que s'il avait recueilli un document d'histoire ou de science. La méthode qu'il pratiquait en vue de recueillir et de condenser ces informations éparses était aussi originale que sa façon de s'instruire : c'est ainsi que des débris d'une géographie, il s'était composé, en y annexant des cartes, des articles de journaux, des feuilles de papier blanc, sur lesquelles il consignait à mesure les renseignements recueillis de la bouche de voyageurs ou de navigateurs, — le tout relié en un volume épais et solide — un véritable magasin de documents, méthodiquement classées, sur toutes les contrées de la terre (1).

Si absorbé qu'il fût par l'étude de son temps et de sa race, l'Américain ne dédaignait point les vestiges du passé. Il se plaisait à interroger les civilisations d'autrefois, pour mieux reconnaître ce qui différenciait la sienne. On exhibait en ce temps-là dans Broadway une collection d'antiquités égyptiennes, rapportées par un médecin anglais. Walt se livra à une étude approfondie de cette collection, à l'aide d'un « formidable catalogue » et s'entretint longuement avec le docteur ; de plus il absorba nombre d'ouvrages sur l'ancienne civilisation des bords du Nil, « ses antiquités, son histoire, comment les choses et les scènes apparaissaient réellement et ce que nous pouvons en juger aujourd'hui (2) ». Dans ce domaine, comme lorsqu'il étudiait d'après la vie concrète, sa méthode était d'aller au cœur des choses, d'épuiser la matière jusqu'à en être saturé. Il fréquentait également le « Cabinet Phrénologique » de Fowler et Wells, où étaient rassemblés « tous

(1) *Camden Edition*, IX, pp. XVII-XVIII.
(2) Walt Whitman : *Prose Works*, p. 513.

es bustes, spécimens, curiosités et livres possibles sur cette étude (1) », et où on lui fit un jour son examen phrénologique.

Il était un habitué des assemblées et ne manquait pas d'aller écouter les conférenciers du jour — tels que W. C. Bryant et Emerson. Mêlé de près aux meetings « orageux et cycloniques » des « sociétés de réforme » d'avant la guerre, il nous confesse qu'il « y apprit beaucoup (2) ». Car, non seulement, il y parut comme auditeur, mais il y prit souvent la parole. A cette époque Walt, séduit par les activités multiformes de son âge, prétendait jouer son rôle dans la politique. Vers le temps où il publiait ses historiettes et versifiait, c'est-à-dire entre vingt et vingt-six ans, nombreuses furent ses apparitions sur l'estrade. Il s'était jeté avec entrain dans la mêlée des partis, comme dans le monde littéraire et journalistique, — non pas en dilettante, mais en apprenti de la vie, avide de se plonger dans tous ses courants et d'apprendre en agissant. Il s'éprouvait apte à remplir tous les rôles humains et la voix de son destin ne s'était point fait entendre jusque-là. Tandis qu'il était encore maître d'école à Long-Island, il avait fait campagne dans les rangs du parti Démocratique, qui soutenait l'élection de Van Buren à la présidence, et son succès comme orateur, à Jamaïca, avait été vif, dit-on (3). Revenu à New-York, il se mit à fréquenter Tammany Hall, le célèbre quartier général Démocratique, où il connut les notabilités politiques du parti. Dans la lutte électorale de 1844, qui porta Polk à la présidence, il déploya ses activités. Mais Walt n'avait pas l'étoffe du partisan. Il était trop calme et trop humain pour se confondre avec la meute enragée et vociférante des politiciens. Et la crise passa comme sa fièvre de littérature. Jamais il ne se mêlera plus désormais à la politique ; il se contentera d'en suivre attentivement les phases et de garder un intérêt très vif pour tout ce qui concernera les affaires du pays. Il avait vu d'assez près fonctionner la « machine »

(1) Walt Whitman : *Prose Works*, p. 513.
(2) *Id.*, p. 514.
(3) Bucke : *Walt Whitman*, p. 22.

pour connaître les « ressorts de l'action ». Et toujours il vota aux élections pour le Congrès et la Présidence. Un peu plus tard, ses sympathies se reportèrent sur le parti Républicain, pour s'orienter de nouveau, à la fin de sa vie, vers les Démocrates. Mais ces fluctuations importent peu : elles prouvent uniquement qu'il fut et demeura toujours au delà des partis.

Une de ses joies, peut-être la plus naturelle et la plus élémentaire de toutes, c'était d'engager la conversation avec qui que ce soit, dans la rue, sur un bateau, au seuil d'une boutique, n'importe où. Le besoin était irrésistible chez lui, de se mettre en communication avec les passants, d'approfondir des faces nouvelles, d'apprendre ce que l'humanité moyenne pensait, de la surprendre sur le vif, de fraterniser. Il faudrait communiquer un sens plus fervent au mot *sociabilité* pour le rendre adéquat à cette propension. Un passant, une nature d'homme, une individualité! C'était là pour lui la merveille des merveilles, qu'il ne se lassait pas de contempler, d'étudier sous toutes ses faces, d'aspirer voluptueusement. Une note du temps de sa jeunesse — « Un nouvel esprit qui s'ouvre à nous, c'est mieux qu'un roman (1) » — est caractéristique de cette insatiable curiosité qui l'incitait à entr'ouvrir le livre des existences environnantes. Et dans cette immense bibliothèque qu'était New-York, un rayon surtout l'attirait, celui des existences communes. Il était là dans son élément; tandis que, pour les intellectuels, les bourgeois et les gens de salon, il se sentait peu d'attirance. Il avait soif de l'homme réel et non de ce qu'il pensait ou lisait : aussi son goût le portait-il spécialement, selon le mot d'un de ses intimes, « vers les êtres qui ont les qualités des choses du plein air, — la vertu des rocs, des arbres et des collines (2) ». Le poète a confessé fort nettement cette préférence dans un paragraphe, de rédaction peut-être un peu postérieure, mais qui s'applique aussi bien à l'époque de sa vie que nous traversons :

(1) *Camden Edition*, VIII, p. 266.
(2) J. Burroughs : *Walt Whitman*, p. 64.

Quel charme est répandu sur les hommes qui ont vécu presque toujours au grand air — avec les chevaux — à la mer — sur les canaux — à ramasser des coquillages — les bûcherons — ceux qui mènent les trains de bois flottant sur les rivières, — les hommes à bord des vapeurs, ceux qui font la charpente des maisons, et les ouvriers en général... Les gens à face rasée et sachant leur grammaire, je les appelle : Monsieur, et pose le bout des doigts sur leurs bras à la mode orthodoxe, en discutant avec eux sur le sujet qui a eu le plus gros entête dans les journaux du matin... Mais les autres, j'appuie mon bras sur leur épaule ou le leur passe autour du cou — c'est en eux que la nature se justifie. Leur indéfinissable supériorité émet quelque chose qui dépasse autant les produits spéciaux des collèges, des églises et des salons que l'air matinal de la prairie ou du bord de la mer est supérieur en arome aux plus coûteuses essences d'une parfumerie... (1).

Il préférait la conversation de ses camarades, les cochers, à celle du plus docte personnage, parce qu'ils étaient de rudes natures primitives qui lui apportaient des nouvelles directes de la vie. « C'étaient en général des hommes vigoureux au point de vue mental aussi bien que physique — expliquait-il un jour à son ami Donaldson. Les uns avaient de l'instruction, les autres pas : mais ceux-là qui étaient capables de mener un omnibus pendant une bonne longueur de temps dans une rue telle que Broadway, par exemple, étaient des hommes pourvus d'un caractère et d'une individualité... (2). » Quelque part dans ses papiers, dont l'amas fut inventorié après sa mort et certains publiés, se retrouvent des paragraphes où il notait sur le vif l'impression que lui faisaient ses grands amis d'alors. Cette silhouette par exemple : « Peter X..., jeune garçon, large, de forte charpente, cocher. Doit peser 180. Naturel et sincère vis-à-vis de moi la première fois qu'il me vit. Homme de forte volonté, aux sensations et aux appétits puissants et gros... J'ai aimé sa rafraîchissante mauvaiseté, comme diraient les orthodoxes... Je n'ai jamais rencontré un homme qui m'ait semblé, autant que j'ai pu en juger en quarante minutes, plus ouvert, plus rude, plus opiniâtre, plus solide et plus dégagé du maladif désir d'entrer dans les voies de la société (3). »

(1) *Camden Edition*, IX, pp. 151-152.
(2) Donaldson : *Walt Whitman the Man*, p. 203.
(3) *Camden Edition*, IX, p. 134.

Walt n'avait pas en lui cette barrière qui nous sépare d'un inconnu et que, par lassitude, indifférence, repliement sur nous-mêmes ou dédain, nous ne franchissons pas volontiers. C'est un vivant avide de connaître les rapports qui le rattachent à l'humaine ambiance. Et là où il retrouve les plus authentiques traces de lui-même, c'est auprès de ses intimes copains de la rue, les lurons de la métropole, ou même parmi les garnements, les galvaudeux, les êtres de sac et de corde qu'il va visiter parfois dans leurs repaires. Car les mauvais lieux, les prisons, les cabarets borgnes, les asiles n'échappèrent pas à son enquête et il eut la sensation d'y confronter une humanité encore plus humaine que l'autre. Le « gredin », l'affranchi des lois sociales, éveillaient des correspondances en lui, et, de prime abord, des sentiments d'affectueuse camaraderie. Walt en ce sens s'attestait parfaitement amoral. L'individu pour lui était un roi qu'il saluait partout, son trône fût-il installé sur la boue. Nulle pitié condescendante ne se mêlait à cette ample acceptation ; c'était un instinct profond en lui de confiance et de sympathie à l'égard des rudes et des têtus, sans tenir compte de la voie plus ou moins criminelle où il les trouvait engagés. Simplement, sans morgue, sans contrainte, sans timidité ni hauteur, tel qu'un ami revenu, il s'avance vers chacun, lui proposant le charme fort de sa présence cordiale. Avec lui l'approche est toujours directe, le contact certain. Et c'est là ce qui lui conquiert d'emblée des attachements innombrables, surtout chez les primesautiers.

Au cours de cette existence multipliée, le total des gens avec lesquels il s'entretint dépasse l'imagination. Depuis le chemineau rencontré au coin d'une route ou le rôdeur de carrefour, jusqu'au président ou au grand poète — tel William Cullen Bryant, avec lequel il fit souvent de longues promenades et garda les relations les plus cordiales (1), — les centaines de mille interlocuteurs qu'il croisa sur son chemin demeurent perdus dans la foule anonyme, maîtresse en titre de ce grand Amoureux. Et pour se figurer l'immensité de son enquête, il

(1) Walt Whitman: *Prose Works*, pp. 113-114.

faut évoquer aussi d'autres centaines de mille qu'il observa intensément, avec le coup d'œil de l'artiste ou du médecin, sans leur dire un mot et sans qu'ils s'en doutassent. Aussi personne n'eut peut-être une connaissance pratique plus étendue de la collectivité ; et nous devons lui reconnaître, parmi ses attributs, un sens spécial, vraiment surhumain, d'observation et d'introspection, dont le pouvoir était « limité seulement par les choses à observer (1) ».

Tel fut, dans son caractère général, et seulement entrevue sous un nombre limité de ses aspects, l'énorme éducation de cet inculte. Walt avait bien pu ne jamais dépasser l'école primaire : il n'en devint pas moins l'un des hommes les plus riches qui aient foulé le sol de la planète, en fait de connaissances vivantes et d'aperçus sur l'humanité, acquis par le contact personnel. « Perdu dans le flot cosmopolite (2) » de la bourdonnante métropole, à laquelle ce rural, avec une foi entière, vouait un culte enthousiaste, un homme jeune préparait sans le savoir cette illimitation de lui-même qu'immortellement il va définir et exalter.

Comme les grands chemineaux et tâcherons de la littérature, les Hamsun, les Gorki, les London, mais avec un instinct beaucoup plus riche et dans des proportions incomparablement plus amples, il a connu toute la vie, il l'a vécue hardiment, avant de l'exprimer. Il a été l'une des parcelles actives du grand tout qu'il chantera plus tard. La démocratie du Nouveau Monde, avec sa rudesse, sa diversité, ses penchants clairs ou ténébreux, son élan forcené, était en train de se *réaliser* en un individu sorti d'elle, de créer son type et son représentant.

Et ce qui marque par-dessus tout ces années touffues, tumultueuses, effrénées, c'est qu'elles s'écoulèrent dans une atmosphère de joie, de liesse féconde. Ce furent là de « bons moments », remplis d' « amusement en masse », selon ses propres termes. L'instinct de sa lignée hollandaise parlait en lui. Walt était un homme heureux. Avec sa sensualité d'homme

(1) O. L. Triggs : *Selections*, Introduction, p. xxv.
(2) *Camden Edition*, Introduction, p. xxvi.

fort et sain, chaque geste de son existence, répercuté dans tout son organisme massif, lui causait une émotion de plaisir, depuis la tartine de pain grillé qu'il se préparait le matin dans sa chambre jusqu'aux propos indifférents qu'il échangeait avec un inconnu au bord d'un trottoir ou sur le pont d'un bac. Mais la fête suprême c'était de trouver les choses si belles, si belles, si riches, si variées, de s'ébattre dans le prodigieux, caché pour presque tous au cœur du banal et du quotidien.....

III

VERS LE SUD ET VERS L'AMOUR DE LA FEMME

Il nous semble plutôt étrange qu'un homme pourvu d'aussi insolites dispositions ait pu remplir à diverses reprises le poste de directeur de journal. A première vue, Walt apparaît l'homme le moins congénial à de telles fonctions. Mais il faut se souvenir des conditions très particulières de la vie américaine et des vastes dissemblances entre les minimes feuilles de cette époque et les grands quotidiens d'aujourd'hui. Un fauteuil directorial du genre de ceux que Walt occupa à Brooklyn ferait aujourd'hui songer plutôt à un emploi similaire dans l'une de nos sous-préfectures.

La vérité était aussi que l'homme manifestait une étonnante aptitude à s'adapter, au moins temporairement, à toutes les besognes. Il paraissait à peu près indifférent au genre de labeur que la vie exigeait de lui, pourvu que ce labeur le respectât lui. C'était là le point essentiel. A part cela, l'occasion pouvait venir, il était prêt à l'accueillir pour gagner sa vie, tout en se livrant à la plus chère de ses occupations : l'observation à loisir des êtres et des choses.

Ce fut au début de 1846 (1) que les destinées du *Brooklyn Eagle* furent confiées à Whitman. Il y demeura deux ans. « J'eus là, nous dit-il, l'une des plus agréables situations de ma vie — un bon propriétaire, une bonne paye, un travail facile et des heures accommodantes (2). » L'*Eagle* était un modeste quotidien de quatre petites pages, dont le seul aspect com-

(1) H. B. Binns : *Life of Walt Whitman*, p. 42.
(2) Walt Whitman : *Prose Works*, p. 195.

munique l'impression que son directeur dut y passer des jours tranquilles. C'était un organe Démocratique ; mais au sein du grand parti dans les rangs très mêlés duquel Walt avait combattu jusque-là, une scission se préparait. Le directeur avait des principes irréductibles et se rangea sans hésiter du côté des Radicaux, notamment dans la question de l'anti-esclavagisme, qui lui tenait très à cœur. D'où des difficultés et des scènes avec les orthodoxes du parti et son chef. Il n'y avait qu'à partir, et c'est ce qu'il fit. Walt voulait bien gagner sa vie à écrire des articles de fond, mais quelque bonne que fût la place, dès l'instant qu'il s'agissait de sacrifier l'une de ses convictions fermes et définitives aux nécessités de la « machine », il prenait son chapeau et cherchait ailleurs. Il n'y avait point à discuter avec lui : on ne tordait pas un homme de cette trempe. Dans les imprimeries de la métropole, il y avait toujours des casses pour lui. Et, comme ses pères dans les questions religieuses, Walt, en politique, d'instinct prenait parti pour les hétérodoxes. Dans la suite il eut d'autres journaux. Après un passage au *Crescent* de la Nouvelle-Orléans, où nous le retrouverons tout à l'heure, il fonda à Brooklyn le *Freeman*, d'abord hebdomadaire puis quotidien. Et, vers 1856, après une période de labeur manuel, il fut un moment directeur du *Brooklyn Times*.

Ce n'était là, après tout, qu'un gagne-pain. Il va sans dire que Walt n'avait pas un tempérament de journaliste. Calmement, honnêtement, de même qu'il avait assemblé des caractères, il s'acquitta des fonctions qu'on lui confiait. Mais les qualités spéciales de l'emploi étaient trop contraires à son habituelle sérénité pour qu'il s'y montrât brillant. « Il avait en lui trop de repos. Ceux qui l'employaient appelaient cette qualité de la paresse (1) ». C'était vraiment un singulier directeur. « Son logis (une modeste maison de Myrtle Avenue, où Walt habitait avec ses parents, alors revenus en ville), — nous dit-on, — était à une demi-lieue du bureau du *Eagle*, voisin

(1) Ch. M. Skinner, *Walt Whitman as an Editor*, The Atlantic Monthly, nov. 1903.

du Bac Fulton, et il est permis de croire qu'il préférait demeurer à cette distance pour pouvoir jouir des choses à contempler et à observer, qui s'offraient au cours de sa promenade quotidienne entre ces deux points. Non seulement il se rendait en flânant de chez lui au journal et réciproquement, mais presque tous les jours il quittait son bureau pour aller se baigner et faire un tour, laissant les nations se tirer d'affaires comme elles le pouvaient, sans son commentaire et son conseil, et emmenant souvent, comme compagnon de promenade, l'un des compositeurs du journal (1). » Aussi comprend-on fort bien que, dans les bureaux du *Brooklyn Eagle*, ait persisté l'ironique légende d'un directeur amateur, qui, pour employer la bonne expression populaire, « ne se la foulait pas ». Déjà lorsqu'il avait assumé des fonctions analogues au *Daily Aurora* de New-York, quelques années auparavant, il s'y était fait remarquer par la même absence de fièvre. Il y avait laissé le souvenir d'un rédacteur en chef plutôt fantaisiste, dont l'occupation la plus sérieuse semblait être, après une courte apparition à son bureau, entre onze heures et midi, pour jeter un coup d'œil sur les quotidiens, d'aller flâner une heure ou deux sous les arbres de la Batterie en contemplant la mer. Et à l'*Aurora* également, certaines divergences de vue entre les propriétaires du journal et le rédacteur en chef avaient abouti au départ de celui-ci (2).

Sans prétendre y rechercher une expression de l'homme intime, qui n'y était pas, il est intéressant, néanmoins, de parcourir quelques-uns des articles pondus par le Whitman d'alors. Ce qui les caractérise, c'est cette bonhomie, cette absence de prétention et ce laisser-aller, que nous retrouvons aujourd'hui dans les petites feuilles de province. Il commente les faits du jour et livre ingénûment ses impressions, révélatrices de candeur et de bon sens, en évitant le ton oraculaire et les périodes enflammées. Ses éditorials gardent l'allure de la causerie et s'attestent généralement d'une platitude remarquable.

(1) Ch. M. Skinner, *Walt Whitman as an Editor*, The Atlantic Monthly, nov. 1903.
(2) *The Conservator*, juillet 1901.

L'homme n'est pas encore éveillé : c'est encore le conteur jeunet, superficiel, à fleur de peau, des petites histoires qu'il imprimait à son retour de Long-Island. Pourtant, de ce fatras, certains paragraphes se dégagent, où, pour le moins, l'on semble soupçonner le Walt réel. Lorsqu'il évoque tels principes qui lui sont chers — générosité, humanité, liberté, honnêteté — sa prose ordinairement incolore s'anime. C'est avec une véritable chaleur qu'il combat la peine de mort, la traite des nègres (hardiesse qui lui coûta sa place au *Brooklyn Eagle*), le luxe des églises, les exigences des pouvoirs municipaux. Parfois, il donne des conseils d'hygiène à ses lecteurs, préconise le bain, publie des recettes. Il épouse toujours la cause de l'individu contre la loi et ne s'essouffle pas à prôner son parti. Un succès qu'il remporta durant cette période fut d'avoir contribué, en menant dans son journal une campagne vigoureuse en faveur de la transformation du vieux fort Greene, à la création d'un parc public. Car le bien-être de l'homme moyen lui tenait à cœur, foncièrement. Plus tard, vers 1856, lorsqu'il occupa un instant le fauteuil directorial du *Brooklyn Times*, il appuya vigoureusement un important projet relatif à de nouvelles machines hydrauliques. C'étaient là des campagnes dont le poète se montrait encore fier, trente ans après, et dont il désirait que le souvenir se conservât(1). L'intérêt qu'il témoignait pour les affaires de Brooklyn, la ville de son enfance, presque sa ville, apparaît dans une très belle lettre ouverte au Conseil Municipal et au maire, où il les adjure de se montrer plus dignes de la grande Cité qu'ils administrent, plus compréhensifs, plus larges dans leurs règlements, plus conformes à l'esprit individualiste de la communauté américaine, leur rappelant en termes clairs qu'ils ne sont que les agents du Maître, c'est-à-dire du citoyen. Le ton noble et fier de cette adresse, dont le style ferme est parfois remarquable, dépasse l'incident — les prohibitions dominicales — qui la motiva. Au souffle particulier qui l'anime, on sent qu'un homme nouveau est en plein éveil : elle fut, en effet, publiée par le

(1) Ch. M. Skinner, *Walt Whitman as an Editor*, The Atlantic Monthly, nov. 1903.

Brooklyn Star, en octobre 1854 (1), à la veille de l'événement capital de l'existence du poète. Bientôt ce n'est plus sa ville, mais l'univers inconnu dont il est en train d'explorer les continents, qui le réclamera.

Jusqu'à la trentaine, et même un peu au delà, sa collaboration aux journaux fut variée et abondante. Il avait beaucoup d'amis dans la presse et pouvait assurer le placement de ses articles. Selon les termes de son compagnon et premier biographe, John Burroughs, il fit alors partie « de ce bataillon léger de publicistes qui rédigent, d'une plume facile, des nouvelles, des comptes rendus, des articles de fond, n'importe quoi, par plaisir et pour gagner leur vie (2) ». Le grand gars cordial et gai qu'était Whitman avait conquis une place dans les milieux de littérature et d'art jeunes de la métropole. Il appartint pendant quelques années à un groupe fameux, auquel l'un de ces biographes, O. L. Triggs, a consacré une intéressante page :

Au temps où il dirigeait le *Freeman*, il devint l'un des principaux membres du groupe des Bohêmes de New-York, qui se réunissaient tous les soirs au restaurant Pfaff, dans Broadway, pour exalter la nationalité dans la littérature et dans l'art... Parmi eux se trouvaient Fitz-James O'Brien, Fitzhugh Ludlow, Aldrich, Stedman, William Winter, Ned Wilkins, George Arnold, Gardette, « Artemus Ward », Ada Clare, — la « Reine », — et une vingtaine d'autres. La société avait été fondée par Henry Clapp, qui avait rapporté de Paris les dispositions d'esprit et les manières de la Bohême, d'après *la Vie de Bohême* d'Henry Murger. Dans ce groupe, Whitman était reconnu comme un chef. Quelques-uns de ses contes furent écrits dans la salle où l'on se réunissait. Un de ses carnets contient l'ébauche d'un poème commençant ainsi : « Le caveau du Pfaff où les buveurs et les rieurs se réunissaient pour manger et boire et faire la fête », et se terminant par : « Fantômes, souvent je demeure à songer, et voudrais ardemment arrêter l'un d'entre vous! Souvent je doute de votre réalité, je soupçonne que tout cela n'est qu'un leurre brillant... » Dans une interview, publiée en 1886 par le *Brooklyn Eagle*, Whitman raconte ce qu'étaient ces réunions : « J'allais au Pfaff presque tous les soirs. C'était un endroit agréable pour passer la soirée, après le travail du jour. Quand il commençait à faire sombre, Pfaff invi-

(1) Reproduite dans *The Conservator*, nov. 1903.
(2) Burroughs : *Notes*, pp. 80-81.

tait tous ceux qui se trouvaient attablés dans le caveau qu'il possédait sous le trottoir, à aller s'asseoir à un autre endroit du restaurant. Il y avait une longue table qui s'étendait d'un bout à l'autre du caveau : et lorsque les Bohêmes arrivaient, Hery Clapp s'asseyait à l'extrémité de la table. J'estime que les conversations qui s'échangeaient autour de cette table valaient tout ce que le monde a connu en ce genre. Clapp était un homme de beaucoup d'esprit. Fitz-James O'Brien était très brillant. Ned Wilkins, qui était alors le critique dramatique du *Herald*, était également un homme fort intelligent. Il y avait là de vingt-cinq à trente journalistes, écrivains, artistes et acteurs, composant la société qui prit possession du caveau sous le trottoir (1). »

D'après les souvenirs d'un ancien « Bohême », Whitman se différenciait de la bande joyeuse sur un point essentiel, c'est qu'il ne se grisait jamais. Cette insolite et singulière prétention aurait suffi à lui créer, dans ce milieu de bamboche, une originalité certaine. Il se contentait de vider lentement sa chope de bière, et à mesure que la compagnie devenait plus « gaie », son visage se faisait plus pensif et plus sérieux (2). C'est dans le caveau de Pfaff que, des années plus tard, en août 1860, le romancier W. D. Howells aperçut pour la première fois le poète. Entrevue qu'il décrivit un jour, en racontant ses souvenirs d'écrivain : « Adossé à sa chaise, il me tendit sa large main comme s'il allait me la donner à jamais pour de bon... Il avait une belle tête couronnée d'une chevelure jupitérienne, une barbe et des moustaches épanouies en rameaux, et des yeux pleins de douceur qui se posèrent avec une bonté infinie sur les miens, comme pour me demander la sympathie qu'immédiatement je lui accordai, bien que nous eussions à peine échangé un seul mot et que notre rencontre se fût bornée à ce regard et à un serrement de main dans sa poigne puissante (3). » Walt venait parfois chez Pfaff prendre un verre avec un cocher d'omnibus ou bien avec les internes de l'Ancien New York Hospital, où il allait fréquemment visiter ses amis malades. La cuisine était allemande, les repas substantiels et de

(1) O. L. Triggs : *Selections*, Introduction, pp. XXVI-XXVII.
(2) Ch. M. Skinner, *Walt Whitman an as Editor*. The Atlantic Monthly, nov. 1903, p. 680.
(3) W. D. Howells : *Literary Friends and Acquaintances*, p. 74.

prix modique, la bière excellente. Autour de la table longue où s'assemblait la confrérie, des femmes d'esprit venaient parfois s'asseoir, dans la fumée des pipes : notamment cette Ada Clare, future actrice, qu'on nommait la « Reine des Bohêmes » et qui était une excellente camarade de Walt (1). On imagine bien que celui-ci ne venait pas chez Pfaff pour faire assaut d'esprit, mais plutôt pour écouter et pour jouir d'un libre compagnonnage d'art, qui cadrait avec ses propres goûts d'indépendance et d'irrégularité, lui qui était « toujours prêt, — comme l'a dit quelqu'un — à laisser s'écouler les heures avec insouciance en compagnie de n'importe qui, homme ou femme, comme dans l'âge d'or (2) ». Un quart de siècle plus tard, passant par New-York, le poète, inoublieux des splendides moments de sa jeunesse, venait rendre visite à son vieil ami Pfaff et tous deux, en dégustant avec lenteur une bouteille de champagne, montée en l'honneur de l'ancien « Bohême », s'attardaient à évoquer ensemble les joviales figures d'autrefois, alors défuntes ou disparues (3).

A vingt-neuf ans, Walt ne connaissait encore que New-York et son île natale. Il est vrai qu'il les avait explorés à fond : mais l'immense continent, dont la métropole n'était que la sentinelle avancée, lui demeurait inconnu. Le hasard d'un engagement lui procura inopinément l'occasion de pénétrer au cœur de l'Amérique, en parcourant une part du domaine de sa race. Et ce n'est pas seulement parce qu'il en résulta pour lui un élargissement de vision, que ce voyage apparaît comme une date importante de sa vie, mais aussi parce qu'il comporte une aventure passionnelle, demeurée quelque peu mystérieuse, mais dont nous connaissons assez pour deviner qu'elle dut avoir une sérieuse influence sur l'homme intime. En fait cette tournée fut doublement féconde et peut-être décisive. Walt avait déjà considérablement vécu et absorbé jusque-là : mais il revint, labouré dans les profondeurs de son être, et portant en

(1) Donaldson : *Walt Whitman the Man*, pp. 208-9.
(2) Bliss Perry : *Walt Whitman*, p. 39.
(3) Walt Whitman : *Prose Works*, p. 188.

lui l'embryon d'une âme nouvelle. Il avait acquis la conscience du continent et la conscience de lui-même.

Un soir du début de 1848, se promenant pendant un entr'acte dans les couloirs du vieux Théâtre Broadway, Walt liait connaissance avec un personnage du Midi qui lui confia son projet de fonder un quotidien à la Nouvelle-Orléans. Il y avait de gros capitaux dans l'entreprise. Le Louisianais était venu à New-York pour l'acquisition du matériel. On prit un verre, et après un quart d'heure de conversation, Walt était engagé comme rédacteur et recevait de l'inconnu mille francs, pour sceller le contrat et payer ses frais de voyage (1). Comme il venait de quitter le *Brooklyn Eagle* et qu'il se trouvait alors sans ouvrage, l'affaire était excellente. Elle lui parut admirable surtout parce qu'elle lui offrait une occasion providentielle de « voir du pays » et un pays curieux, tout neuf, plein d'attirance pour le septentrional qu'il était.

Deux jours après cette entrevue, il se mettait en route. Comme le journal ne devait pas paraître avant trois semaines, il avait tout le loisir de voyager à petites étapes, en s'arrêtant au gré de sa fantaisie pour inspecter, selon son habitude, ce qui s'offrait sur son passage. Son frère Jeff, alors âgé de quinze ans, l'accompagnait. Parmi les siens, il était celui auquel le liait une affection particulière, fondée sur des goûts communs.

Ils traversèrent lentement la Pennsylvanie, et, les Alleghany franchis, s'embarquèrent à Wheeling, sur un bateau marchand. De là ils descendirent à petites journées l'Ohio et le Mississipi, parcourant ainsi les Etats du Centre, terres nouvellement défrichées. Ils atteignirent la Nouvelle-Orléans le 25 février 1848, et le premier numéro du *Crescent* parut le 5 mars. Walt travaillait à la rédaction et Jeff à l'imprimerie. Leur séjour fut d'assez courte durée, — ils repartirent vers la fin de mai — le climat étant, paraît-il, contraire à la santé du frère cadet (2).

Le poète néanmoins se plut extrêmement en Louisiane. A son avidité de connaître et d'absorber, le Midi présentait une pâture de choix. Son atmosphère lui parut délicieuse et il sentit des

(1) Walt Whitman : *Prose Works*, p. 196.
(2) *Camden Edition*, Introduction, p. xxxiv

oncordances entre sa propre nature et celle qui lui était révé-ée. Elles lui suggérèrent qu'il était tout autant du Sud que du Nord. Il arrivait en pleine agitation, juste au terme de la guerre victorieuse avec le Mexique : il eut même l'occasion de s'entretenir avec le général Taylor — futur Président des Etats-Unis — et ses officiers. Quant à son existence quotidienne, elle fut sensiblement la même qu'à New-York. Mêlé à tous, adorant la vie du trottoir et des carrefours pour elle-même, ses flâneries le menèrent partout où il y avait à étudier sur le vif ; et il profitait de son séjour pour s'expliquer la raison d'être de la vie méridionale. Dans une page charmante de ses souvenirs, il nous raconte les impressions de ces trois mois de Midi :

L'un de mes amusements préférés pendant mon séjour à la Nouvelle-Orléans était de me rendre aux vieux Marché Français, particulièrement le dimanche matin. Le spectacle était curieux et varié ; entre autres, les petits vendeurs indiens et nègres avec leurs marchandises. Car il y avait toujours de beaux échantillons d'Indiens, hommes et femmes, jeunes et vieux. Je me souviens que, dans ces occasions-là, je prenais toujours comme déjeuner une grande tasse de délicieux café avec un biscuit, que tirait d'une énorme marmite de cuivre reluisant une grande mulâtresse créole. (Je crois bien qu'elle devait peser 230 livres). Je n'ai jamais bu depuis un tel café. En fait de boissons agréables, le souvenir que je conserve des « cobblers » (avec de la glace à la fraise par-dessus les grands verres), ainsi que des vins exquis et du cognac français doux et parfait, — [la « tempérance » était déjà oubliée en 1848 !] — contribue à réveiller mes pensées pleines de regrets touchant mes expériences d'alors à la Nouvelle-Orléans. Et quelles splendides et spacieuses salles de café, si propres au loisir !..... De temps à autre j'allais passer une heure ou deux, vers le milieu de la journée, à flâner en baguenaudant sur les quais remplis de monde et de mouvement, au bord du fleuve. Les bateaux pressés en diagonale. les déchargeurs, les piles de coton et autres marchandises, les camions, les mules, les nègres, etc..., m'offraient des études et des scènes curieuses à l'infini. Je liai connaissance avec des capitaines, des mariniers ou d'autres gens, et souvent m'entretins longuement avec eux — découvrant quelquefois un vrai diamant brut parmi mes amis de rencontre. Les dimanches, j'allais parfois le matin à la vieille Cathédrale catholique, dans le quartier français. Je me promenais beaucoup dans ses parages ; et depuis j'ai regretté extrêmement de n'avoir pas cultivé, alors que j'avais une si bonne occasion, la chance de mieux connaître les créoles français et espagnols de la Nouvelle-Orléans. (J'ai l'idée que beaucoup de choses importantes, touchant la collaboration de la race latine à la nationalité américaine dans le Sud et le Sud-Ouest, ne seront jamais mentionnées avec compréhension et tact) (1).

En racontant les souvenirs de ce voyage, le poète reste muet toutefois sur un événement qui fut certainement le plus important de son séjour en Louisiane, et qui contribua sans doute, pour une forte part, à inscrire en traits ineffaçables l'image du Midi dans sa mémoire et dans son cœur. Il y eut une liaison, dont nous ne savons rien, sinon qu'elle exista. En essayant de déchiffrer ce paragraphe effacé de sa vie, qui a suscité diverses interprétations et commentaires, il nous sera permis de noter l'attitude de Walt vis-à-vis des femmes et de pénétrer plus avant dans sa nature.

Walt n'était pas un damoiseau. Adolescent et jeune homme, il s'était fait remarquer par son attitude indifférente à l'égard des filles. Ceux qui le connurent au temps où il faisait la classe aux enfants de Long-Island et prenait part aux jeux, aux parties, aux réunions des villages, nous rapportent, on s'en souvient, que les femmes semblaient sans attirance spéciale pour ce vigoureux gaillard, si ardent à jouir de sa jeunesse, si prodigue d'insouciante gaieté. Aucune silhouette de bonne amie, pas la moindre amourette, ne se détachent de sa libre vingtième année, à la fois débordante et réfléchie, pétulante et grave. Le singulier garçon était fait ainsi ; le tourment d'amour paraissait absent de son cœur. Une femme devant lui n'était pas un être essentiellement différent du mâle : sa cordialité ne connaissait pas de nuances appropriées au sexe de ceux qui l'entouraient. Franc et tendre, hardi et confiant envers tous, son attitude, son visage, les battements de son cœur, le ton de sa voix restaient le même en présence du plus rude pêcheur comme de la plus fraîche fillette. Et il y a toutes les probabilités pour que sa jeunesse ait été chaste jusqu'à son retour à New-York, à vingt-deux ans. Sur cette apparente froideur, des commentateurs à courte vue baseront plus tard leurs allégations, en s'efforçant de faire passer Walt

(1) Walt Whitman : *Prose Works*, pp. 437-438.

Whitman pour un simple inverti. Opinion dont le ridicule n'a nul besoin d'être démontré pour ceux qui ont une connaissance réelle de l'homme et de son œuvre, et que nous aurons l'occasion de confronter plus utilement, à d'autres moments de sa vie. Mais il demeure certain que la femme et l'amour, au sens habituel, n'ont pas joué, dans la vie du poète, le rôle décisif et capital qu'ils tiennent dans l'existence de l'homme moyen.

Lorsqu'il se fut plongé dans les remous de la métropole, s'efforçant d'en pénétrer tous les aspects, il n'est pas besoin d'être devin pour conjecturer que, parmi toutes ses expériences, la plus prodigieuse et la plus naturelle de toutes ne fut pas négligée. Qu'eût représenté une « éducation » comme celle dont l'homme jeune s'était tracé le plan, sans l'acquis décisif et illuminateur de l'expérience sexuelle ? Comment aurait-il pu se sentir en communion tellement intime avec l'humanité de sa ville, sans avoir connu, dans les bras de la femme, le contact qui détermine les vibrations suprêmes à travers lesquelles s'éprouve l'individu? Chez un tel être, pourvu d'un organisme admirable, de sang riche et impérieux, d'une sensualité certaine, instinctivement porté vers les choses fortes et primordiales, la divine sensation animale du sexe devait évidemment manifester, avec une intensité proportionnelle, son pouvoir exaltateur. Walt fut sans doute un aimeur sans phrases et sans intrigues. Aussi est-il à peine besoin du témoignage de ses proches, pour nous persuader qu'il connut alors la femme. Celui-ci, par exemple, de John Burroughs : « A travers cette période — de 1837 à 1848 — sans entrer dans les détails, il suffit de dire qu'il sonda toutes les expériences de la vie, avec toutes leurs passions, leurs plaisirs et leurs abandons... Ceux qui ont connu le poète en ces années dernières et ne voient en lui que l'homme calme et à barbe grise d'aujourd'hui ne doivent pas oublier, en lisant ses *Feuilles*, cette phase antérieure et ardente de son existence (1). » Ou ce mot de Bucke, que, « pour se servir de la vieille expression biblique, simple et

(1) J. Burroughs : *Notes*, p. 81.

cordiale, « l'amour des femmes » a toujours été et est, en un sens légitime, l'une des passions élémentaires de l'homme (1) ». Ce qui a pu donner le change à certains et faire dire, par exemple, que Walt paraissait « détester les femmes (2) », c'est probablement son ignorance absolue des petits soins, des propos galants, des cajoleries par quoi se traduisent les propensions amoureuses du civilisé sous toutes les latitudes. Walt ne flirtait pas, ne recherchait pas la société féminine, ne plastronnait pas pour s'attirer la bienveillance de ses interlocutrices, ne publiait pas sur la place publique le détail de ses aventures. Sa discrétion était telle qu'il n'a jamais prononcé ni laissé un seul mot touchant ses relations avec une amie quelconque. Il a pu ainsi tromper les naïfs, — les esprits candides du genre de ceux qui ont prétendu déduire du fait qu'il ne se maria jamais la preuve indiscutable de sa froideur systématique à l'égard de la femme ! L'amour bégayant, transi, entrecoupé d'affres et de soupirs, il est visible qu'il le dédaignait de tout son flegme souverain d'homme fort et réaliste, — de même qu'il ne faut en chercher nulle trace dans ses poèmes. Il fut amoureux, comme un Walt Whitman pouvait l'être.

Il est possible, toutefois, que, jusqu'à son séjour à la Nouvelle-Orléans, l'amour n'ait été pour lui qu'une expérience concrète, parmi mille autres expériences et qu'il n'ait pas eu encore la révélation totale de la femme, âme et corps, la sensation despotique et toute-puissante de son être entier, aimant et aimé. Il n'avait peut-être pas encore subi son véritable amour. Rien n'interdit de conjecturer que la capitale louisianaise lui réserva cette surprise et cette secousse complémentaire.

Nous disons : conjecturer, car les faits acquis se réduisent à fort peu de chose. Ils sont contenus dans un aveu du poète établissant le fait de sa paternité. Dans une lettre à son admirateur et ami anglais, John Addington Symonds, en date du 19 août 1890 — et qui n'a été publiée partiellement qu'en 1902

(1) Bucke : *Walt Whitman*, p. 23.
(2) I. H. Platt : *Walt Whitman*, p. 12.

par Edward Carpenter (1) — Walt Whitman écrivit : « Ma vie, ma jeunesse, mon âge viril, mon séjour dans le Midi, etc..., ont été joyeux, au point de vue physique, et indubitablement sujets à la critique. Bien que non marié, j'ai eu six enfants, dont deux sont morts. Un petit-fils vivant qui habite le Midi, un beau garçon, m'écrit de temps à autre, — des circonstances (relatives à leur situation et à leur fortune) m'ont empêché d'entretenir d'intimes relations avec eux. » Sur son lit de mort, Walt exprima un soir, aux deux plus intimes témoins de ses dernières années, Thomas Harned et Horace Traubel, le désir de dicter une sorte de déposition, qu'ils mettraient de côté, pour que si « malheureusement » une discussion publique s'élevait un jour sur ce point ignoré de sa vie, on pût répondre, faits en main. Son vœu le plus cher toutefois était qu'on n'entamât point ce sujet, dont la révélation causerait « sûrement un grave préjudice à quelqu'un... ». Mais le vieillard était alors trop faible et ne put réaliser ce vœu (2). Le secret ne fut pas révélé ce soir-là et fut bientôt emporté avec le mort sous les frondaisons du cimetière.

En ses années dernières, le poète fit souvent allusion, devant ses proches, au fait de sa paternité. Mais il n'alla jamais plus loin. Si ouvert et si peu accessible aux préjugés qu'il se témoignât, sa discrétion sur les incidents de sa vie privée était incroyable. On découvrit, après sa mort, qu'il avait arraché les pages de son carnet de route où devaient se trouver consignés certains détails de son aventure à la Nouvelle-Orléans, tellement il tenait à ce que cet épisode demeurât dans l'oubli (3). Et cette discrétion, ses amis intimes et presque tous ses biographes l'ont religieusement respectée. Le voile qui dissimule les « égarements » du sexe dans les pays de langue anglaise n'a pas été soulevé, pour éclaircir ce point obscur de l'existence du grand homme. Manque de curiosité qui peut paraître singulier chez nous, où l'on disserte et imprime des livres pour savoir si tel poète eut des relations platoniques ou

(1) *The Reformer*, fév. 1902 (réédité avec l'article qui l'accompagne dans Ed. Carpenter : *Days with Walt Whitman*, pp. 137-152).
(2) H. B. Binns : *Life of Walt Whitman*, app. B, p. 349.
(3) *Id.*, p. 350.

« coupables » avec une amie de sa jeunesse ; nous serions depuis longtemps renseignés, si Whitman était né en France, sur la nuance des yeux et la coupe des robes de toutes les femmes qu'il aima. En sorte que nous ignorons tout et que ses biographes d'ordinaire dissimulent leur embarras sous quelques phrases pudiques et obscures, lorsqu'ils abordent ce chapitre. Le plus récent d'entre eux, qui n'est cependant pas un prédicant professionnel, n'a-t-il pas craint de produire, à l'occasion de cette aventure, une remarque aussi monumentale : « Les péchés contre la chasteté entraînent ordinairement leur propre châtiment (1) ! »

M. H. B. Binns, dans son livre si nourri, si pieux, si chaleureux, est le premier qui ait tenté de percer ce mystère, qui persiste au sein d'une existence fertile en surprises. Le chapitre suggestif qu'il a consacré à l'aventure amoureuse de Walt en Louisiane ouvre certainement des horizons nouveaux et présente de fort plausibles hypothèses. J'hésite cependant à en admettre toutes les conclusions. Je crois notamment que M. Binns a exagéré la portée que dut avoir, pour l'homme jeune et sa métamorphose prochaine, cette liaison (2). D'autant que le poète en eut sans doute d'autres, probablement postérieures, puisqu'il avoua six enfants et que ni les circonstances de sa vie ni ses goûts extrêmement prononcés d'indépendance ne permettent de supposer qu'ils fussent de la même mère.

Une vraisemblable conjecture — une assurance presque — demeure : que Walt Whitman connut à la Nouvelle-Orléans, en un pays de soleil et de langueur, une créole française ou espagnole qui lui révéla un autre amour que celui dont les femmes de New-York pouvaient le rassasier. Le jeune journaliste devait être, à vingt-neuf ans, dans le plein épanouissement de sa beauté virile et de sa force, splendide comme un demi-dieu de l'Hellade primitive. De beauté rayonnante, il le fut toujours, mais à ce moment, la jeunesse devait le vêtir d'un charme irrésistible de mâle, faire resplendir sa haute taille,

(1) Bliss Perry : *Walt Whitman*, p. 45.
(2) H. B. Binns: *Life of Walt Whitman*, pp. 52-3.

es yeux céruléens, ses cheveux noirs, d'un éclat qui fatalement lui suscitait des conquêtes. Quoi de plus naturel qu'une femme ardente, appartenant à quelque noble famille, en le voyant passer de son allure nonchalante et tranquille, comme révélatrice d'une force qui s'ignore, ait senti battre son cœur et lui ait offert son amour? C'était peut-être elle, l' « ancienne bonne amie » au si charmant visage, dont on voyait le portrait sur la cheminée de sa chambre, quarante ans plus tard, et dont il n'était pas enclin à parler, même à ses proches (1). J'inclinerais à supposer que ce fut une Française, — « Je me promenais beaucoup dans ces parages, » nous dit-il en citant le quartier français — et que ce fut auprès d'elle qu'il apprit les mots empruntés au langage de France dont il a curieusement émaillé ses poèmes et ses écrits. Et peut-être le grand sensuel fut-il ébloui, secoué dans ses fibres profondes par cet amour nouveau et total. Walt communiait ainsi avec le Sud, dans les ultimes frémissements de la chair, et laissait en partant une preuve durable de son passage.

Car il partit, sans doute pour s'arracher au charme ensorceleur et à la violence de cet amour. Il craignit d'être pris aux rets d'une passion splendide et redoutable, et, flairant le danger, brusquement il rompit le lien et reprit la route du Nord. Dans une poésie écrite « en voguant sur le Mississipi à minuit », sans doute durant son retour, se trouve une strophe qui fait songer à cette expérience possible du jeune homme :

> ... Mais quand vient une langueur de volupté
> Doux le soleil, silencieux l'air,
> Ensorcelant votre habileté sûrement et délicieusement,
> Alors, jeune pilote de la vie, prends garde (2).

Avec son individualisme formidable et son souci farouche d'indépendance, Walt Whitman se défendit toute sa vie contre les attachements permanents. Il ne craignait pas l'aventure sexuelle, mais ses lendemains, — le lien, l'accaparement, l'habitude prise, les restrictions imposées à sa personnelle et insolite manière de vivre, à ses goûts, à ses penchants. Sur ce

(1) H. Traubel: *With Walt Whitman in Camden*, p. 389.
(2) Walt Whitman : *Prose Works*, p. 374.

point, il s'expliquait assez franchement, dans l'intimité (1); il ne supportait pas que les femmes prissent dans son existence une place qui amoindrirait fatalement le domaine de ses libertés, sur lequel il prétendait régner en absolu despote.

L'instinct de ne se laisser accaparer par quiconque — fût-ce l'être qui lui était le plus cher — était aussi fort en lui que ses aspirations vers les compagnonnages et ses soifs communiales. C'était beaucoup moins une règle de conduite dictée par l'expérience qu'une répulsion native à l'égard de toute entrave et de toute intrusion : en tous cas, un point essentiel chez cet homme singulier et contradictoire. On n'avançait pas dans son intimité, plus loin que le terme assigné par lui. Tel qui croyait le tenir s'apercevait qu'il n'avait pas franchi l'infranchissable seuil de son moi individuel.

> .... Certainement je vous échapperai,
> Même lorsque vous croirez m'avoir saisi indubitablement, voyez donc !
> Déjà vous vous apercevez que je me suis dérobé à vous (2).

C'est abrité derrière ce rempart qu'il se défendait contre les entreprises du dehors, et notamment contre la grande entreprise de l'amour. Walt Whitman découronné de son égotisme souverain ne serait plus Walt Whitman. Peut-être, sans en avoir conscience, ne se refusait-il à un seul que pour mieux se donner, en personne et plus tard dans un œuvre, à tous. Ici nous touchons peut-être le cœur du prophète, de l'homme prédestiné, retenu par les exigences d'une mission, ayant à sauvegarder les droits imprescriptibles de son individualité. Avec sa splendeur de mâle et son attractivité rayonnante qui s'exerçait sur tous, Walt, s'il se fût abandonné, aurait conquis des affections féminines à chaque pas. Il avouait un jour qu'aux approches de la cinquantaine il recevait encore de nombreux billets doux (3). Mais heureusement il possédait son calme écrasant comme sauvegarde : après l'enivrement possible des heures passées entre les bras de son amie du Sud, le sang-froid

(1) *In Re Walt Whitman*, p. 323 ; Bucke : *Walt Whitman*, p. 60.
(2) Walt Whitman : *Leaves of Grass*, p. 98.
(3) H. Traubel : *With Walt Whitman in Camden*, p. 235.

étonnant dont il était doué, dut lui revenir. Et ne devons-nous pas découvrir l'aveu de son départ volontaire de la Nouvelle-Orléans, sous le coup d'un instinct de défense et de reprise de soi, à travers les lignes de ce petit poème des *Feuilles d'Herbe*, auquel il est difficile de ne pas reconnaître une valeur de confession ?

J'ai traversé naguère une ville populeuse imprimant sur mon cerveau pour m'en servir plus tard, ses curiosités, ses monuments, ses mœurs, ses traditions,
Aujourd'hui, cependant, de toute cette ville je ne me rappelle qu'une femme, rencontrée là par hasard, qui me retint parce qu'elle m'aimait,
Jour après jour, nuit après nuit, nous étions ensemble — tout le reste depuis longtemps s'est effacé de ma mémoire,
Je ne me souviens, dis-je, que de cette femme qui s'attacha passionnément à moi,
De nouveau nous errons, nous nous aimons, nous nous quittons,
De nouveau elle me retient par la main, il ne faut pas que je parte,
Je la vois encore debout contre moi, les lèvres silencieuses, navrée et tremblante (1).

Point n'est besoin, à mon sens, d'échafauder d'autres hypothèses pour expliquer son départ soudain de la Nouvelle-Orléans, dont le motif, tel qu'il nous le donne, alléguant l'état de santé de son jeune frère (et il est vrai, « d'autres raisons », qu'il n'élucide pas), n'apparaît pas convaincant. Se basant sur des opinions recueillies et sur la logique apparente des faits, M. Binns a tenté d'expliquer la conduite du poète à l'égard de ses enfants, — dont il semble qu'il se soucia fort peu — et de la dame louisianaise. Il suppose que celle-ci, appartenant (comme l'aveu de son ami le laisserait deviner) à quelque riche famille d'une ville où les préjugés de caste, héritage de l'occupation espagnole et française, ont conservé toute leur vigueur, il fut interdit au jeune journaliste sans fortune et sans ancêtres, autres que d'humbles terriens, de régulariser sa liaison et de légitimer sa progéniture; que pour dissimuler la « faute » de celle qui avait donné son amour au fils du charpentier de West-Hills, sa famille lui fit peut-être contracter un mariage fictif et fit jurer à Walt de ne jamais trahir le secret de sa paternité. Ce

(1) Walt Whitman : *Leaves of Grass*, p. 94.

qui seul expliquerait l'attitude de celui-ci, mis dans l'impossibilité de fréquenter ouvertement ses enfants, et ses précautions pour que le secret, dont l'honneur de son aristocratique amie était l'enjeu, ne fût jamais trahi (1). Quelque habilement déduites et conformes à une certaine logique qu'apparaissent ces hypothèses, je ne suis pas prêt à les admettre, pour une raison unique et suffisante, qui est au delà des faits eux-mêmes: c'est qu'elles me semblent en contradiction avec la logique du caractère de l'individu, tel que nous le connaissons. Walt, qui a vécu en affranchi de toutes les « règles », n'était pas homme à régulariser une liaison, comme un fils de famille qui a fauté. De plus, il n'avait nulle propension au mariage, pour les motifs, insuffisamment définis, mais très forts et très suffisants, qu'il résuma diverses fois. Il n'est aucunement besoin d'imaginer de romanesques incidents et tout un drame intime pour expliquer qu'il se soit tenu à l'écart de celle qu'il féconda et de ceux qu'il procréa. Walt dut s'éloigner de sa propre volonté. La seule raison valable est sans doute qu'il n'y a pas de raison. Comme la plupart des hommes puissants, exceptionnels et libres, de tous les temps et de toutes les races, Walt Whitman a eu des enfants naturels qu'il a semés, comme l'arbre jette sa graine, avec une indifférence magnifique et souveraine. Tel est le fait dans sa nudité et qu'il n'est en rien nécessaire d'atténuer. L'étalon des morales courantes n'est pas applicable à un tel individu.

Quelle qu'ait été l'aventure et ses suites, ces trois mois de Midi, ainsi que le voyage à l'aller et au retour, eurent une influence profonde sur Walt, — dont son œuvre ultérieure garde, en maints endroits, les traces. Il avait eu la révélation du soleil, des mœurs qu'il favorise et d'un tempérament dont certains traits, tels que le sens du loisir, le laisser-aller, la capacité de jouir, correspondaient merveilleusement à sa propre sensibilité. Toute l'âme sensuelle que cachait ce fils de Quakers avait vibré sous la caresse voluptueuse et chaude du climat louisianais. Ce séjour au bord du Golfe du Mexique

(1) H. B. Binns : *Life of Walt Whitman*, pp. 50-3, et app. B, p. 350.

s'égalait à la découverte d'une autre civilisation, lointainement enracinée, chargée de souvenirs des âges. Et, à l'aller et au retour, il avait éprouvé la vastitude de sa terre, la riche diversité de ces Etats derrière lesquels d'autres Etats venaient se masser, sans cesse, presque à l'infini, jusqu'aux rivages du Pacifique, — le trentième faisait justement son entrée dans l'Union à ce moment précis et, sur le Mexique, un immense territoire venait d'être conquis — de ces Etats qui se peuplaient avec une rapidité prodigieuse, préparant la plus formidable fédération du monde occidental. Il revenait avec une âme de citoyen américain épandue à travers la contrée dont il n'avait connu jusque-là que l'extrême pointe. Il avait observé, comparé, saisi des humanités différentes. Des émotions nouvelles et toutes puissantes avaient enrichi le tréfonds de son individu, et il regagnait le Nord, mûri, élargi, déjà transformé. De même que l'abandon de son emploi de magister villageois avait marqué le terme de son adolescence, ainsi le jeune gars qu'il était encore à son départ pour le Sud s'était métamorphosé en homme.

Walt avait plongé au cœur du continent et, sans doute, au cœur de la femme.

Le retour s'effectua lentement, et les deux frères, ayant quelques économies en poche, profitèrent d'une aussi belle occasion d'explorer, plus largement encore qu'à l'aller, le vaste territoire intérieur de leur pays. Le poète nous a brièvement décrit son itinéraire et, parmi ses papiers, une partie de son carnet de route et des lettres à sa famille sont entre les mains de ses exécuteurs testamentaires. Ils remontèrent le Mississipi et revirent défiler ses bords monotones jusqu'à Saint-Louis, où ils passèrent quelques heures. Un autre bateau, qui remontait l'Illinois, les conduisit à La Salle d'où, par canal, ils gagnèrent Chicago. S'embarquant sur le lac Michigan, ils visitèrent Milwaukee, et Walt, qui ne perdait aucun détail du paysage, s'extasia sur l'aspect riant et prospère des villes du Wisconsin, où il aurait fait si bon vivre. Après un arrêt à Mackinaw, dont ils profitèrent pour visiter le vieux fort, les deux frères naviguèrent sur le lac Huron, touchèrent à Detroit, passèrent sur le lac

Erié en inspectant la terre canadienne, et après un court arrêt à Cleveland, débarquèrent à Buffalo, terme de leur longue navigation. L'excursion aux chutes voisines du Niagara s'imposait, et ils prirent le temps de les examiner à loisir, comme d'honnêtes touristes. A travers la contrée riche et cultivée, parsemée de bourgs et de villages, qui forme le centre du New-York, ils atteignirent Albany, capital de l'Etat-Empire, et leur rentrée au logis s'effectua par la voie de l'Hudson (1).

Le voyage du retour avait duré environ trois semaines. Pour un homme tel que Walt, c'était assez. Il avait confronté des merveilles et rapportait en lui la notion ineffaçable de l'immense territoire où flottait la bannière étoilée.

Revenu à Brooklyn auprès des siens — ses parents, quatre de ses frères, encore célibataires, et sa sœur cadette vivaient alors sous le même toit — il reprit sa vie d'antan. Sans doute chercha-t-il dans les ateliers de composition les très modestes ressources dont il se contentait : car les détails relatifs à son existence d'alors sont plus que maigres. En 1849 il eut, dans Myrtle avenue, une petite imprimerie à la devanture de laquelle il vendait quelques livres. Ce fut là qu'il édita le *Freeman*, une feuille hebdomadaire qui devint quotidienne, où il défendit les principes radicaux, qui l'avaient fait se détacher du parti Démocratique. L'entreprise dura environ un an (2).

Puis c'est un nouveau tournant brusque dans la carrière de cet indiscipliné, qui n'acceptait un emploi qu'à condition de ne pas endosser le harnais qu'il impose, et s'avouait lui-même incapable de rester longtemps à la même place (3). Le voilà qui embrasse le métier paternel, la charpente et la construction Walter Whitman, qui avait dépassé la soixantaine et dont la santé laissait à désirer, n'était plus guère capable d'exercer l'état qui lui avait tout juste rapporté le pain quotidien, jusque-là. D'abord associé à lui, vraisemblablement, car il n'est pas probable qu'il eût jamais auparavant manié la scie et le marteau, ensuite seul, son fils se mit à bâtir des

(1) Walt Whitman : *Prose Works*, pp. 438-440.
(2) Bucke : *Walt Whitman*, p. 25.
(3) Walt Whitman : *Prose Works*, p. 195.

etites maisons de deux ou trois pièces, pour des ménages uvriers. Lorsqu'il en avait achevé une, il la vendait et en commençait une autre, non sans s'être payé dans l'intervalle quelues studieux loisirs sur la côte sauvage de son île. C'était à on compte qu'il construisait et il faisait toute la besogne de es mains. Il partait le matin, comme les artisans, portant à la main le petit panier qui contenait son déjeuner, préparé par sa mère, et s'en revenait le soir, la journée faite (1). Il y avait en e moment-là une forte hausse sur les terrains et les constructions à Brooklyn et l'occasion paraissait propice pour empocher de beaux bénéfices. Aussi Walt, malgré lui, gagna-t-il de l'argent. S'il avait continué à spéculer sur ses maisonnettes il aurait pu réaliser une petite fortune. Du moins tout homme raisonnable, dans sa situation, aurait mis à profit cette chance providentielle et unique dans l'existence, d'amasser un magot. Mais Walt n'était pas raisonnable apparemment. A la surprise douloureuse des siens, qui ne comprenaient pas une telle incurie, il se ralentit, négligea sa besogne, puis la lâcha tout à fait en 1854, renonçant de gaieté de cœur aux plus brillantes perspectives. Peut-être avait-il eu la crainte vague de se réveiller riche un beau matin, ce qui eût été pour lui la suprême humiliation. Il n'avait jamais rien fait pour l'argent : cette fois il affirmait délibérément à son égard le plus beau dédain silencieux dont le sort lui ait fourni l'occasion. La fortune et lui n'avaient pas un langage commun. Walt n'en voulait pas pour compagne.

Il avait aussi une autre raison pour abandonner ses fructueuses spéculations, et celle-là était irrésistible et péremptoire. C'est que l'insouciant garçon aux yeux largement ouverts sur la vie et si naïvement joyeux de sa santé magnifique, le grand gars baladeur et musard, épris de plein air et de contact direct avec les gens, était gros d'une idée, qui allait devenir l'axe de son existence entière. Une transformation, depuis plusieurs années déjà, s'opérait lentement dans les profondeurs de son être. Un autre Walt était près de naître.

(1) J. T. Trowbridge, *Reminiscences of Walt Whitman*, The Atlantic Monthly, fév. 1902, p. 165.

Quelque chose sollicitait toutes les forces, toutes les pensées, tous les instincts de sa vie : tout d'abord il n'aurait pas su dire quoi, mais c'était sûrement une grande chose. A ses regards intensifiés, le monde apparaissait dans une lumière nouvelle et il était absorbé dans la contemplation des merveilles qui maintenant se révélaient à lui. Depuis la trentième année, sa vie intérieure s'était enrichie prodigieusement : l'homme entier opérait la concentration de ses forces pour les darder vers un but qu'il cherchait à formuler avec précision. Extérieurement, il était toujours le fils du charpentier, mais en lui-même il n'était plus le pareil individu. Il avait des heures de gravité et des absences où on l'aurait cru transporté sur un Thabor. Et après des années ardentes passées à s'écouter, à méditer, à se recueillir, à conjecturer le résultat du phénomène auquel il était en proie, il lui avait fallu abandonner toute autre besogne pour se mettre à l'œuvre. Car maintenant il savait. Sa tâche lui était assignée avec précision. Il se préparait à en affronter l'exécution avec la tranquille assurance qu'il opposait à tout.

Son frère George nous le dépeint à cette époque, habitant, avec la famille que son travail aidait à vivre, une grande maison de Portland avenue. Walt apparaissait toujours le même homme simple, affectueux et singulier, qui déroutait les siens par son manque absolu de sens pratique. Il passait son temps à « écrire un peu, travailler un peu, flâner un peu ». Il se levait tard, se mettait à écrire, puis sortait pour la journée entière. Il écrivait considérablement, on ne savait quoi : depuis un certain temps il avait complètement cessé de publier les historiettes anodines que sa vingt-cinquième année avait prodiguées. Tout le monde avait un travail régulier à la maison, excepté lui (1). Parfois il s'en allait vers les parties les plus solitaires de Long-Island, au bord des plages ou dans les bois, et y restait des semaines entières (2). En 1853, New-York vit une grande Exposition Universelle. Pendant près d'une année, Walt passa d'innombrables journées et soirées dans le vaste édifice de pierre et de verre, à détailler toutes

(1) *In Re Walt Whitman*, p. 35.
(2) Bucke : *Walt Whitman*, p. 24.

les merveilles d'art, venues d'Europe, qui s'y entassaient. Une occasion s'offrait au grand curieux d'entrer dans la pensée et le sentiment du Vieux Monde, d'apprendre ce qu'on faisait sur le continent des ancêtres, et il en profitait avidement. Il y avait là non seulement une riche collection de tableaux, de sculptures (parmi lesquelles le groupe colossal de Thorwaldsen, le Christ et les douze Apôtres), de pièces d'orfévrerie, d'objets d'art et de curiosité, mais des échantillons de bois, de minerais, de machines de tous les pays, « toute sorte d'ouvrages, de produits, de travaux provenant des travailleurs de toutes les nations (1), qui lui offrirent un sujet d' « étude inépuisable ». A ce moment où il était lui-même en proie à un travail intérieur de fusion et de coordination, cet inventaire de la richesse de la terre et du labeur humain, avec le sens d'universalité et d'unité qui s'en dégageait, présentait une particulière fascination pour lui. Une pulsation puissante le traversait de se sentir, parmi les flots des visiteurs, sous le vaste dôme dans un amoncellement de merveilles. Avec son pouvoir miraculeux d'absorption et de divination, on imagine quel monde de connaissances et d'impressions il put acquérir là.

Cette même année il dut conduire son père malade à Huntington. Le vieux charpentier, se sentant décliner, était attiré par ses racines et désirait respirer encore une fois l'air natal. Walt revit donc le paysage de son enfance. Maintenant, la grande crise de son existence allait se dénouer. Les temps étaient proches. Walt allait révéler soudain la raison d'être de sa venue, justifier son individu, sa race et son temps. L'œuvre, adéquate à sa personnalité, qu'il portait en lui depuis qu'il avait entendu l'appel intérieur, arrivait à maturité. Toute son existence jusque-là n'avait été que le prélude de la grande entreprise, qui désormais ne fera qu'un avec lui.

(1) Walt Whitman : *Prose Works*, p. 501.

IV

« WALT WHITMAN, UN COSMOS... »

Avant que la personnalité de Walt Whitman n'acquière des significations nouvelles et ne s'ordonne autour de l'événement central de sa carrière, nous ferons halte un moment pour considérer l'homme face à face, tel qu'il apparaissait aux environs de la trentième année. Nous découvrirons, en scrutant quelques-uns des intimes ressorts de sa nature que le fond du fond de lui-même semble reculer indéfiniment et laisse entrevoir des attributs secrets et impondérables qu'on devine, mais qu'on n'analyse pas.

A cette époque glorieuse de plénitude, il contient virtuellement son œuvre sans y avoir encore songé, la respire, l'agit. Il s'offre comme un type merveilleux, inoubliable, l'étalon d'une race. Cellule de la démocratie américaine et prototype de la démocratie mondiale, le promeneur de New-York, le fils « bien engendré » du peuple, riche de correspondances avec tout et avec tous, réalise un aspect nouveau d'humanité et marque un âge de la planète. Si magnifique, si éternel que soit pour nous son livre, Walt, l'individu de chair, qui s'apprête à le proférer, au moins l'égale à ce moment. Il est, je le répète, à cette période d'éclatante et chaude jeunesse plus qu'à toute autre, *son livre en vie.*

Les parfaites concordances entre le Walt interne et son apparence physique sont un premier sujet d'étonnement. La nature l'avait fait prodigieusement un. L'homme était très grande large d'épaules, de carrure massive, et admirablement propor, tionné. Son visage, avant d'acquérir cette incomparable majesté d'Olympien dont la vieillesse devait l'empreindre et qui, après avoir frappé ses contemporains, nous ravit encore d'admiration à travers ses portraits, était d'une rare beauté. Des sourcils hauts et très arqués limitant un front large, des yeux bleu clair, un nez très fort et absolument droit, s'encadraient dans l'ovale parfait d'un visage vermeil, tanné par le grand air, le soleil et l'océan, et pavoisé d'une barbe et d'une moustache que jamais il ne rasa. Avant la trentaine — serait-ce après son séjour à la Nouvelle-Orléans? — ses cheveux noirs avaient grisonné, et le contraste de ces fils d'argent avec l'air d'extrême jeunesse répandu sur sa face produisait une impression très particulière. Au bain, ses camarades pouvaient remarquer qu'il n'avait pas la peau blanche, comme la plupart des Occidentaux, mais rosée. C'était, de la tête aux pieds, un mâle, qui en imposait par ses proportions inaccoutumées et la noblesse de son port. Au repos il évoquait, dans l'ensemble de sa personne et non par le visage seul, la beauté grecque — nullement celle de la décadence, qui emplit nos musées de son type un peu fade, mais le fort type hellénique primitif, c'est-à-dire l'absolue harmonie dans la puissance rude. Sur toute sa physionomie une certaine expression primitive, barbare, autochtone, était répandue et le marquait, parmi les citadins, comme un pan de roc naturel au milieu d'un parc dessiné.

Jamais, dans la rue, vous ne l'auriez vu se hâter; bien que la grâce naturelle de tous ses mouvements fût extrême, sa démarche était plutôt lourde et lente, et, en s'avançant, il balançait son grand corps selon un rythme que l'on a comparé au roulement de l'éléphant. Sa voix, bien timbrée, était une de ses puissances et recélait un charme certain. L'œil n'était pas grand et son regard tranquille, assez peu expressif d'intelligence et de vivacité, plutôt terne, non perçant mais absorbeur, rappelait celui des grands mammifères. Les sens étaient chez lui d'une perfection et d'une acuité remarquables. « Il semblait percevoir des sons que les autres n'entendent pas (1), » avouait son frère George. Son odorat subtil, qui lui faisait reconnaître

(1) *In Re Walt Whitman*, p. 37.

un arome particulier aux différentes heures du jour, le rapprochait du sauvage et de la bête. Tout concourait à faire du gars athlétique et poilu qui déambulait nonchalamment le long des trottoirs de Broadway, un échantillon de splendide animalité humaine, bien pourvu, parfaitement équilibré, d'aplomb, exempt des tares que subit le civilisé en expiation de son affinement moral. Jamais homme ne sortit plus achevé et plus normal d'un bloc de matière vivante.

Une santé inaltérable et rayonnante, jusqu'au lamentable accident qui, plus tard, au faîte de sa maturité, fit de lui un invalide, était comme la fleur de cet organisme d'élite. Cette santé faisait son orgueil : « Je ne crois pas — nous confie-t-il — qu'il ait existé un organisme plus robuste, plus vigoureux, plus sain, plus équilibré sur lui-même ou plus inconscient et en meilleur état, de 1835 à 1872... (Je me considérais comme invulnérable) (1). » La joie physique qui émanait de son individu était à ce point plantureuse et excessive qu'elle gênait presque, au dire de certains interlocuteurs (2). Toute sa personne en fleur, d'une surabondance vermeille, semblait éluder les misères quotidiennes de la vie. A une époque où, depuis longtemps, il n'en connaissait plus que rétrospectivement les avantages, Walt décrivait ainsi ce qu'il appelait la santé : « Dans cette condition le corps tout entier est porté à un état inconnu des autres — intérieurement et extérieurement illuminé, purifié, rendu solide, fort, pourtant vif et élastique. Un charme singulier, qui est davantage que la beauté, émane du visage et l'emplit — une curieuse transparence rayonne dans les yeux, dans l'iris et le blanc — et l'humeur y participe également... L'homme comprend alors le mythe vénérable — il est un dieu qui foule aux pieds la terre, il voit partout de nouvelles possibilités, de nouvelles puissances et beautés; lui-même acquiert une nouvelle vue et une nouvelle ouïe. Le jeu du corps en mouvement s'empreint d'une grâce inconnue. *Se mouvoir* simplement devient alors un bonheur et un plaisir — respirer, regarder le deviennent également... (3). »

(1) Walt Whitman : *Prose Works*, p. 519.
(2) J. Burroughs : *Walt Whitman*, p. 52.
(3) Walt Whitman : *Prose Works*, p. 493.

Une charpente aussi ample portait la marque d'origine du peuple, et, de la tête aux pieds, Walt s'avérait de la race impériale des travailleurs manuels, fondement et raison d'être de la démocratie américaine. Il avait fallu des siècles de silencieux labeur tout près de la terre et de la mer, des siècles de robustesse et de plein air, pour préparer un tel représentant : il eût été interdit à des générations cultivées et citadines d'assurer la venue de ce Bacchus transatlantique à la peau mordorée, ivre du vin de la vie. C'est la vérité que semble nous confier le fameux portrait du poète qui tiendra lieu de nom d'auteur dans la première édition de son livre, et qui plus tard accompagnera celui-ci dans ses métamorphoses. Cet homme jeune, en tenue d'ouvrier, à l'attitude indifférente, et ferme à la fois, modeste et arrogant, au visage calme, décidé, dont le regard, posé sur vous, vous interroge et vous poursuit, paraît avoir surgi pour justifier les siens, les hommes de la moyenne, les héros silencieux de la plèbe, les bâtisseurs de cité, les modernes Atlantes, parvenus à la conscience tranquille d'une souveraineté. L'individu en bras de chemise qui est arrêté là devant vous, le poing sur la hanche, la main gauche dans la poche du pantalon, le feutre rejeté sur le côté, a vraiment l'attitude d'un roi. Et c'est en effet l'individu-roi. Aucun manteau de cour ne pourrait égaler en majesté le débraillé insolent et naturel de sa mise, la résolution irréductible de sa personne entière. Il vient en ambassadeur d'une race nouvelle, chargé de promulguer son existence par toute la terre.

Ce portrait, gravé sur acier par McRae d'après un daguerréotype pris en juillet 1854, est le document qui nous permet de connaître l'aspect physique de l'homme à trente-cinq ans, c'est-à-dire à l'époque précise où il formulait, après des années de recherches et de tâtonnements, les premiers chants de son poème. Datant de la même année, un autre daguerréotype nous est également parvenu. C'est un portrait en buste, dont l'expression est étrange. La face contient quelque chose de faunesque et de christiaque à la fois. Des lèvres gourmandes contrastent avec une certaine maigreur des traits et une intense mélancolie du regard noyé, pour lui donner une expression ambiguë, qui ne se retrouve dans nul autre portrait. Quelle que soit la beauté de celui-ci, je crois qu'il faut le considérer comme plutôt exceptionnel : il est peut-être plus suggestif que le portrait en pied, mais certainement moins vrai. Faudrait-il y reconnaître la trace des douleurs que l'enfantement de son œuvre lui causa, au cours des années qui en précédèrent la venue?

Il existe une sorte de commentaire au premier de ces portraits, qui, dans l'édition définitive de son livre, sert de frontispice au *Chant de Moi-même;* et c'est à lui-même que nous le devons. Avec la plus ingénue des immodesties, le poète a pris soin de se décrire, au cours d'un article anonyme sur lui-même qu'il fit passer dans le *Brooklyn Times*, au moment où son poème et sa personnalité sans défense étaient en butte aux interprétations mensongères. C'est à la fois l'esquisse la plus colorée que nous possédions de l'homme à cette époque et son signalement véridique transmis à l'avenir :

Américain de naissance, de santé insouciante, le corps parfait, exempt de tares des pieds à la tête, ne connaissant jamais la migraine ni la dyspepsie, de sang riche, haut de six pieds, mangeant bien, n'ayant pas une seule fois usé de médicaments, ne buvant que de l'eau — nageur dans la Rivière ou la baie ou au bord de la mer — se tenant droit et marchant à pas lents — une manière indescriptible où se marquent l'indifférence et le dédain — ample de proportions, pesant cent quatre-vingt-cinq livres, âgé de trente-six ans (1855)... — teint basané d'un rouge transparent, barbe courte et toute parsemée de blanc, les cheveux comme le foin lorsque, après avoir fauché l'herbe dans le champ, on l'a soulevé en le mêlant pour le faner — le visage pas raffiné ni intellectuel, mais calme et sain — le visage d'un animal inaffecté — visage qui absorbe le soleil et accueille le sauvage et l'homme comme il faut sur un pied d'égalité — visage de quelqu'un qui mange et boit et qui est un rude amant et embrasseur — visage d'impérissable amitié et indulgence envers les hommes et les femmes et d'un être auquel bien des fois les mêmes sentiments sont retournés — un visage avec deux yeux gris où dorment la passion et la hauteur, et en arrière la mélancolie — un esprit qui se mêle joyeusement au monde (1).

(1) *The Brooklyn Daily Times*, 29 septembre 1855. Reproduit dans Bucke, *Walt Whitman*, p. 195. Le morceau n'est, pour ainsi dire, que la transpo-

Héritier des deux races qui venaient confluer en lui, Walt devait particulièrement à celle de Néerlande l'un des traits capitaux de son tempérament : son flegme pyramidal. Son égalité d'humeur, son sentiment du concret, son vaste optimisme, sa stricte propreté, sa sensualité, sa propension aux camaraderies affectueuses lui étaient venus également par le canal des Van Velsor. Assurément la souche britannique n'aurait jamais produit un être cheminant dans la vie avec cette manière invinciblement placide, nonchalante et musarde, cet immuable contentement intérieur, cet appétit des choses pour elles-mêmes, cette sérénité parfaite et souriante. Aux ancêtres venus d'Angleterre, il était surtout redevable de son individualisme outrancier, et de la terrible fermeté de sa structure morale. Mais ce qu'il fallait admirer suprêmement, c'était l'équilibre que réalisait à travers sa personne les qualités des deux peuples, qu'il fusionnait dans le creuset d'une individualité supérieure. Il frappe plus fortement encore, lorsqu'on examine, comme l'a fait Bucke, les résultats auxquels aboutirent, chez les frères du poète, la même combinaison.

Jesse, le frère aîné, était un incapable(1), qui ne put, durant sa vie, que louer l'effort machinal de ses bras, et qui mourut, vers cinquante ans, dans un asile d'aliénés. Le troisième, Andrew, homme faible et médiocre, disparut à trente-six ans. George, le quatrième, représentait le type Whitman dans toute sa pureté : viril, loyal, sincère et droit, il se conduisit en héros durant la guerre de Sécession et fut promu colonel. Un caractère magnifique d'homme d'action, mais dépourvu de toute imagination et intuition. Jeff, le cinquième, — le compagnon préféré de Walt en maintes balades — était, au contraire, un être de tendresse, de sensibilité et de divination, qui, presque sans instruction, devint, à force de travail, un grand ingénieur. Il avait hérité des qualités maternelles, mais non de la robustesse des Whitman. Quant au dernier, Edward, c'était un idiot. En somme trois insuccès et deux réussites, chacune

sition en prose d'un fragment, supprimé après l'édition de 1860, du *Chant de la Cognée* (Voir Bucke : *Walt Whitman*, pp. 168-9).

(1) H. B. Binns : *Life of Walt Whitman*, p. 86.

dans une seule direction, — qui nous montrent les essais, les tâtonnements, les échecs de la nature dans le travail de préparation d'un type supérieur. Seul Walt, le second fils, représente la fusion parfaite des deux races, dont les qualités acquièrent, en se combinant en lui, une puissance nouvelle. Ce phénomène de métachimie, Bucke l'a formulé en une page qui éclaire non seulement la formation de l'individualité du poète, mais la genèse de l'homme représentatif, de tous les temps :

... Non seulement ceci arriva (le mélange des deux apports héréditaires), mais quelque chose en plus, car, par une occulte chimie vitale, qui est très loin des moyens d'investigation de la science contemporaine, le mélange des deux tempéraments opposés intensifia les éléments appartenant à chacun et leur ajouta un quelque chose qu'ils ne possédaient pas eux-mêmes : de même que dans une merveille d'architecture, les tourelles s'ajoutent aux voûtes et les tours à la façade, de telle façon que l'effet de l'ensemble n'est pas seulement l'agrégat des effets des parties séparées, mais contient un élément nouveau, dérivé de l'union de celle-ci, infiniment plus grand que la somme des éléments qui le composent — ou, mieux, encore, de même que quelques atomes simples, inorganiques, se combinent pour faire une cellule vivante qui possède des qualités inaperçues et insoupçonnées dans ses éléments primitifs, — ou de même qu'un certain nombre de cellules nerveuses se combinent pour former un grand centre nerveux qui possède les fonctions de pensée, de volonté, de sensibilité, dont on ne trouve aucune trace dans les éléments nerveux pris individuellement, — ainsi, en fait, Walt Whitman, non seulement possédait les qualités des Whitman et des Van Velsor, mais celles ci étaient toutes intensifiées en lui à un degré presque surhumain ; il était plus un Whitman que son père ou que son frère George, plus un Van Velsor que sa mère ou que son frère Jeff, et il possédait en outre des qualités insoupçonnées dans sa lignée jusqu'à son temps (1).

Ainsi la nature s'était comportée royalement envers le fils du charpentier de West-Hills. Elle avait réalisé en sa personne l'un de ses plus absolus chefs-d'œuvre. Et le génie, l'intensificateur par excellence, devait le douer pas surcroît de forces créatrices correspondantes à ses proportions physiques.

(1) Bucke, *Walt Whitman, Man and Poet*, Cosmopolis, juin 1898, p. 689.

Avec toute cette grandeur manifeste à l'entour de sa personnalité en tant qu'homme, Walt pratiquait une simplicité d'attitude et de manières qui ne le distinguait pas du peuple, sa fréquentation journalière. Qu'on ne s'imagine pas un gars gonflé de sa force et de l'éclatante supériorité dont la nature l'avait marqué, s'avançant dans la vie d'un air grave et distant ; c'était l'être le plus quotidien, le plus terre-à-terre, le plus exempt de toute nuance de pose, même de celle qui consiste à vouloir l'éviter, qui ait foulé les trottoirs d'une cité. Parfaitement à l'aise avec tous, il se témoignait certainement plus apparenté à la mère de famille, en route vers le marché, ou à l'homme maniant le balai sur la chaussée de Broadway, qu'au philosophe, à l'avocat ou au médecin. Il faut lire ses lettres à sa mère ou à tel de ses incultes amis, pour comprendre toute l'ingénuité d'enfant que contenait ce grand corps épanoui de tranquille athlète. Quand il ne s'abandonne pas à son génie, Walt profère les divines banalités qui composent le fond de l'existence d'un homme ordinaire. Il n'abandonne pas sa place dans les rangs de la « moyenne », il appartient à celle-ci par toutes ses fibres, tout en s'attestant, d'autre part, l'égal des plus grands interprètes de l'espèce.

Les conventions nous ont tellement appris à unir l'idée de supériorité individuelle à la distinction de l'intellect et des mœurs que nous ne pouvons réprimer notre surprise, à le voir si proche du commun des mortels, si conforme à la masse, si dépourvu dans la vie de particularités géniales. Il était doué de tous les appétits élémentaires que manifeste la plus simple humanité, aussi « commun » et peu complexe que le paysan ou le bûcheron qui se désaltère, se substante et procrée, sans souci de ses « devoirs » envers Dieu, aussi libre d'allure que le docker sur le port ou le maçon à son ouvrage, aussi dépourvu de sang-gêne et de préjugés que le chemineau sur les routes.

Il s'offre tel qu'il est, avec ses instincts forts et sains, il n'en a pas honte, pas plus que de son grand corps, qu'il ne cherche pas à parer. Il s'affirme tel qu'il est et jouit de s'éprouver si élémentaire. D'aucuns l'ont affirmé cynique pour cela, qui ne l'ont pas compris. Et à mesure qu'il approcha de la maturité, cette foncière simplicité, dont les racines plongeaient très loin dans l'humus de sa race, ne fit que s'accentuer. Sa seule excentricité, nous dit Burroughs, lui venait d'être à un si haut degré exempt de toute excentricité (1).

Le sans-façon pittoresque et rustique de sa tenue est resté légendaire. Pendant les premières années de son séjour à New-York, au temps où il plaçait sa « littérature » dans les revues à la mode, Walt, retour de son île, avait cru bon de sacrifier au goût du jour et aux convenances de la grande ville, en arborant une redingote, au revers de laquelle il piquait une fleur, et le chapeau à haute forme (2). Mais peu à peu sa mise s'était simplifiée et à partir du moment où l'idée de l'œuvre à accomplir se mit à le tourmenter, on ne le vit plus que revêtu d'un immuable complet de gros drap gris ou beige, jamais noir. C'était son vêtement de cérémonie et son vêtement de tous les jours. Il prit en même temps l'habitude d'entr'ouvrir largement, de façon à laisser la gorge à nu, le vaste col rabattu de sa chemise, et désormais ce col ne se referma plus jamais, pas même dans la bière où il fut couché. Un feutre à larges bords abritait son chef, commode pour la pluie et le soleil. Le plus souvent son gilet restait déboutonné, et lorsqu'il faisait très chaud, on pouvait voir le poète s'avancer en bras de chemise avec autant de dignité que s'il avait porté une jaquette du bon faiseur. En dépit de cette tenue qu'un bourgeois eût pu qualifier de débraillée, il se faisait remarquer par l'invariable et scrupuleuse netteté de son linge, corollaire de sa minutieuse propreté corporelle. Sa personne exhalait la bonne odeur du bain et du linge frais. Aux yeux de certaines gens qui ne comprenaient pas combien cette mise correspondait à l'homme tout entier, ce tranquille dédain de la mode le fit passer souvent pour un simple affamé de réclame.

En matière culinaire, les mets simples et substantiels avaient toutes ses préférences. Aucun chef-d'œuvre de la cuisine moderne ne valait pour lui le *clam*, qu'enfant il avait pêché,

(1) J. Burroughs : *Notes*, p. 86.
(2) Voir *The Conservator*, juillet 1901, et *In Re Walt Whitman*, p. 34.

et selon son goût, le roi des coquillages de son île. Quand il habitait en meublé, il fallait le voir chaque matin sortir son couteau de poche, se tailler de larges tartines et les beurrer pour son déjeuner. C'était un buveur extrêmement modéré. Jamais il ne fuma. Jusqu'à un âge avancé, il vécut soit chez ses parents, où l'existence était très modeste, soit en pension ou dans une chambrette de garçon. Ses pénates errantes ne connaissaient que la simplicite d'un décor qu'un ouvrier aisé eût qualifié de pauvre. Ses besoins étaient en petit nombre et de ceux qu'on satisfait partout : pourvu qu'il eût un lit, de l'eau pour ses ablutions, une petit table de sapin et une chaise, le reste lui était indifférent. Un intérieur luxueux lui eût semblé intolérable. Il avait une aversion de Quaker pour tout ce qui était faste et décorum (1). On reconnaissait d'ailleurs, dans toutes ses manières, une aisance et un laisser-aller entièrement opposés aux préoccupations qui dominent l'existence étriquée et sur mesure de l'homme bien peigné, bien rasé, bien mis et bien pensant. Il aimait à s'attester un barbare et il l'était dans toute la force de spontanéité et d'indépendance de ce terme. Un instinct farouche le maintenait à l'écart des voies immuables tracées et suivies par la seule convention. La « société » et ses fantoches, leurs belles manières, leurs gestes et leurs discours aux senteurs de pommade lui donnaient des nausées. Bien que nul être vivant ne fût a priori exclu de ses sympathies, on se rend compte que le personnage doucereux, fade et verni, dressé dans les salons, lui faisait l'effet d'un castrat, et que de toute sa naïveté d'homme de la nature il le méprisait indiciblement. Dans sa fierté candide à se sentir si fort et si sain, il ignorait cette admiration funeste que trop souvent manifeste le gueux à l'égard du personnage bien renté. Un potentat, suivi de toute sa cour en tenue de gala, serait venu en face de Walt Whitman qu'il lui aurait tendu la main, sans s'incliner ni se découvrir, avec le cordial « Comment va ? », qu'il adressait au dernier marinier du bac Fulton. Le sentiment de la hiérarchie sociale était chez lui nul. Il était

(1) O. L. Triggs : *Selections*, Introduction, p. XVIII.

un homme parmi des hommes, grand et doux envers tous. Dans la vie quotidienne, bien qu'il ne la vécût pas à proprement dire en bohême, il s'affirmait un irrégulier, un insouciant de ce qui soucie les autres hommes. Lorsqu'il logeait avec ses parents à Brooklyn, il était rare, au dire de son frère George, qu'il se trouvât aux repas à heure fixe. S'il lui prenait envie de sortir, peu lui importait que ce fût à l'heure où la famille se mettait à table : il n'y prenait pas attention et rentrait deux heures plus tard pour s'asseoir et manger. Une montagne en travers de la porte n'aurait pas modifié sa résolution. Il faisait toute chose en son temps, quand il était prêt (1).

Comme au temps de son adolescence, où volontiers l'épithète de flemmard lui fut décernée dans son entourage, les gens qui le jugeaient selon la commune mesure étaient inclinés à ne voir en lui qu'un passionné de farniente. Son apparente nonchalance et sa lenteur déroutaient les jugements. En réalité il était sans cesse actif ; et quand on passe en revue l'œuvre de sa vie, on est frappé de la besogne colossale qu'il dut fournir. Bien des bûcheurs ne pourraient montrer l'équivalent du travail dont l'énorme quantité des documents, extraits, notes, commentaires, analyses, projets en tous sens, trouvés après sa mort, ne suggère qu'une faible idée. Ajoutons que ce fainéant, non seulement ne se voulut à charge à personne tant qu'il fut valide, et paya régulièrement sa pension lorsqu'il vécut sous le toit familial, mais soutint pécuniairement les siens, sa vieille mère, son frère faible d'esprit, pendant une bonne partie de sa vie, avec le produit du labeur de ses mains (2). Mais il ne fallait pas lui demander un travail enfiévré, âpre et haletant. Il avait trop de repos intérieur pour s'échiner. Il semblait avoir tout le temps et n'agissait qu'à sa guise. Comme d'autres entassent des billets de banque dans leur tiroir, il accumulait sans trêve les trésors d'observations, d'études, d'impressions, d'émotions, qu'il allait rendre au monde, après leur avoir imposé la frappe neuve de son moi. C'était sa raison d'être ici-bas, comme à cer-

(1) *In Re Walt Whitman*, p. 36.
(2) Bucke, *Walt Whitman, Man and Poet*. Cosmopolis, juin 98, p. 690.

tains sont assignés les alignements de chiffres dans un bureau ou le maniement des matières premières dans l'usine. Avec l'obstination de sa race, il suivait un instinct, en refusant de courir avec les chasseurs de dollars. Les richesses qu'il convoitait n'exigeaient pas les poursuites où l'on s'essouffle.

De l'oisif au paillard, la transition est naturelle, et, après qu'il eut publié les premiers chants de son poème, l'une des plus communes accusations auxquelles il se vit en butte fut celle, fort grave en terre américaine, d'être un homme de mœurs dissolues. Les apparences étaient à coup sûr contre Walt, dont la manière de vivre et les affirmations poétiques s'attestaient trop insolites pour ne pas soulever les réprobations. Cependant, aussi bien que dans le cas de sa fainéantise, les apparences étaient mensongères. Il n'y a ni à l'en féliciter ni à l'en blâmer, mais tous les témoignages établissent avec certitude qu'il était d'une très grande réserve dans sa conduite. En matière de fréquentations féminines, nous avons mentionné sa discrétion extrême. Il ne connaissait vraisemblablement les vendeuses d'amour qu'à quelque distance, en spectateur de leurs transactions et non comme client. Il avait peut-être un sentiment trop exalté de la sexualité pour en vulgariser les rites. Walt avait un singulier respect de lui-même. La conception fort haute qu'il avait de la propreté s'étendait à la conversation et aux attitudes quotidiennes. Dans son langage et dans ses manières, une distinction native s'alliait curieusement à un parfait laisser-aller : jamais, de sa part, un mot ou un geste ordurier. Parmi ses camarades de la rue, cette retenue devait ajouter à son prestige, car elle ne s'accompagnait chez lui d'aucune morgue, d'aucune cafarderie. Walt n'était pas un pudibond. Il était simplement, mais foncièrement, un homme propre, aussi bien dans le choix des mots qu'en matière de toilette. La saleté pour lui-même, au propre et au figuré, aurait contrarié son instinct. Et l'instinct menait l'homme tout entier.

L'étrange gars possédait une puissance d'attraction que les témoins de sa vie, amis ou indifférents, sont unanimes à déclarer exceptionnelle et irrésistible. Elle ne provenait pas seulement du charme de sa voix ou de la cordialité de ses manières : l'individu physique au repos attirait comme un aimant. Ce magnétisme particulier, dont le caractère et les effets ont une importance fondamentale pour la psychologie du poète et la compréhension de son œuvre, s'attestait plus que l'arome naturel de son magnifique organisme débordant de santé : c'était comme le signe sensible de son omnipotente individualité. Nul n'aurait su définir ce qu'il éprouvait en sa présence ; c'était quelque chose d'indiciblement grand qui ne dépendait pas seulement de sa carrure, de sa taille et de son port, mais qui effluait de sa personnalité totale. Il n'y avait pas de mot pour qualifier cette irradiation, que John Burroughs, qui l'a subie, comme tant d'autres, esprits d'élite ou natures incultes, nomme une « qualité corporelle, nouvelle et mystérieuse (1) ». Tout individu, par le seul fait qu'il vit, exerce une attirance, si faible soit-elle. Il est probable que, chez Walt Whitman, cet attribut était, en raison de son individualité formidable, porté à une centuple puissance. Il attirait, comme une foule attire, impérieusement, par le seul fait d'exister et de passer. Dans la rue, les simples piétons subissaient cette fascination, qu'il ne faisait rien pour provoquer. A chaque pas, sans nulle raison extérieure, des inconnus tournaient les yeux vers l'homme au roulement d'éléphant et le regardaient un moment pour l'unique plaisir de le regarder, parfois avec un bon sourire de contentement et de muette amitié. Ceux-là subissaient malgré eux la sensation obscure d'une présence insolite. Cet efflux spécial de sa personne, Walt le possédait déjà à vingt ans : les souvenirs de Charles Roë, qui fut son élève, à Long-Island en font foi. Mais avec les années, il ne fit que s'accroître à mesure qu'il se rassasiait de vie, pour satisfaire la faim immense de son moi. Les anonymes, dont il faisait sa fréquentation habituelle à New-York, l'expérimentèrent à l'infini et des chenapans, nous dit-on, s'éprouvèrent transformés à son contact. Lorsqu'il fut l'auteur des *Feuilles d'Herbe*, des visiteurs le quittèrent, après une entrevue avec lui, comme illuminés, incapables de songer à autre chose qu'à lui et à la joie de se retrouver à ses côtés,

(1) J. Burroughs : *Notes*, pp. 13-14.

jusqu'à en perdre le sommeil. Il est dans sa vie une période que nous connaîtrons bientôt, où cette singulière puissance culmina et fit des miracles.

Des grands orateurs, des philosophes, des poètes ont exercé un charme spirituel dont leurs contemporains nous ont laissé le témoignage : tel Emerson, qui positivement ravissait son auditoire. Le magnétisme que dégageait la présence de Walt était d'une autre nature. C'était l'efflux, non seulement d'un mâle athlétique, mais d'une *personnalité athlétique*. A la surabondance visible de sa vitalité, sa puissance d'homme, d'homme aimant tout, d'homme sentant tout, d'homme égal à n'importe quelle tâche, s'unissait pour produire ce sortilège de nature. Il n'y avait pas d'autre mystère que celui d'une individualité colossale, comme la terre n'en a connu que de loin en loin. Mais c'est surtout comme détenteur de cette force que Walt nous apparaît si grand, avant même que son œuvre n'ait pris forme, — son œuvre où il versera le même magnétisme dont rayonnait sa personne.

Il est aisé d'admettre que, doué d'une pareille force d'attraction et, en outre, tourmenté lui-même par la soif des affections, le poète eut, au cours de sa vie, des attachements tels qu'on en vit rarement de semblables, par le nombre et la diversité. Il fut aimé avec passion par les êtres les plus frustes aussi bien que par de magnifiques esprits : spécialement par les primitifs et les robustes. Ses plus intimes camarades furent d'obscurs tâcherons de la métropole américaine, des cochers, des matelots, des ouvriers, et il fut chéri d'eux avec la même entièreté qu'il apportait dans son cœur tendre et confiant. Il faut entendre tel d'entre eux, comme le pilote John Baulsir, parler, avec quelle émotion contenue, du « cher Walt » auprès duquel tant de fois il avait traversé l'East River (1). Ceux-là ne le comprenaient certes pas dans son moi supérieur ; ils se contentaient d'aimer l'homme pour lui-même, avec la même force et le même abandon que les générations futures mettront à aimer Walt Whitman à travers les *Feuilles d'Herbe*, et d'une affec-

(1) J. Johnston : *A Visit to Walt Whitman*, pp. 96 102.

tion peut-être plus authentique encore parce qu'ingénue. Il était aussi près de leur cœur que le leur était proche du sien. Il leur appartenait, il était le bienvenu, il était chez lui parmi eux, il était celui qu'on aime, le providentiel compagnon auprès duquel on s'éprouve bon et parfaitement heureux. Il semblait répondre, par sa seule présence, au secret besoin d'affection sommeillant en chacun. Les bontés qu'il avait pour ses copains n'étaient pas l'aliment de cette sympathie qu'ils lui témoignaient, elle n'était que la conséquence de l'étroite parenté qui l'unissait aux natures simples. Tout le long des routes de son existence, il chemina entouré de camarades,dont l'absolue confiance, répondant à la sienne, entretint autour de lui, jusqu'à son dernier jour, l'atmosphère de tendresse dont son cœur avait besoin et qui l'affectait, disait-il, comme affectent les phénomènes naturels, le soleil, le vent, les aromes. De toutes les joies de la vie, la joie suprême pour Walt fut peut-être de se promener bras dessus bras dessous avec l'un de ces travailleurs qui ignoraient tout de son génie, mais qui sentaient jusque dans leurs petites cellules qu'il était un superbe compagnon, que l'on ne pouvait pas ne pas aimer. Regardez-le passer, de son pas lent,un bon sourire illuminant son visage barbu,à travers ces lignes juvéniles et hardies, où il s'est lui-même silhouetté :

Pas un démocrate dilettante — un homme qui est de part-à-deux avec les gens du commun, et avec la vie immédiate — qui adore les rues — aime les docks — aime le parler libre des hommes, grattant comme une râpe — aime qu'on l'appelle par le nom qui lui a été donné et ne se soucie pas que quiconque lui donne du Mr. — sait rire avec les rieurs — aime les manières de rustre des travailleurs — n'a pas un liard de préjugés contre les Irlandais — cause volontiers avec eux — cause volontiers avec les nègres — ne pose pas pour le monsieur comme il faut, ni pour le savoir ou l'éducation — mange de la nourriture vulgaire, aime le fort café aromatique des vendeurs de café au marché, à l'aube — aime souper d'huîtres que vient d'apporter le bateau pêcheur — aime faire partie d'une tablée de matelots et d'ouvriers — quitterait à n'importe quel moment une soirée mondaine de gens élégants pour aller retrouver des gens qui aiment le tumulte, des vauriens, recevoir leurs caresses et leur bon accueil, écouter leur tapage, leurs jurons, leurs gravelures, leur loquacité, leur rire, leurs répliques — et sait parfaitement préserver sa personne parmi eux et ceux de leur espèce (1).

En pénétrant plus avant dans sa nature, nous nous trouvons en face de particularités, de traits, d'indications qui nous permettent de saisir, non pas l'homme tout entier, qui se dérobe à notre étreinte à mesure que nous nous efforçons de l'enserrer, mais les grandes lignes de son être moral. Nous rencontrons également des contradictions, que Walt lui-même ne dissimulait pas, mais revendiquait avec fierté.

L'un de ses attributs cardinaux était ce que nous nommerons son catholicisme, en attribuant à ce mot usurpé son sens originel. Il était tout acceptation, ni discuteur ni calculateur. La réprobation ne faisait pas partie de sa nature et les dialectiques glissaient sur lui sans entamer sa singulière indifférence. Au temps où il fréquentait les meetings et les sociétés de conférences, il s'était intéressé aux débats oratoires et aux controverses ; maintenant, et de plus en plus, à mesure que s'approfondira son moi nouveau, il s'en écartait absolument. Il n'était sensible qu'aux arguments muets proférés par les choses. L'intelligence ratiocinante ne culminait pas en lui : selon le mot fameux, il était plus ouvert aux vérités qui s'éprouvent qu'à celles qui se prouvent. Ceci pourrait être jugé comme une tendance anti-moderne, si la perspicacité de premier ordre qui était sienne et son prodigieux sens divinateur n'avaient largement compensé cette pauvreté de dialecticien. Walt Whitman était l'intuition incarnée. « Il semblait être autant en rapport, et en rapport étroit, avec les faits spirituels par sa mentalité — pourrions-nous dire en renversant une phrase judicieuse de O. L. Triggs, — qu'apparenté à la nature par ses sens exquis et sa constitution physique (2). » Il possédait la clef qui donne accès aux compartiments secrets de la vie, et la nature concrète semblait se dérouler devant lui comme un livre ouvert. Il l'écoutait parler, comme il écoutait

(1) Autre version de l'article (plus haut cité) du *Brooklyn Daily Times*, 29 sept. 55. — Voir *In Re Walt Whitman*, pp. 23-24.
(2) O. L. Triggs : *Selections*, Introduction, p. XXVII.

ses interlocuteurs. Le raisonnement eût été superflu. Les choses publiaient d'elles-mêmes leur signification et justifiaient leur place. Qu'eût été une conviction qui serait entrée en lui par le canal des dialectiques, à côté de celle qu'il aspirait chaque jour au contact des réalités ? Walt était doué, à un degré miraculeux, du sens primitif, ingénu, total, de la matière. Tout ce qui était purement intellectuel était subordonné chez lui à l'élément humain et physique (1).

Cette absorption silencieuse de la vérité de la vie se marquait à la placidité singulière répandue sur toute sa personne. Il était celui qui se saoule lentement d'émotions puissantes et primordiales, qui jouit et aspire, d'une aspiration totale, sensuelle et spirituelle, avec une passion intense mais contenue, et sans la moindre frénésie. La lenteur de son allure correspondait parfaitement à l'ampleur massive de son organisme. A première vue, on était frappé de l'impassibilité bovine qui l'enveloppait. Le fils de Louisa Van Velsor était le moins fébrile, le moins agité, le moins irritable des hommes, et tous ceux qui vécurent dans son entourage ont noté à l'envi son sang-froid et sa maîtrise de soi. Parmi les visages maussades, soucieux, contractés, qu'offrait la grande ville ruée à son labeur titanique, Walt promenait sa figure claire et reposée, épanouie d'un sourire d'enfant. C'était là quelque chose de singulier. Cette imperturbabilité, quelque intimement américain qu'il fût, le faisait certainement plus proche d'un Oriental que d'un New-Yorkais du XIXe siècle. Il semblait provenir d'un autre monde que cette âpre cité qu'il a chantée et exaltée. Il lui appartenait par toutes ses fibres et pourtant il aurait pu apparaître comme quelque promeneur de très loin, égaré sur ses trottoirs populeux. Peut-être était-il le prototype d'une nouvelle espèce d'Américain. Au regard des Européens, le Yankee passe pour flegmatique : mais, pour ses compatriotes eux-mêmes, le flegme du poète se témoignait écrasant. On aurait dit qu'il participait de l'immense indifférence de la nature. Aucun événement ne semblait l'affecter davantage qu'un pan

(1) J. Burroughs : *Walt Whitman*, p. 61.

de matière inorganique, et dans des circonstances où le moins excitable des hommes aurait perdu la tête, bondi d'indignation ou éclaté de rire, il ne bronchait pas. Toute idée de pose nécessairement écartée (il suffisait d'avoir considéré Walt une seconde pour se persuader qu'il n'y avait pas une once de pose dans ses manières),était-ce là manque de nervosité ou stabilité parfaite ? Si nous tenons compte de l'impressionnabilité électrique demeurée aux pages de son œuvre, nous sommes enclins à reconnaître qu'un équilibre prodigieux était la raison de ce détachement d' « animal inaffecté ». Si vous jugez stupide l'œil du pachyderme, peut-être trouverez-vous sans expression le regard de Walt, avec tout ce qu'il révèle de lent et d'endormi. Ce n'était certes pas le regard pétillant d'esprit ou brûlant de pensée que nous rencontrons quotidiennement, ni l'une de ces faces mobiles où chaque impression se traduit en grimaces. L'œil de Walt contenait seulement comme un reflet de l'immense paix cosmique, un peu de cette divine paix d'éternité qui se dégage de l'incantation d'Erda.

Nous nous trouvons là devant une de ces nombreuses antinomies dont les êtres supérieurs sont faits. Si, par son penchant invincible vers l'absorption indolente et musarde de la vie, Walt évoquait plutôt le Midi, il s'attestait un vrai tempérament nordique par son empire absolu sur lui-même. Le même individu qui vibrait, en ses tréfonds, aux plus impondérables émotions psychiques,et qui,au soir de sa vie,songeant aux frissons de son cœur et de ses sens, confessait ses « nombreuses passions déchirantes », était capable de préserver une impassibilité d'Himalaya. La curiosité ardente qui l'attirait vers tous les aspects de la vie multitudinaire, les tressaillements de sa sensibilité épanouie en ramilles, les mouvements d'un sang terriblement chaud, tout cela se résolvait en un calme souverain dont tous les témoignages font foi. Un homme a poussé ses investigations dans le domaine spirituel aussi loin que quiconque, tout en restant par son attitude le frère des ruminants et des collines. Et nous admirons cette fusion insolite, en reconnaissant combien le monde des émotions proclama ici ses affinités avec le monde inorganique. Tous les contrastes venaient confluer en son être pour recomposer une synthèse où l'univers apparaissait un à travers lui. Il n'y avait plus de cloisons étanches : le monde matériel et le monde spirituel opéraient la conciliation suprême dans la chair et l'âme d'un individu. « Walt Whitman, un cosmos... »

Le calme immuable qu'exhibait Walt dans son maintien habituel avait pour base une absolue quiétude intérieure. Le baromètre de son moi était au beau fixe. Pas plus que les traits reposés de son visage ne portaient l'empreinte du milieu en lequel il était plongé, cette sérénité ne semblait appartenir à une époque de fièvres, d'agitation et de conflits. Elle aurait suffi à témoigner qu'il portait en lui quelque chose de très ancien ou de très nouveau. Cette félicité élémentaire et invariable, qui naît du parfait équilibre de nos facultés et de l'épanouissement harmonieux de nos énergies, non pas d'une volonté héroïque de « voir la vie en rose », il la possédait à un degré qui confond. Elle rayonnait sur lui avec plénitude et spontanéité, et s'avérait comme l'instinct de jouir de tous ses autres instincts. Sa parfaite égalité d'humeur n'en était que la réverbération. Quelque adverse que se montrât la fortune, il ne perdait pas un pouce de sa confiance. Il ne s'éprouva véritablement déprimé qu'à une seule époque de sa vie, lorsque la maladie, qui vint brusquement briser son impériale santé, dirigea contre lui son premier assaut, et encore ne le fut-il alors que par rapport à lui-même. Le contentement de son sourire, son entrain, sa bienveillance allègre, la cordialité ensoleillée de son abord et de sa présence, traduisaient un optimisme primesautier qui était à la racine de tous ses actes. Rien de plus aisé que de s'entendre avec lui : jamais on ne l'eût surpris à soulever une discussion. Les personnes et les choses semblaient s'adapter à lui, comme si le grand Artisan les avait de longue main préparées à son usage. Sa belle humeur tranquille prévenait les malentendus et dissipait les froissements. Il avait une présence éclairante. On percevait aussitôt, en l'abordant, que toute sa majesté physique lui avait été attribuée pour faire rayonner la bonté. Il se proposait le même envers tous, et n'avait pas deux sourires et deux attitudes pour le gamin des rues et pour l'homme célèbre. Le millionnaire et le gaillard de la pègre, le marinier, la femme du peuple, le bourgeois, le jeune homme des ateliers rencontraient en lui le même Walt quotidien, expressif de bienveillance aisée et communicative. Il n'avait qu'un complet pour toutes les circonstance et il n'avait qu'un visage pour le dimanche et pour la semaine. Sous cette tolérance et cette bénignité, il n'y avait nulle fadeur : on avait la sensation d'une volonté de roc, d'une volonté terrible et indomptable, qui servait de base à l'édifice de sa personnalité. Quand il le voulait, il était capable de témoigner une hauteur muette où culminait soudain toute l'infrangibilité géante de son moi. Mais ces occasions étaient rarissimes : la simplicité magnifique et chaude de son accueil était la règle.

Quelque détermination qu'il eût à prendre, il ne demandait jamais conseil à personne, et il était lent à se décider. Avant de l'adopter, il était enclin à examiner, à peser, à mettre en balance le pour et le contre, à laisser reposer et mûrir les arguments. Walt n'était pas un impulsif : la circonspection était fort prononcée chez lui, et lui venait peut-être de ses ancêtres mêlés aux choses de la terre. Mais une fois sa résolution prise en lui-même, il n'en démordait pas, même s'il reconnaissait qu'il avait eu tort. Il avait reçu en héritage une forte dose de patience et d'entêtement et suivait toujours l' « appel intérieur » que ses ancêtres quakers reconnaissaient pour la suprême puissance de ce monde. Son insouciance de l'opinion d'autrui était entière, et le qu'en dira-t-on, lettre morte pour lui. La réprobation aussi bien que la louange le laissaient parfaitement indifférent. Touchant ses entreprises personnelles, extrême était sa réserve. Il n'entretenait personne de ses plans et possédait des notions très arrêtées sur ce qui le regardait lui seul. A l'égard de certains questionneurs peu discrets, — après qu'il eut publié son poème — il avait une manière à lui, non pas dure, mais péremptoire, de témoigner qu'il entendait rester le maître en sa demeure.

Tout l'homme était empreint d'une grande dignité naturelle. Les familiarités vulgaires ne lui convenaient pas, et même parmi des camarades aux très libres allures, dont son ascendant personnel d'ailleurs suffisait presque toujours à prévenir les écarts, il savait à merveille, et sans faire montre de raideur, suggérer les limites qu'il n'aurait pas voulu qu'on franchît. Sans même tenir compte de sa vie exclusivement privée, et des attachements féminins dont nul intime ne reçut la confidence, cet être communial et fervent, qui a poussé la franchise jusqu'à se dénuder devant nous en ses poèmes, avait une forte tendance à demeurer secret. Il n'admettait pas qu'on ouvrît certains verroux.

Walt, non seulement n'était pas enclin à parler de lui-même, mais, en général, il parlait assez peu. Son bonheur était de faire parler ses interlocuteurs, de questionner, d'apprendre. Les témoins de son existence ont tous attesté quel merveilleux écouteur il fut. Le rôle de personnage muet dans une conversation lui allait parfaitement et ce quelque chose de large et d'ouvert et de naturel qui lui appartenait en propre invitait les autres à la confiance et provoquait les épanchements.

Il nourrissait un certain mépris des affaires. Non qu'il manquât d'aptitudes, — il avait à peu près toutes les aptitudes et il aurait pu s'y témoigner, comme n'importe lequel de ses compatriotes, alerte et entreprenant : mais elles ne l'intéressaient pas. Quand une combinaison ne lui allait pas, il refusait tout net les offres les plus tentantes. Il ignorait les concessions. Il travailla toute sa vie « en amateur », tout juste assez pour gagner l'argent de son entretien et celui qui était nécessaire à la maman et au cadet infirme, passant à sa guise d'un métier à l'autre selon l'instinct inné qu'il avait de changer de pâturage, s'interrompant, prenant des vacances lorsqu'un désir le prenait de s'isoler en quelque coin perdu de son île ou qu'une excursion en mer avec quelque pilote de ses amis le tentait. La volupté de vivre, le besoin de rester en contact avec la vie pour la sentir passer en lui, le maintenaient sans cesse en dehors des besognes trop absorbantes. Il était fermé à la notion de l'argent, et il n'eut jamais l'idée, avant la cinquantaine, de mettre en réserve une partie de son salaire. Ce n'est pas lui que la fièvre de l'or, qui précisément à ce moment-là entraînait tous les chercheurs d'aventures vers la Californie, nouvellement acquise (1), eût saisi pour l'arracher aux trottoirs de Brooklyn. Une autre recherche l'accaparait, plus sérieuse. Pour les siens, le souci du numéraire gardait toute l'importance qu'il a dans les ménages pauvres : pour lui, aucune. Bien sûr, il fallait travailler pour que la mère pût préparer le repas : mais c'était là une chose naturelle, comme de respirer ou de marcher, et ce n'était pas la peine d'en parler. Les fleurs des champs ne s'inquiètent pas de l'eau que leur céleste nourricier leur enverra quelque jour. Elles attendent, car elles ne doutent pas. Nous avons signalé l'unique occasion qui s'offrit à lui de faire fortune et le souverain dédain avec lequel il la repoussa, au profond étonnement de sa famille. C'était vraiment, pour tous ces gens de « bon sens », un incompréhensible garçon. Il n'était pas stupide pourtant, mais pourquoi si fermé aux ambitions humaines?... Il avait une idée de derrière la tête, on ne savait laquelle, qu'il suivait avec une douce et inflexible obstination. N'était-ce pas étrange qu'un garçon comme lui, sans l'ombre de patrimoine, n'ayant que ses deux fortes mains et son calme cerveau d'entêté, pour vivre, ne pût se laisser entraîner par aucun espoir de profit? « Il eut des offres de travail littéraire, des offres avantageuses — disait son frère : et nous pensions qu'il avait des chances de gagner de l'argent Pourtant il refusait de faire quoi que ce soit, sinon à sa propre idée. Ordinairement, quand on lui conseillait d'accepter, il disait : « Ne parlons pas de cela ! » ou n'importe quoi dans ce genre pour écarter le sujet de la conversation (2). » Il n'y avait qu'à le laisser, puisqu'il était intraitable.

Aussi sa famille ne le comprenait-elle pas, bien que sa supériorité évidente s'imposât. Il était tellement autre. Le père, qui, certainement, ne saisit jamais les mobiles auxquels obéissait son musard de grand garçon, fut bien contraint, comme les autres, après quelques algarades peut-être, demeurées sans effet, de l'accepter tel que la nature l'avait bâti. Son exquise mère,

(1) H. B. Binns : *Life of Walt Whitman*, p. 33.
(2) *In Re Walt Whitman*, p. 33.

à laquelle l'unissait une infinie tendresse, renonçant dans son humble esprit à pénétrer les singularités d'un enfant qu'elle chérissait simplement, avec la divine indulgence de l'amour, convenait qu'après tout c'était peut-être « de la poésie », ces choses bizarres qu'écrivait Walt. Pour toute la maisonnée, il était un mystère. On ne pouvait affirmer qu'une seule chose, c'est qu'il était le plus affectueux des fils et des frères, et que, par quelque côté impossible à définir, il était supérieur à eux tous. « Non seulement la famille lui demandait conseil, — avouait George, son frère — même quand il était tout jeune, mais les voisins également. Tous nous respections son jugement et avions de la considération pour lui. Il était comme nous — et pourtant il était différent de nous. Les étrangers, les voisins sentaient qu'il y avait quelque chose en lui qui sortait de l'ordinaire (1). »

Dans une clarté sans cesse accrue, se distingue, plus nous cherchons à la définir, la foncière ingénuité de l'homme. Au fond de lui veille une âme simple, candide, émerveillée d'enfant, descendu pour la première fois sur les trottoirs de la vie. Il avait besoin, comme un bambin, de tendresse et de caresses, il avait besoin de regarder passer le monde, de savoir et d'absorber jusqu'aux moindres détails. Cette énorme candeur est peut-être, de tous les traits de sa nature, celui qui justifie le plus complètement toutes les raisons secrètes de son individualité et de son œuvre. Ses proportions athlétiques ne l'empêchèrent pas de garder, jusqu'à son dernier jour, une âme de petit enfant ; et de même, curieusement allié à sa forte masculinité, on éprouvait devant lui la sensation de quelque chose de féminin et de maternel (2). Tout semblait lui donner de la joie, a-t-on dit : signe indubitable des cœurs ingénus. Il ne s'est jamais lassé de contempler le spectacle de l'univers et la joie d'exister a persisté chez Walt, aussi neuve qu'au jour où ses yeux s'ouvrirent pour la première fois sur la vie. Il semblait passer les jours à savourer des émotions dont les

(1) *In Re Walt Whitman*, p. 38.
(2) J. Burroughs : *Walt Whitman*, p. 49.

hommes, en grandissant, ont désappris le goût, et à éprouver jusqu'à l'extase la joie édénique des premiers âges. Une âme d'incroyable jeunesse et d'infinie primitivité s'est conservée fraîche en lui jusqu'à la tombe.

A Brooklyn et dans Broadway, Walt était devenu une physionomie familière. Dans la rue, les passants reconnaissaient sa haute stature, son feutre, sa démarche caractéristique. Des étrangers parfois se demandaient, en le voyant s'avancer, si simple et si grand, à quelle classe, à quelle profession, à quelle race de la terre il pouvait bien appartenir. Les poils gris de sa barbe et de sa chevelure le faisaient paraître beaucoup plus que son âge et les conjectures les plus variées étaient émises. « Est-ce un capitaine de vaisseau en retraite? demandait quelqu'un, un acteur, un officier, un ecclésiastique? A-t-il fait autrefois la contrebande ou la traite des nègres ? » Je répétais souvent à Walt, pour l'amuser, ces suppositions étranges dont il était l'objet. Il rit aux larmes quand je lui dis un jour que quelqu'un, qui l'avait observé, m'avait assuré (très confidentiellement) qu'il était fou (1) ! »

Tout le long de sa vie, il fut l'objet de semblables méprises, auxquelles le vouait l'extraordinaire prestige physique de sa personnalité. « J'ai connu une dame, — nous dit Burroughs en se référant à une époque postérieure — qui persista à l'appeler « Docteur » et même à aller lui demander des consultations, sans s'occuper de contrôler la vérité, même après qu'on la lui eut dite. Pendant son service aux hôpitaux militaires, des légendes diverses couraient sur lui. Tantôt il était un charitable prêtre catholique — tantôt un général inconnu, ou un capitaine de la marine retraité; et une fois on fit de lui le propriétaire de toute la compagnie de vapeurs Cunard. Il lui arrive communément d'être pris pour un Californien (2). »

Au fond, qu'était-il, l'étrange gars? Etait-il journaliste, tâcheron, typographe, ou quelque grand personnage dissimulé sous un complet beige et un grand feutre? On n'aurait su dire. Il était Walt, et ces quatre lettres englobaient tout cela

(1) Bucke : *Walt Whitman*, p. 33.
(2) J. Burroughs : *Notes*, pp. 86-87.

et tout ce qu'on disait de lui, et bien d'autres choses encore. Il était comme un demi-dieu de l'Hellade encore à demi barbare, qu'un miracle aurait projeté à travers le temps, au cœur d'une cité américaine. C'est au poète seul qu'il faut demander l'explication de lui-même, contenue dans ces vers du *Chant du Répondeur :*

> ... Les ouvriers le prennent pour un ouvrier,
> Et les soldats supposent qu'il est un soldat, et les marins qu'il a pris la mer,
> Et les écrivains le prennent pour un écrivain, et les artistes pour un artiste,
> Et les tâcherons sentent qu'il pourrait faire sa tâche avec eux et les aimer,
> Que, quel que soit le travail, il est celui qui s'en acquitte ou qui s'en est acquitté,
> Que, quelle que soit la nation, il pourrait y trouver ses frères et ses sœurs.
> Les Anglais croient qu'il sort de leur souche anglaise,
> Au Juif il semble un Juif, au Russe un Russe, à tous il semble habituel et proche, il n'est éloigné d'aucun.
> N'importe lequel de ceux qu'il regarde au café où s'asseoient les voyageurs le revendique,
> L'Italien ou le Français sont sûrs, l'Allemand est sûr, l'Espagnol est sûr, et l'insulaire cubain est sûr,
> Le mécanicien, le marinier sur les grands lacs, ou sur le Mississipi ou le Saint-Laurent ou le Sacramento, ou l'Hudson ou le détroit de Paumanok, le revendiquent.
> Le gentilhomme du sang le plus pur reconnaît la pureté de son sang.
> L'insolent, la prostituée, le colérique, le mendiant se découvrent dans ses manières, il les transmue étrangement (1)...

Car il avait bien en lui de quoi justifier toutes les conjectures. Chez quiconque il éveillait aussitôt le sentiment d'une proche parenté. On hésitait à lui attribuer une fixe épithète plutôt qu'une autre, car il avait des titres à presque toutes. Aussi exceptionnel qu'il était ordinaire, il s'attestait l'homme de la moyenne à sa puissance maxima et par là échappait à toutes les moyennes. On aurait dit que sa famille s'étendait du déchargeur des wharfs au Président de la Maison Blanche : sa seule présence semblait établir un lien entre tous et dégager les rapports universels.

Nous avons constaté, en examinant ses origines, combien il

(1) Walt Whitman : *Leaves of Grass*, p. 136.

était Hollandais, combien fortement il était fils de Quakers. Combien plus il apparaît Américain, par ces contrastes, fusionnés au creuset d'une nationalité jeune qui participe de toutes les races de l'Occident ! Mais combien plus encore, infiniment plus, il est *homme*, un homme-humanité !

Walt Whitman était un produit originel du sol américain, un natif, une individualité « de frappe neuve, *sui generis* (1) ». Et il n'est pas vain de reconnaître en lui le prototype d'une humanité à venir, préparée du fond des siècles, pour s'épanouir sur une terre vierge et marquer une étape de l'espèce.

> Je suis l'homme crédule des qualités, des âges, des races (2),

dira quelque part Walt Whitman dansson poème. Ce caractère d'universalité est comme la touche finale qui empreint d'une grandeur presque surhumaine sa géante personnalité. A ce point que, de son vivant déjà, il apparaissait à certains, malgré sa proximité, comme une figure légendaire. William O'Connor, son ami, le décrivait un peu plus tard, sous les traits d'un Voyageur des Ages, pèlerinant à travers le monde, comme le Wotan des Niebelungen (3). L'homme était si vaste que, foulant encore la terre, il dépassait les proportions communes, se revêtait d'immortalité.

(1) *In Re Walt Whitman*, p. 196.
(2) Walt Whitman : *Leaves of Grass*. p. 22.
(3) O'Connor, *The Carpenter*. Putnam's Magazine, janvier 1868.

TROISIÈME PARTIE

LES FEUILLES D'HERBE

BROOKLYN (1855-1862)

I

LE GRAND DESSEIN

La phase culminante de cette existence est devant nous : c'est entre trente-cinq et quarante-cinq ansque Walt Whitman atteint et parcourt les sommets dont la prodigieuse clarté demeure sur son œuvre et sur sa personne. Deux événements dominent les années 1855-1865, dont l'un fut la publication des premiers chants de son poème, l'autre sa participation à la guerre civile : tous deux, sinon d'importance égale devant l'avenir, du moins fondamentaux dans l'histoire de sa carrière. C'est entre ces deux dates que l'homme s'est suprêmement épanoui. Nous essayerons ici d'élucider la première.

La trentaine dépassée, un grand changement s'était opéré en Walt. En apparence, il demeurait le même homme ou à peu près, et les traits cardinaux de sa nature, tels qu'ils apparaissaient déjà au temps où il faisait la classe aux jeunes gars de Long-Island, se maintenaient identiques. Cependant, bien que la métamorphose d'où allait sortir l'homme nouveau qui nous occupera désormais fût tout intérieure, elle aurait pu se révéler à certains détails, dans les regards plus attentifs, plus soutenus qu'il promenait autour de lui, et jusque dans sa mise. Le Walt des historiettes, le Walt politicien et journaliste qui, tout en vivant sa vie nonchalante, avait cherché à faire sa trouée dans le monde selon les voies traditionnelles, a fait place, en disparaissant peu à peu, à un Walt nouveau, qui s'absorbe de plus en plus dans la contemplation des choses, et cherche à rendre plus frémissante et plus intime sa communion avec la vie.

C'était peu après son retour de la Nouvelle-Orléans qu'il avait ressenti les premiers symptômes de cette palingénésie. Sans doute la grande tournée qu'il venait d'accomplir à travers le continent, l'atmosphère de la Louisiane, la secousse amoureuse qu'il y avait vraisemblablement subie avaient-elles contribué à le féconder. Et il s'était écouté, avec sa fidélité native à l'appel intérieur. Tout d'abord il n'avait pas su distinguer ce que murmuraient les voix. C'était une sensation étrange. Il s'éprouvait autre. Les spectacles autour de lui, qu'il connaissait si bien, lui apparaissaient sous un jour nouveau, et, en lui-même, des forces inconnues, subconscientes, le sollicitaient.

C'était comme un élargissement démesuré de son être spirituel, un prolongement de son individu à travers le monde extérieur. Il se figurait entraîné dans un nouveau cycle d'existence. Les êtres et le paysage de sa ville, toutes les choses environnantes, étaient devant lui comme un livre énorme, qu'il avait certes bien des fois feuilleté, mais dont les pages lui paraissaient à présent grosses de significations dont il ne s'était pas soucié. Avec des yeux rafraîchis il s'appliquait à relire ce vieux livre quotidien, et chacun de ses paragraphes le plongeait dans l'étonnement.

> Je demeure comme absent et j'entends de splendides récits des choses et des raisons des choses.
>
> Ils sont si splendides que je me pousse moi-même du coude pour les écouter.
>
> Je ne saurais dire à qui que ce soit ce que j'entends — je ne saurais me le dire à moi-même — c'est tout à fait merveilleux.

Alors un sens religieux de la vie s'infiltre en lui jusqu'à l'emplir. Il s'efforce de saisir les suggestions qui le hantent et demeure dans l'attente du phénomène qui s'élabore en ses tréfonds. Bien qu'il perçût des choses éclatantes, la sensation finale fut longtemps confuse. En même temps, une « impérieuse conviction » l'entraînait à formuler tout ce qui s'agitait en lui. Il percevait clairement une impulsion. Il se sentait appelé. Il avait quelque chose à faire ou à dire; quelque chose *devait* sortir. Il était le truchement d'une révélation, il était requis pour une mission. Là-dessus, aucun doute : la force qui s'était emparée de lui était de celles auxquelles on ne désobéit pas, « aussi totale et irrésistible que celles qui font monter la mer et tourner le globe (1) ». Une révélation, une mission... Mais laquelle? Sous quelle forme ? Là était l'indécision. Comment extérioriser l'inexprimable qui bruissait à ses oreilles, le sentiment nouveau dont il débordait? De quelles paroles ou de quels gestes interpréter le murmure, puissant et doux, aux mille voix confondues, de cet océan d'impressions qui déferlait en lui? Il fallait attendre, voir, chercher... Le daïmon qui avait pris possession de sa personne ne le laisserait pas errer, il lui montrerait la voie pour délivrer son message.

En attendant le signe que lui ferait son destin, Walt se plonge avec plus d'entièreté encore dans les flots d'humanité et de réalités qui l'entourent. Il ne se retire pas à l'écart, comme les ascètes, pour contempler son moi nouveau. De plus en plus il fréquente ses amis du peuple, les cochers, les mariniers, les travailleurs, les gens de la rue. Il y a quelque chose d'intensifié, de plus fervent, dans l'affection qui le porte vers eux. Il avait toujours eu des sympathies pour les simples et les rudes, mais maintenant il éprouvait auprès d'eux un sentiment plus grave, plus ému, plus total d'abandon et de communion. C'est alors qu'il avait définitivement adopté la libre et pittoresque tenue d'artisan, à laquelle il était accoutumé depuis son jeune âge, dans les ateliers où il avait fait son apprentissage de compositeur, et qui parmi les badauds lui vaudra une petite célébrité. Il se sentait travaillé par un incessant besoin de camaraderie et de compagnonnage, que, seuls, les gens du peuple

(1) Walt Whitman : *Prose Works*, p. 276.

pouvaient pleinement satisfaire. Auparavant c'était plutôt le besoin de connaître qui l'avait fait se mêler au monde. Jusqu'à trente ans, il s'était témoigné le grand curieux, le grand enquêteur, le grand absorbeur. A présent, les aspirations fraternitaires dominaient sa sensibilité, il avait besoin d'étreindre, d'aspirer et de savourer des individus, d'être aimé comme il aimait.

> O la joie de mon âme en équilibre sur elle-même, recevant l'identité à travers les choses matérielles et les chérissant, observant les caractères et les absorbant.
> Mon âme renvoyée d'eux à moi en vibrations, de la vue, de l'ouïe, du toucher, de la raison, des paroles prononcées, de la comparaison, de la mémoire et de tout le reste (1).

Son point de vue n'est plus celui d'avant 1848. C'était comme un approfondissement total de son individu, auquel le monde, vu sous un angle différent, participait. Peu à peu son existence s'ordonnait autour d'un centre — ce faisceau lumineux des concordances nouvelles qui se manifestaient tous les jours entre son moi et le non-moi — et il crayonnait des notes innombrables où se reflétait son état d'âme et sa conscience transformée. Sa vie, jusque-là vécue richement, mais sans autre but que de la vivre, convergeait tout entière vers un grand dessein, dont l'accomplissement l'occupera jusqu'au dernier jour de sa vie.

Après dix ans de bohême littéraire et journalistique, l'homme se réveillait tel, inondé d'une foi dont il cherchait l'expression. Diverses interprétations touchant la nature de cette crise, — fait capital de l'existence du poète, — ont été tentées par ses biographes. Ne nous étonnons pas qu'elles soient décevantes : car il n'y a pas lieu de faire subir à l'impondérable l'épreuve des balances. L'éveil du génie est un phénomène que l'on n'éclaircit pas à l'aide d'arguments. Car c'était bien aux douleurs de l'enfantement de son génie que Walt était en proie, depuis qu'il avait senti un renouveau total s'opérer dans sa conscience.

Selon Bucke, dont nous citerons l'avis, en raison de l'autorité

(1) Walt Whitman : *Leaves of Grass*, p. 146.

que lui confère son titre de biographe « autorisé », Whitman, à une époque précise de sa vie, que nous ne connaissons pas, mais qu'il faut situer vers 32 ou 33 ans, dut bénéficier d'une illumination soudaine, comme les grands prophètes de l'histoire, Bouddha, Jésus, Paul ou Mahomet, par quoi il fut doué d'un sens nouveau et supra-humain, que Bucke nomme « conscience cosmique ». Décrivant le phénomène avec rigueur comme un fait scientifique, il commente certains passages des *Feuilles d'Herbe* qui lui paraissent confirmer son hypothèse (1). Ainsi, en admettant cette conjecture, Walt aurait connu, positivement, son chemin de Damas.

J'avoue l'antipathie insurmontable qu'éveille en moi cet essai d'explication d'un fait, que nous devons accepter comme nous acceptons l'herbe, la vague ou le caillou, sans nous mettre l'esprit à la torture pour découvrir les causes premières. M. Binns, qui l'a reprise tout récemment en l'adaptant à son propre tempérament, ne m'a pas convaincu davantage. Il est indiscutable que Walt fut doué de « conscience cosmique », à un degré qu'un très petit nombre d'humains ou de surhumains ont atteint, et je trouve particulièrement heureuse la formule de Bucke, qui restera. Quant à l'explication elle-même, sous la forme simpliste où Bucke nous la propose, elle me semble presque puérile. Faire intervenir le miracle dans une pareille existence, n'est-ce pas la rapetisser? Toute la formidable nature du poète proteste contre un semblable postulat, et son réalisme énorme interdit les explications prêtées par l'ésotérisme. Dans toute sa personne et dans sa vie tout entière, il s'offre à nous sous un jour éclatant d'humanité. Or, le génie, celui même d'un prodigieux poète-prophète, tel qu'apparaît Walt Whitman, n'est pas, que je sache, en dehors de l'humanité. Et toute conjecture qui tendrait à le représenter sous les traits d'un quelconque Illuminé, voire même d'un Saint, témoignerait d'une incompréhension de sa figure.

Ne serait-il pas vain de fonder sur de telles affirmations poétiques la preuve d'une vision surnaturelle, qui l'eût d'une minute à l'autre métamorphosé ?

(1) *In Re Walt Whitman*, pp. 329-347.

Je ne puis pas être éveillé, car rien ne m'apparaît comme cela m'apparaissait avant.
Ou bien c'est que je suis éveillé pour la première fois, et que tout l'auparavant n'a été qu'un méprisable sommeil (1).

N'est-il pas clair qu'il s'agit là de l'illumination du génie ? Pourquoi vouloir fixer une date précise à cette métamorphose, lorsque tout ce que nous savons du travail intérieur de Walt pendant les six ou sept années qui précédèrent l'éclosion de son livre, prouve qu'elle ne fut pas instantanée, mais lente et graduelle ? Une transformation de cette nature ne s'opère pas comme un changement à vue. Pourquoi ne pas s'en tenir à la simple vérité que contiennent certains aveux du poète, tel celui-ci : « Après avoir personnellement et d'une manière continue exercé mon ambition et mes efforts, lorsque j'étais jeune homme, pour entrer en compétition avec mes semblables et remporter les ordinaires récompenses, en affaires, en politique, en littérature, etc., pour participer à la grande mêlée, dans le double but d'obtenir le prix de la victoire pour lui-même et de faire du bien ; après avoir poursuivi pendant des années de tels buts, je me trouvai, entre trente-et-un et trente-trois ans, en possession d'un désir spécial et d'une conviction. Ou mieux, pour être tout à fait exact, un désir, qui avait traversé d'une aile rapide ma vie antérieure, ou voltigé sur les flancs, et qui était resté jusqu'alors à peu près indéfini, s'était avec persistance avancé au premier rang, s'était défini, et avait finalement dominé toute autre chose (2). »

Ne vous semble-t-il pas que Walt s'explique suffisamment de lui-même ? La genèse de cette métamorphose m'apparaît plus simple et plus grande que toutes les hypothèses échafaudées. Pendant quinze années il s'était rassasié de vie. Il s'était baigné dans des flots d'impressions, de visions, de sons, de jouissances. Il avait vécu, comme peu d'êtres ont vécu sur la planète. Il avait absorbé les réalités d'un appétit de jeune géant. Avec ses manières tranquilles, il s'était gorgé d'émotions, il avait joui par tous les pores. Vers trente ans, voilà que toute

(1) *Camden Edition*, III, p. 287.
(2) Walt Whitman : *Leaves of Grass*, p. 426.

cette vie dont il s'était repu, toutes ces jouissances accumulées, ces milliers de spectacles et d'expériences assimilés germent en lui, fleurissent en une conscience nouvelle, à la lumière de laquelle les replis de l'univers, les secrets du monde des âmes, les suprêmes « lois non écrites » lui apparaissent comme les mots dans un livre. Walt avait été engrossé par les faits, par les hommes, par les objets, par les influences de la nature. C'était leur contact prolongé, quotidien, libre, qui avait éveillé, au moment propice, les forces qui dormaient en lui. Son moi récent était le fruit naturel de son immense enquête. L'explication finale de la crise n'est-elle pas renfermée dans ce mot d'une sublime candeur, qu'il s'adresse à lui-même :

> Tu contiens assez, Walt, alors pourquoi ne laisses-tu pas aller tout cela (1).

Pourquoi s'étonner du prodigieux résultat, tel qu'il fut déterminé par le génie, l'intensificateur par excellence? Il a correspondu à l'amplitude de son extraordinaire individualité. Dans cette réaction que le monde exerce sur lui, en retour de la joyeuse confiance et de la sympathie sans limite qu'il lui a prodiguées, son moi demeure le facteur principal; et les influences ancestrales, les races, le milieu, son existence antérieure, tout concourait à préparer tel ce résultat, qui émerveille.

Il avait le cœur tout plein des sucs de la vie et une goutte avait suffi pour qu'il débordât. Et maintenant il était inondé. Une lumière intérieure avait pointé et grandi, jusqu'à envelopper finalement de ses rayons l'horizon tout entier, faisant ressortir les plus petits détails du paysage et leur place dans l'ensemble divin. A travers l'identité de son moi et du monde il perçoit l'unité du tout, tandis qu'afflue en lui le sentiment du prodige de la création. A mesure qu'il a le sentiment que les pulsations de l'en-dehors viennent retentir en lui et que lui-même se ramifie dans le monde extérieur, les universels rapports et la grande consubstantialité des choses, leur mono-multiplicité, lui apparaissent illuminés de certitude. Il

(1) Walt Whitman : *Leaves of Grass*, p, 50.

est parvenu à la conscience que seuls les suprêmes génies de l'espèce ont possédée, et ce n'est pas dans son cerveau qu'elle réside uniquement : son petit doigt en est également pénétré. Elle le possède à l'état de chose vécue et sentie, comme vous possèdent la chaleur ou le froid. Ce n'est pas une conviction philosophique, mais une réalité de tous les jours qu'il ne se lasse pas d'éprouver. Lorsqu'il se contemple, c'est le tout dont il sonde les abîmes rayonnant et lorsqu'il promène son regard autour de lui, c'est sa propre personne qu'il voit reflétée dans le visage des choses. Identité, identité! Loi suprême ! Walt se promenait lentement dans un univers de merveilles que ses jours ne suffisaient pas à dénombrer. Car ces vérités nouvelles qu'il découvrait partout ne lui étaient confiées que pour qu'à son tour il les révélât au monde. Il était l'homme élu pour être l'interprète d'une grande Idée et, confiant dans son étoile, il « obéissait et s'abandonnait à l'impulsion (1) ».....

C'était là sans doute tout le miracle, et la révélation dont Walt avait bénéficié était de même nature que celles qui avaient donné naissance dans le passé aux merveilleuses légendes du Sinaï, de la route de Damas, du jardin des Oliviers, des voix de la Pucelle, de la nymphe Egérie. Seulement il y avait une différence : c'est que peut-être une telle révélation ne s'était jamais produite en faveur d'un homme que sa constitution physique, sa personnalité rayonnante et magnétique, ses attributs, son caractère, désignaient comme un roi de l'espèce, avant même qu'il ne la subît. Mais entre le Walt de jadis et celui du lendemain de la crise, il n'y avait pas eu solution de continuité. Le second s'était surajouté au premier, l'homme nouveau avait jailli de l'homme ancien, comme une fleur de la tige, comme la tige de la graine, après que les vertus du sol ont déterminé sa germination.

Des années durant, la grande Idée s'incarna sous des formes successives, à mesure qu'elle s'élucidait. Elle mijota longtemps en lui avant d'arriver au point d'ébullition. Il n'était pas fixé

(1) Walt Whitman : *Prose Works*, p. 276.

tout d'abord sur le moyen de se faire entendre, c'est-à-dire de se mettre en rapport avec le monde pour lui communiquer son message. Tout en s'absorbant dans la contemplation de l'en-dehors, il roulait en sa tête divers projets.

La métamorphose que Walt venait de subir avait eu pour résultat d'exalter en lui l'autochtone et de décupler le sentiment inné qu'il possédait de sa race, de son sol et de son temps. Il était Américain par toutes ses fibres et la révélation intérieure qui lui avait découvert et son propre être et l'humanité qui l'entourait, avait éclairé l'image d'un individu colossal, l'individu Américain, le démocrate du siècle dix-neuvième, et la prodigieuse Fédération des Etats, en croissance comme un organisme, s'étendant chaque jour, par delà fleuves et montagnes et déserts vers les au-delà du continent baigné par les deux grands océans du globe. Ce serait donc en glorifiant ce nouveau typehumain, et cette collectivité unie par de nouveaux liens, que Walt s'acquitterait de sa mission. Il était venu pour justifier son temps et l'effort des siens. Il avait fait l'épreuve de la démocratie et il allait publier son rapport. Sa connaissance profonde de la foule et de tous les aspects de l'humanité multitudinaire avait déposé en lui les bases d'une confiance enthousiaste, sur lesquelles son nouveau pouvoir spirituel allait lui permettre d'édifier le monument qu'il dédierait à l'exaltation des temps modernes.

Parmi ces projets, ces embryons, ces tentatives qu'il connut avant de parvenir à l'expression définitive de lui-même, il faut mentionner le *Primer*, récemment retrouvé parmi ses papiers. Nous ne possédons que le canevas du livre auquel il voulait donner ce titre singulier. C'était, comme l'indique une variante, un « Premier livre des mots ou Abécédaire, à l'usage des jeunes Américains et Américaines, des Savants, des Orateurs, des Professeurs, des Musiciens, des Juges, des Présidents, etc. » (Il faut remarquer la place significative qu'occupent les présidents, en queue de la procession, conduite par l'individu, Roi des Démocraties). La note du poème futur vibre déjà dans cette ébauche. En developpant son thème, qui est d'exalter la vie des vocables, le pouvoir évocateur et représentatif des mots, qui nous arrivent chargés de réalités, qui sont des réalités, — d'affirmer l'importance de la voix, de l'accent, d'inciter l'Amérique à se créer hardiment un verbe rude, neuf, autochtone, savoureux, rempli d'expressions idiomatiques, en rapport avec l'époque, le caractère du peuple, au lieu des expressions européennes, anti-modernes, qui n'avaient aucune signification pour l'humanité du Nouveau-Monde — Walt se prouve déjà en possession de quelques-uns de ses motifs fondamentaux. La substance des *Feuilles d'Herbe* était déjà formée au temps de la première rédaction de cette ébauche, dont la date demeure imprécise. On sait seulement qu'il y travailla jusqu'en 1857 et qu'il y fit même des additions bien postérieures. Le *Primer*, dans son intention primitive, devait être le sujet d'une conférence; plus tard il eut l'idée d'en composer un livre. Mais la conférence et le livre furent abandonnés, et le *Primer* demeura sous sa forme rudimentaire. C'est que la sève qui parcourait ces pages s'était répandue dans un autre projet, celui-là définitif et réalisé, son poème ; la forme seule demeurait caduque (1).

Pendant une assez longue période, l'idée de s'acquitter de sa mission en conférenciant à travers le pays le préoccupa. Selon une expression imagée de sa mère, il écrivit alors des « tonneaux » entiers de sujets de conférences. La parole lui apparaissait la façon la plus directe et la plus effective de faire entendre largement les vérités qu'il championnait.

C'était là une idée chère qu'il avait pesée, débattue, retournée sous toutes ses faces, avec la lenteur et la circonspection qu'il témoigna toujours dans l'élaboration de ses plans, et à la réalisation de laquelle il était amplement préparé depuis son adolescence. Il s'était livré en effet à une étude approfondie de l'art oratoire, du geste, de l'élocution, de la tonalité, etc... Il s'y était même entraîné dans les sociétés de conférences qu'il avait fréquentées assidument à l'âge où les premières ardeurs de bataille bouillonnaient en lui. A vingt et un ans, lorsqu'il était encore à Long-Island, il avait abondamment discouru, et

(1) Walt Whitman : *An American Primer*. Edité par Horace Traubel.

non sans succès, dans les meetings où l'on préparait l'élection de Van Buren à la présidence (1). Ses récitations de Shakespeare et d'Homère, seul devant l'Océan ou auprès de ses amis, les cochers et les mariniers, l'avaient également préparé au rôle d'orateur. Il concevait une manière vigoureuse, vivante, simple et frappante de s'énoncer en public, aussi éloignée de celle du prédicateur nasillard ou du hurleur des tréteaux politiques que du conférencier de salon. Il aurait essayé sur ses auditeurs l'effet du magnétisme de sa personne, et prétendait établir une telle communion entre eux et lui qu'il les forcerait de prendre part, pour ainsi dire, à l'action que serait son discours. Il voulait « retourner comme du soc d'une charrue le sol de son public en y laissant tomber sans interruption la semence qui germera et portera ses graines ou ses fruits bien des heures plus tard, peut-être des semaines et des années après (2) ». Les papiers publiés après sa mort par ses exécuteurs testamentaires sont parsemés de fragments, d'esquisses et d'indications relatifs à ses projets oratoires. Il y était si fort attaché que, malgré l'apparition de son poème, il les reprit en 1857-58, et arrêta tous les moyens pratiques de les exécuter. Son intention était de parcourir tout le pays avec un programme de conférences, qu'il prononcerait pour un prix modique et dont il vendrait lui-même le texte imprimé d'avance (3). Elles faisaient « partie intégrante de son plan de présentation de lui-même (4) ». Fort avant dans son existence, l'idée d'une offre directe de sa personne le séduisit, telle était sa foi dans le miracle de la présence réelle et la certitude qu'il eut toujours des effluences de son individu physique et moral : cependant il ne la réalisa qu'une seule fois, en prononçant une allocution, le 31 mars 1851, à l'Union Artistique de Brooklyn. Le texte de cette causerie, que Walt fit paraître dans un quotidien (5) et dont il a même retenu quelques paragraphes dans le choix de ses

(1) H. B. Binns : *Life of Walt Whitman*, p. 33.
(2) *Camden Edition*, VIII, p. 251.
(3) *Id.*, Introduction, pp. LIV-VII.
(4) *Id.*, IX, p. XVI.
(5) *Brooklyn Daily Advertiser*, 3 avril 1851. Voir des extraits dans Bliss Perry : *Walt Whitman*, pp. 50-55.

œuvres de jeunesse(1), nous prouve qu'à cette époque l'homme traversait déjà les premières phases de la crise. Il est un passage notamment où il oppose fortement la beauté héroïque en action, c'est-à-dire vécue, à la beauté représentée par les artistes, qui le montre gros de sa conscience nouvelle.

Cette intention première de conférences à travers le pays, jamais abandonnée complètement, mais sans cesse ajournée, montre du moins combien, dès l'origine, il sentit l'importance de sa mission. Nous percevons déjà clairement qu'il ne s'agissait pas pour lui, comme pour d'autres génies, de la production d'une œuvre littéraire en vers ou en prose, d'une œuvre artistique ou oratoire, conçue pour elle-même, mais d'un apostolat sous la forme qui s'adapterait le mieux à son idée. Il s'agissait de se traduire et de se donner, lui, Walt Whitman, sous les espèces les plus appropriées à son temps et à son milieu.

Il s'agissait de se mettre en rapport avec l'humanité. Cela était devenu la grande ambition de sa vie et le demeura : une ambition aussi immense que la dose d'ambition humaine dont la nature l'avait pourvu était médiocre. Et il percevait maintenant que ses dix ou quinze années antérieures avaient été dominées, sans qu'il s'en doutât lui-même, par l'idée d'une mission d'humanité à remplir, quelque chose de très au delà des vaines espérances conçues aux heures candides et orgueilleuses de l'adolescence. Peut-être parviendrait-il à la réaliser par ses causeries. Finalement le destin s'accomplit par d'autres voies. Quelque préparé qu'il s'attestât au rôle de conférencier et quel que fût son prestige d'homme, nous comprenons aisément que ce grand projet, si longtemps caressé, soit demeuré sur le papier. Son tempérament était trop hostile à une manifestation de ce genre. Si libre et naturelle qu'eût été sa manière de s'adresser à un auditoire, la profonde aversion qu'il nourrissait à l'égard de toute parade, la mise en scène à laquelle le parleur le moins conventionnel est obligé de se soumettre pour produire un effet, eussent été des obstacles pres-

(1) Walt Whitman : *Prose Works*, p. 372.

que insurmontables. Toute estrade est une scène en miniature, et à tout bon orateur certains dons du comédien sont indispensables. Et Walt, malgré qu'il l'adorât, n'était certainement pas doué pour le théâtre.

Ces années préparatoires (1851-54), dont l'histoire demeure à jamais ensevelie et dont celles de ses notes qui nous sont parvenues peuvent seules nous suggérer le caractère, représentent une période d'effervescence intérieure et de labeur fervent, assidu, répété ; le tome IX de la *Camden Edition*, bourré d'ébauches, de notations, d'aperçus, en préserve le reflet. La pensée fuse de lui en longs jets, tandis qu'il essaie le moule en lequel il la coulera. Ce qui frappe surtout, c'est que ses divers projets, durant ces années ardentes et recueillies où l'homme travaille à se débarrasser de ses gangues, ne diffère que par l'expression, encore mal définie. Depuis qu'il avait entendu le clair appel de sa conscience renouvelée, « l'élan de sa foi avait été dès le début d'un seul et même caractère (1) ».

Le moment vint, en 1854 probablement, où les divers plans qu'il avait médités durent être écartés pour faire place à la réalisation d'une œuvre dont les grandes lignes, d'abord entrevues, s'imposaient maintenant à son esprit. A ce moment il comptait à coup sûr reprendre plus tard ses autres projets ; et l'événement le démentit. C'était en montant la charpente de ses maisonnettes, le maillet et le ciseau en mains, que l'idée l'avait caressé d'un poème qui serait comme l'Evangile de l'esprit nouveau, tel que sa race et son temps le contenaient en puissance, un grand Livre autochtone à l'usage des vivants d'aujourd'hui ; et pendant les intervalles que lui laissait sa besogne de constructeur, ralentie par les circonstances, il l'avait retournée et mûrie. C'était la réalisation finale de son grand dessein, et tout le suc de ses ébauches antérieures allait venir s'y accumuler, gonflant une forme neuve dont les contours, encore imprécis, se proposeraient à la fin, fort différents de leur projet primitif. Car si cela devait être à coup sûr un poème, la raison d'être du livre autant que ses proportions, en

(1) *Camden Edition*, Introduction, p. XXXVII.

feraient quelque chose d'absolument insolite, étrange, sans précédent... Mais l'essentiel, c'était que Walt allait pouvoir s'exprimer. La gestation avait été longue. Depuis cinq ans qu'il s'écoutait, qu'il ruminait des plans, qu'il crayonnait ses notes un peu partout, sous la dictée immédiate des impressions et devant le modèle vivant, à l'Opéra, sur les trottoirs, à bord des bacs, en face de la mer, obéissant à l'inspiration du moment qui faisait naître tantôt quelques lignes poétiques, tantôt le paragraphe d'une conférence, il était enfin parvenu à maîtriser le lien qui ferait un tout de ces particules ; il en avait fini avec les fragments. Dans l'élaboration de son œuvre il s'était avancé, comme dans la vie, sans brusquerie ni fébrilité, en musardant, en faisant des pauses, en repassant nombre de fois par les mêmes carrefours, attendant que le fruit soit mûr pour le cueillir.

Alors Walt, requis par sa besogne poétique, quitta ses charpentes et se mit à l'œuvre. La tâche fut rude et la rédaction n'alla pas sans peine, selon son propre aveu. Il bâtissait une chose entièrement neuve, et il eut à soutenir le combat terrible des grands novateurs contre la matière. Il eut surtout beaucoup de mal à écarter de son œuvre les images, le vocabulaire, les traits, dont la convention avait empli l'arsenal poétique, — que lui-même avait employés jadis et dont il était ardu de se défaire d'un seul coup (1). Une fois, nous dit-on, il était venu, poussé par un désir de solitude et de liberté, faire une retraite sur un promontoire sauvage et désolé de l'est de Long-Island, où n'habitait pas un seul être vivant ; là, il avait écrit une première version, et, mécontent de lui, il l'avait jetée dans la mer (2). Il aimait à se réciter pour lui-même, en arpentant quelque plage déserte, des fragments de son œuvre, comme il avait tant de fois déclamé de l'Homère et du Shakespeare, pour essayer l'effet qu'elle produisait en plein air, accompagnés par la basse profonde de l'Océan. Il détruisit jusqu'à cinq manuscrits avant d'obtenir son texte définitif. Walt était têtu comme les vieux

(1) Walt Whitman : *Prose Works*, p. 20.
(2) O. L. Triggs : *Selections*, Introduction, p. XXIII.

Quakers de sa race, et il lutta corps à corps avec le verbe, jusqu'à ce qu'il l'eût asservi.

Au début de l'été de 1855, le livre était prêt. Il n'y avait plus qu'à le faire imprimer. Walt n'eut pas l'idée saugrenue de porter son manuscrit à un éditeur, qui lui eût demandé sans doute s'il se moquait de lui. Walt était typographe et pouvait dire comme notre Michelet : « Avant de faire des livres j'en ai *composé* matériellement ; j'ai assemblé des lettres avant d'assembler des idées. » En outre, il lui eût coûté de confier ses feuillets à des mains mercenaires et il tenait essentiellement à ce que tous les détails de la fabrication du volume fussent arrêtés par lui. Il avait ses idées là-dessus et ne se désintéressait pas du livre, parce que le manuscrit était au point. Il s'adressa donc à des amis, les frères Rome, qui tenaient à Brooklyn, au coin de Fulton street et de Cranberry street, une petite imprimerie pour ouvrages de ville, et s'entendit avec eux pour l'impression du volume. Lui-même vint chaque jour devant les casses et en composa de ses mains la plus grande partie. Walt dut conserver son calme souverain et ne pas laisser transparaître sur son visage d' « animal inaffecté » les mouvements de son être intime, à ce moment décisif, pas plus qu'à d'autres ; mais on devine l'émotion qui malgré lui dut le traverser quelquefois, pendant que, tranquille dans l'arrière-boutique des frères Rome, il assemblait les caractères de son livre. Son Livre, son Livre ! Sa Bible, le message dont il avait cherché, pendant des années, à formuler les paragraphes ! La Revélation qu'il allait jeter à travers le monde, et qui retentirait par delà les siècles ! Elle était là, entre ses doigts, il en maniait les syllabes de feu... L'homme au visage rubicond et à la barbe grisonnante dut vivre alors de graves et intenses minutes, enveloppé du manteau de sa placidité. Le poète revoyait ses épreuves sans hâte, parfois les emportant au bord de la mer pour les relire encore à haute voix et vérifier l'impression que donnaient ses pages, dans un décor de nature.

Le volume parut dans les premiers jours de juillet 1855.

Walt avait réalisé son entreprise dans le secret. Il ne s'était jamais confié à personne, et c'est à peine si, à certains symptômes fugitifs, à ses sorties plus fréquentes, au nombre des pages qu'il écrivait, ses proches auraient pu s'apercevoir du travail intense qui s'accomplissait en lui. Son livre avait grandi comme la graine semée, qui gonfle, invisible et silencieuse, sous la glèbe. Qui se serait attendu jamais, parmi ses parents et ses camarades, à ce que Walt l'indolent, l'ami des cochers et des pilotes, l'habitué de Broadway, le tranquille et affectueux garçon, si proche du cœur des simples, pût nourrir un dessein aussi fou, aussi inconvenable que celui d'être le Chantre de sa Race et de son Age? Sans nul avertissement préalable, sans cesser un seul instant de se témoigner le plus quotidien des hommes, ce grand être flegmatique donnait tout à coup sa mesure, et projetait hors de lui son moi réel, son moi formidable, ignoré de tous. Si Walt avait pris les précautions les plus savantes en vue de produire avec son livre le maximum d'effet, il n'aurait pu réussir à confondre davantage les gens, qu'il ne le fit en s'affirmant avec cette entièreté soudaine et cette assurance terrible. Pour la maisonnée dont il faisait partie, l'événement coïncida presque avec un deuil. Le 11 juillet, quelques jours après l'éclosion du livre énigmatique, le vieux charpentier mourait. Le dernier fermier de West-Hills s'en allait à l'heure où son fils témoignait devant le monde des vertus de la race dont il sortait. Walt, qui l'affectionnait, dut subir cette perte avec la fortitude qu'il opposait à tous les coups du sort et poursuivre sa route.

L'heure comptait dans sa vie : c'était celle où, après avoir absorbé tout ce que le monde pouvait lui offrir d'émotions, il se donnait lui-même en nourriture, où, après avoir été fécondé, il devenait à son tour le procréateur. Car Walt n'était pas ingrat envers la vie : il reversait dans le grand courant tout ce qu'il en avait reçu, avec sa Personnalité par surcroît.

II

LE PREMIER CHANT S'ÉLÈVE

On ne peut se défendre d'une émotion lorsqu'on retourne lentement entre ses mains le mince in-octavo, dont le barde du Nouveau Monde assembla lui-même les caractères dans l'échoppe des frères Rome, et aux pages duquel il confia son grand message. O le pauvre et bizarre volume, banal et touchant, — devant lequel, peut-être, des générations défileront respectueuses, lorsqu'il reposera sous une vitrine, non loin du premier in-folio des œuvres de Shakespeare, dans la salle d'honneur d'un grand musée...

Relié en toile vert foncé, d'aspect assez commun, un motif naïf de fleurs et de feuilles décore sa couverture ; au milieu s'étale, répété sur l'autre plat, en lettres dont le temps a terni l'or, ce titre singulier, ce titre énigmatique, à la fois humble et orgueilleux, ce titre qui renferme tout un programme, et qui est une trouvaille merveilleuse, simple et profonde comme toutes les grandes choses géniales : FEUILLES D'HERBE. Comme pour le rendre plus éloquent, les lettres dont il se compose se prolongent, un peu gauchement, en radicules et en folioles : ce ne sont pas les caractères morts et rigides de l'alphabet, mais des lettres vivantes, qui germent et qui puisent leur suc quelque part...

Une centaine de pages, imprimées en gros caractères sur un papier vulgaire, et dont le texte, par sa disposition étrange, donne, à première vue, l'impression d'un pêle-mêle de sentences aux versets inégaux : c'est là tout le volume. De la première page nul éclaircissement ne vient, car elle ne contient que le titre, *Feuilles d'Herbe*, suivi de ces mots : *Brooklyn, New-York*. 1855. Ce singulier anonymat dégage une signification confuse de fierté et de modestie : un nom se lit bien, celui de Walter Whitman, mais dissimulé là où, selon l'usage américain, s'inscrit le « Tous droits réservés ». En revanche, un portrait fait face au titre, le fameux portrait que nous avons décrit, d'un homme jeune, en costume de travail, à l'attitude à la fois ferme et nonchalante, ayant l'air d'un matelot, d'un docker ou d'un cowboy. Walt signait son livre de sa personne au lieu de son nom. A certains, cette singulière image parut un défi, à d'autres une pose. En réalité, l'auteur ne pose pas, il *s'impose* avec une calme assurance. L'ensemble du volume manifeste une inélégance, peut-être voulue, et suggère, dans son aspect extérieur, un goût certain du primitif.

Le contenu est plus difficile à caractériser. Si accoutumés que nous soyons à toutes les audaces de la forme et du sentiment, l'homme étrange qui n'avait voulu signer son poème que de ses traits, déroute encore, au premier contact. A la suite d'une préface dont les dix pages, imprimées sur deux colonnes, ne sont elles-mêmes qu'un long poème en prose, où l'auteur expose et développe l'essentiel de sa grande Idée, se succèdent douze morceaux lyriques, sans autre titres que celui du volume, et dont le premier remplit plus de la moitié de l'in-octavo : c'est le futur *Chant de Moi-même*, — clef de l'œuvre entière, telle que nous la possédons aujourd'hui. Sont-ce là des poèmes? Nous n'en savons rien. Ces versets ont un rythme, comme le vent ou la mer ont un rythme, — un rythme que l'on ne perçoit qu'après les avoir intimement scrutés; mais aucune métrique, fût-ce la plus compréhensive — pour laisser de côté la rime, dont l'idée même est écartée — ne saurait les justifier. L'œuvre d'un fou ou d'un mystificateur, durent penser les lecteurs, même intelligents, de l'an 1855; et nous ne devons pas trop nous étonner que, de nos jours encore, les *Feuilles d'Herbe* apparaissent à la masse comme une énigme.

Ces pages lyriques rebutaient tout d'abord par leur expression chaotique et barbare. Leur énorme nouveauté dressait un obstacle entre le commun des lecteurs et l'homme qui se chantait, lui et sa race, distincts et confondus en une même étreinte. C'étaient comme les chants rudes, emplis de rauques accents, d'un monde nouveau dont nulle littérature n'avait encore jailli, et il s'en dégageait une formidable exaltation des choses créées et de la vie sans restriction. On aurait cru que l'anonyme rhapsode avait essayé de faire entrer des pans entiers de la nature sauvage dans son livre. Depuis l'âge des grands bardes de la Grèce et de l'Inde, le monde avait désappris les sons d'une telle voix, qui resurgissait, du sein de l'humanité moderne, avec une puissance accrue, chargée de significations neuves, incarnant les aspirations d'un Aborigène des cités américaines. De ces pages surgissait un soudain Adam resplendissant de nudité, qui choquait par ses proportions insolites et son dédain de tout ornement, grand, hirsute, exhalant l'odeur fauve de la vie... Dans sa préface, qui avait l'allure d'un manifeste, l'auteur nouveau expliquait son dessein : selon lui, les Etats-Unis offraient à un vrai et grand poète les plus splendides thèmes que les siècles et les civilisations eussent connus. Ils recélaient une énorme beauté que des bardes autochtones, non des rimeurs maniant des syllabes et des émois importés d'Europe, devaient justifier par leurs chants, en s'égalant à l'immensité du continent, à la riche nature de son peuple, aux appétits d'une race fière, débordante et libre. Et le portrait joint au volume semblait dire, accentuant encore l'éclatante et tranquille confiance en soi dont ruisselait la préface : « Moi, Walt Whitman, Américain du peuple, je suis venu pour montrer la voie à ces nouveaux bardes, pour chanter l'Amérique comme elle demande à être chantée et ainsi la révéler à elle-même. Comme autrefois on publiait le portrait des rois en costume d'apparat, en tête du chapitre consacré à leur règne, je me présente à vous comme le représentant poétique d'un âge, comme celui par la bouche duquel l'Amérique se chante. » Et avec une foi candide et une audace écrasante, l'homme au large feutre, l'ami des cochers et des mariniers, célébrait sa personne, les voluptés de son corps et les ivresses de son cœur, avec des cris d'amant, reversant à flots les joies éperdues que ce monde lui avait données. Lorsque vous teniez son livre entre les mains, vous deviez oublier qu'il s'agissait d'un livre : il s'agissait d'un homme qui frémissait, jouissait, s'exaltait, s'épandait, en associant les siens, son temps et vous-même à ses ferveurs, à sa foi colossale, à son allégresse ivre. Walt avait introduit sa personnalité en ce livre, et ce livre vivait du rythme même de sa vie. Il n'y avait pas introduit seulement son cœur vaste et tressaillant, il y avait mis son corps, les traits de son visage, sa voix et jusqu'à son costume. Les *Feuilles d'Herbe*, c'était un don que Walt faisait de lui-même à vous, à moi, au plus proche comme au plus lointain, à la Foule, la plus authentique de ses compagnes.

Le livre avait été tiré à quelque huit cents exemplaires et mis en dépôt dans deux ou trois librairies de New-York et de Brooklyn. Walt en avait d'abord fixé le prix à deux dollars; puis, ne voulant pas sans doute que ce prix fût un obstacle à sa diffusion, il le diminua de moitié (1). Un service fut fait aux journaux, aux principales revues et aux écrivains en renom. Quel accueil le public allait-il faire au livre en lequel Walt s'était enfin traduit? Tout d'abord ce fut le silence. Sans nom d'auteur, à peine mis en vente, annoncé seulement dans une ou deux feuilles amies, le volume n'avait rien qui le désignât à l'attention.

Après un certain temps, les libraires, ne voyant pas venir un seul acheteur, demandèrent qu'on vînt reprendre les bouillons. Quant aux exemplaires envoyés à des célébrités, plusieurs furent retournés à l'auteur avec des remarques insultantes. C'était le prélude de la tempête d'outrages que, tout le long des années, l'homme et son livre allaient soulever. De respectables littérateurs, à la réputation bien assise, considéraient comme un affront l'envoi d'une œuvre où les choses que cache tout homme ayant le respect de lui-même s'étalaient outrageusement. Whittier, le grand Whittier, jeta, dit-on, le livre au feu, offensé profondément par des passages « révoltants (2) ». Le poète quaker reniait le fils des Quakers. On savait également que,

(1) H. B. Binns : *Life of Walt Whitman*, pp. 87-88.

(2) *Camden Edition*, Introduction, p. LIII, et Donaldson : *Walt Whitman the Man*, p. 51.

dans une salle de rédaction, les *Feuilles d'Herbe*, lues à haute voix, avaient procuré une heure de joie délirante à une chambrée de reporters new-yorkais, en mal de désœuvrement (1). Et c'était à peu près tout. Des rires, quelques mots grossiers : Walt en était là, avec son message laissé pour compte.

Il y avait environ quinze jours que les *Feuilles d'Herbe* avaient paru, lorsque l'auteur, un beau matin, reçut la lettre suivante, adressée à « M. Walter Whitman », lettre qu'il dut relire plusieurs fois de l'en-tête à la signature, avant d'être bien sûr qu'il n'était pas le jouet d'une illusion :

Concord, Mass., 21 juillet 1855.

Cher Monsieur,

Je ne méconnais pas la valeur du don merveilleux que vous m'avez fait des *Feuilles d'Herbe*. Je considère cela comme le plus extraordinaire morceau d'esprit et de sagesse que l'Amérique ait produit jusqu'ici. Je suis très heureux en lisant ce livre, car la grande puissance nous rend heureux. Il répond à la demande que j'adresse toujours à ce qui semble la nature stérile et mesquine, comme si un excès de travail, ou trop de lymphe dans le tempérament, étaient en train de rendre nos esprits occidentaux adipeux et bas. Je vous félicite de votre pensée indépendante et brave. J'en éprouve une grande joie. Je trouve des choses incomparables, incomparablement bien dites, comme elles doivent l'être. Je trouve ce courage dans le traitement qui nous cause un tel plaisir, et qu'une perception large peut seule inspirer.

Je vous salue au commencement d'une grande carrière, qui cependant doit avoir eu un long premier plan quelque part, pour vous permettre un tel début. Je me suis un peu frotté les yeux pour voir si ce rayon de soleil n'était pas une illusion ; mais le sens solide du livre est une certitude sérieuse. Il a le plus grand mérite, qui est de fortifier et d'encourager.

Je n'ai su qu'hier soir, en voyant le livre annoncé dans un journal, que je pouvais considérer le nom comme réel et bon pour la poste (2). Je voudrais voir mon bienfaiteur, et l'envie m'a pris de quitter mes travaux et d'aller à New-York pour vous présenter mes respects.

R. W. EMERSON.

Ainsi le grand Emerson, alors au sommet de sa réputation,

(1) J. Burroughs : *Notes*, p. 16.
(2) Allusion à la mention du nom de « Walt Whitman, un Américain » dans le corps du livre, à la page 29 de la 1re édition des *Feuilles d'Herbe*.

et dont la gloire s'étendait sur l'Angleterre et l'Amérique, avait compris ! Walt avait parfaitement lu : ce n'était pas un accusé de réception banal qu'il avait entre les mains, mais la plus chaude et la plus franche des adhésions qu'il eût pu souhaiter à son message. De son œil divinateur, le sage de Concord avait percé la rude enveloppe de son poème et pénétré son intime réalité. Et l'homme qui incarnait la haute pensée et la haute poésie américaine le saluait comme un égal, presque comme un maître, et s'inclinait devant lui... Cette lettre étonnante, cette lettre historique, qui faisait — et qui fera éternellement — autant honneur à celui qui l'avait écrite qu'à l'homme qui l'avait méritée, fut certainement comme un coup de foudre. Walt avait pu tout prévoir, mais il n'avait pas prévu cela. Et quelle que fût son assurance colossale dès le début, et la claire conscience qu'il eut toujours de la portée de son livre, il sentit vraisemblablement, à cette minute-là, qu'il avait vaincu, dût celui-ci attendre des siècles. L'opinion d'Emerson ne valait-elle pas le suffrage de cent mille lecteurs ? Et tout indifférent qu'il se témoignât aux outrages comme aux panégyriques, le réconfort pour lui dut être immense.

Tout autre débutant, — car, dans la voie nouvelle où il s'était engagé, Walt ne faisait que débuter — recevant une telle lettre, eût été grisé. Sans que rien dans son allure tranquille trahît les émotions dont il était traversé, Walt continua de recueillir les rares comptes rendus que çà et là, dans la presse, les *Feuilles d'Herbe* suscitaient. Le silence dédaigneux de la plupart des critiques et l'indifférence du public paraissaient s'affirmer. C'est à peine si de temps à autre quelques jugements dérisoires faisaient diversion, où l'on traitait l'auteur comme un bouffon ou un personnage obscène. On ne consentait à entr'ouvrir le livre que pour s'esclaffer ou s'indigner. Un journal réclamait des poursuites, tel autre demandait qu'on réintégrât dans son cabanon cet aliéné dangereux, tandis que le troisième faisait appel au fouet de l'exécuteur public (1). Le poète, parcourant ces appréciations, sentait une chaleur le péné-

(1) Bucke : *Walt Whitman*, pp. 196-198.

trer en songeant à la lettre d'Emerson, qui était là, dans son portefeuille.

Ce fut alors que Walt, voyant son œuvre ainsi mécomprise et vilipendée — il ne s'était pas attendu à un accueil aussi ignominieux — et se sentant seul avec elle, s'avisa d'un grand moyen. Puisque personne ne se levait pour relever sa bannière foulée aux pieds, il irait la reprendre lui-même et en combattant soutiendrait l'assaut. Il avait des amis dans la presse, dont il avait fait partie pendant douze ans, et il s'en servit à cette occasion. L'étrange garçon, qui n'aurait pas levé un doigt pour la conquête de la notoriété et qui, pas une fois dans sa vie, ne fit une visite intéressée à un homme célèbre, écrivit trois articles virulents et chaleureux sur son livre et sur lui-même, qui parurent, anonymement, dans le *Brooklyn Daily Times* du 29 septembre, la *Democratic Review* du même mois et le *Journal de Phrénologie* de Fowler et Wells, qui avaient accepté le dépôt de son livre (1). Par leur franchise, la manière hardie et crue dont le poète décrit sa personnalité et définit le caractère de son œuvre, ces plaidoyers *pro domo* s'offrent comme de précieux documents. Un individualisme tropical y culmine et s'y éploie avec une luxuriance qui n'a jamais été égalée. Certains se sont avoués choqués d'un tel procédé de réclame. Ce n'était pas cela. Pour le poète, il ne s'agissait pas du succès ou de l'insuccès d'un livre, car son amour-propre d'auteur était nul : mais l'avenir de *son Idée* lui importait plus que tout au monde. Au fond, il croyait à la révélation qu'apportaient les *Feuilles d'Herbe*, comme à la marche des astres. Son jour viendrait; mais, en homme avisé, il savait aussi que le destin aide ceux qui s'aident.

Emerson ne s'était pas contenté d'écrire à l'auteur toute la suprise et la joie que lui causait la lecture de ses poèmes : il en avait parlé à ses amis (2) et aux visiteurs qui accomplissaient le pèlerinage de Concord. Lorsque l'un de ceux-ci, Moncure Conway, l'historien de Thomas Paine, était venu, le sage lui avait tendu l'in-octavo à la couverture décorée de feuilla-

(1) Ces trois articles ont été réimprimés dans *In Re Walt Whitman*.
(2) *Camden's Compliment to Walt Whitman*, p. 61.

ges, en lui disant : « Les Américains qui sont à l'étranger peuvent revenir à présent : parmi nous un homme naît (1). » Et il conseillait à ceux de son cercle d'aller voir à Brooklyn le nouveau poète. Emerson lui-même se dérangea, pour se trouver face à face avec son « bienfaiteur », de même que Moncure Conway et Bronson Alcott. Et les Bostoniens découvraient non sans surprise le grand gars aux joues vermeilles et barbues, qui avait écrit un si étrange livre. Walt était le même avec ces hôtes de distinction qu'avec les mariniers du bac Fulton, et ne refermait pas pour eux le col entr'ouvert de sa chemise. Simple et bienveillant, sans l'ombre de formalisme, il leur tendait la main et, avec son clair sourire, les faisait entrer dans sa modeste maison, comme le Président eût convié ses hôtes à la Maison Blanche. Et la mère et les frères, qui assistaient parfois à ces entrevues, se demandaient ce que leur Walt avait bien pu mettre dans son livre, pour que ces étrangers vinssent ainsi le trouver. Emerson ayant invité le barde de Manhattan à venir dîner à son hôtel, celui-ci avait demandé qu'on lui servît sa bière dans un pot d'étain, comme au cabaret. Ensuite Walt avait conduit dans un lieu familier, où il savait trouver quelques-unes de ses connaissances, des pompiers aux manières plus que libres, le philosophe qui dut la trouver plutôt mauvaise (2).

Le premier en date des visiteurs avait été Moncure Conway qui, à travers les souvenirs de cette visite, faite en septembre 1855, et d'une autre, qui se place un peu plus tard (3), devait tracer, à dix ans delà, un vivant et pittoresque portrait du poète-artisan à cette époque. Trop pittoresque même, car pour faire accepter son article par la grande revue anglaise à laquelle il le destinait, Conway y mêla, selon la méthode des reporters, certaines exagérations ridicules, destinées à le colorer, qui ne furent pas du goût de Walt Whitman, choqué d'être offert en pâture à la curiosité des foules presque sous les apparences d'une célébrité foraine. L'écrivain, qui était un sincère admirateur du

(1) Burroughs : *Walt Whitman*, p. 50.
(2) Ed. Carpenter : *Days with Walt Whitman*, p. 167.
(3) H. B. Binns : *Life of Walt Whitman*, p. 110.

poète, exprima plus tard ses regrets de s'être permis ces fantaisies, en expliquant que son article n'aurait fait aucune impression sur les lecteurs s'il n'avait pas forcé la note et présenté son héros sous un jour criard, en exagérant ou en déformant quelques-uns de ses traits. En dépit de ce grave défaut, le portrait contient des passages frappants de vérité, où nous reconnaissons Walt tel qu'il se proposait au temps de la publication de son livre. « Nul homme pourvu d'une paire d'yeux — avait dit encore Emerson à Conway, en lui prêtant les *Feuilles d'Herbe* — ne peut pas ne pas reconnaître un vrai poète dans ce livre (1). » Et Conway s'était empressé d'aller voir celui dont le grand Emerson lui avait parlé en de tels termes.

Ce fut un dimanche, en plein été, que je m'acheminai à travers les rues monotones et en apparence interminables qui sillonnent « Paumanok, l'île en forme de poisson », vers l'adresse indiquée et trouvai une petite maison en bois à deux étages, située à la limite des faubourgs de la grande cité, et la toute dernière. Après avoir frappé trois fois, une dame âgée, à l'agréable visage, entr'ouvrit la porte juste assez pour m'examiner soigneusement et me demanda ce que je désirais... Elle me désigna un terrain découvert au centre duquel se voyait une éminence ; là je trouverais son fils. Il faisait excessivement chaud ; le thermomètre était presque à 35 degrés et le soleil flamboyait comme il peut seul flamboyer sur les sables de Long-Island. On n'apercevait pas un seul arbre ni un abri d'aucune sorte sur le communal et il me parut que seul un adorateur très strict du soleil pouvait vraiment se tenir en cet endroit par une telle journée. Tout d'abord, en regardant dans toutes les directions, je ne pus apercevoir un seul être humain ; mais au moment où j'étais sur le point de m'en retourner, je vis, étendu sur le dos et les regards tournés droit vers ce terrible soleil, l'homme que je cherchais. Avec ses vêtements gris, sa chemise gris-bleu, ses cheveux gris-fer, son visage et son cou basanés, il était couché sur l'herbe roussie et se confondait tellement avec le sol qu'il semblait presque en faire partie et qu'on aurait pu passer à côté de lui sans le reconnaître. Je m'approchai de lui, lui dis mon nom et pourquoi j'étais à sa recherche, lui demandant s'il ne trouvait pas le soleil un peu chaud. « Mais nullement trop chaud », me répondit-il ; et il me confia que c'était là un de ses endroits favoris et une de ses attitudes habituelles pour composer ses « poèmes ». Il m'accompagna ensuite chez lui et me mena par d'étroits couloirs à sa chambre. Une chambrette d'environ quinze pieds carrés, avec une seule

(1) *In Re Walt Whitman*, p. 306.

fenêtre donnant sur les terrains vagues et inhabités de l'île; une couchette, une toilette surmontée d'une petite glace accrochée à la muraille, une table en bois blanc avec des plumes, de l'encre et du papier; une vieille gravure en taille-douce, représentant Bacchus, se voyait sur le mur, et en face, une autre de même genre représentant Silène; ces objets formaient l'entourage visible de Walt Whitman. Mes yeux ne découvraient pas un seul livre dans la pièce...

Nous passâmes le reste de ce jour à nous promener et à « flâner » dans Staten Island, où nous avions de l'ombre et une plage splendide s'étendant à perte de vue. Pendant que nous nous baignions, je fus frappé d'une grandeur particulière qui appartenait à l'homme et je me rappelai le portrait de Bacchus au mur de sa chambre. Je m'aperçus alors que le soleil avait appliqué un masque rouge sur son visage et sur son cou, que son corps était d'un blond vermeil, pur et noble. et qu'en même temps ses formes étaient remarquables par la beauté de leurs courbes ainsi que par cette grâce de mouvement qui est la fleur d'une charpente aux os bien formés et bien attachés. Il avait la tête parfaitement ovale; ses cheveux, fortement mêlés de gris, étaient coupés courts et faisaient, ainsi que sa barbe, un contraste étrange avec la rondeur pleine, presque enfantine, et la sérénité de son visage. Cette sérénité provenait de ses calmes yeux bleu clair, et au-dessus on remarquait trois ou quatre profondes rides horizontales que la vie avait creusées. Le premier rayonnement quelconque que je vis sur sa personne fut lorsqu'il entra dans l'eau, qu'il embrassa presque avec un enthousiasme d'amant. Mais pendant qu'il parlait de ce qui l'intéressait profondément, sa voix, toujours douce et claire, devenait lente et il avait une tendance à laisser retomber les paupières sur les yeux. Il était impossible de ne pas sentir à tous moments la *réalité* de chacune de ses paroles et de chacun de ses mouvements, de même que l'étonnante délicatesse de celui dont la plume était plus libre encore que celle de l'honnête Montaigne.

Après avoir pris rendez-vous avec Walt pour le revoir au cours de la semaine et flâner avec lui dans les rues de New-York, je le quittai et me trouvai avoir perdu le sommeil à force de penser à ma nouvelle connaissance. Il m'avait tellement magnétisé, tellement chargé, pour ainsi dire, de quelque chose d'indéfinissable.

... Je le trouvai le matin du rendez-vous en train de composer, dans une imprimerie de Brooklyn, un article de la *Democratic Review*, établissant la supériorité de la poésie de Walt Whitman sur celle de Tennyson (1), qu'il avait l'intention de publier dans l'appendice de sa prochaine édition (comme il le fit de ce qui paraissait pour et contre son livre, en toutes lettres). Il portait encore des vêtements d'ouvrier, auxquels, dit-il, il avait été habitué dès l'enfance, et que maintenant, les trouvant commodes, il continuait de porter. Il devint

(1) L'un des trois articles de lui-même sur lui-même, cités plus haut.

évident pour moi, tandis que nous parcourions les rues et que nous passions sur le bac, qu'il était un prince incognito parmi ses camarades de la classe populaire. Il en rencontrait continuellement, qui lui serraient la main avec enthousiasme, riaient et bavardaient avec lui... Ayant quelque curiosité de savoir si les gens de cette classe l'appréciaient à sa juste valeur, je m'approchai seul d'un ouvrier vêtu de velours à côtes, avec qui je l'avais vu parler et qu'il venait de quitter, lui demandant : « Savez-vous quel est cet homme-là ? » — « C'est Walt Whitman. » — « Le connaissez-vous depuis longtemps ? » — « Depuis bien des années. » — « Quel genre d'homme est-ce ? » — « C'est un homme de première force que Walt. Personne ne connaît Walt sans l'aimer ; presque tout le monde le connaît, et l'*adore*. » L'homme avait un curieux air en appuyant sur le mot *adore*, comme s'il était étonné du succès avec lequel il avait exprimé son idée. « Il a écrit un livre, n'est-ce pas ? » — « Pas que je sache. » Plusieurs fois, tandis que nous traversions l'eau autour de New-York, je pus me séparer de lui et poser de semblables questions à des artisans et à d'autres personnes avec lesquels je l'avais vu échanger un salut ou des paroles ; mais je vis qu'aucun d'entre eux ne connaissait quoi que ce soit de son livre, quoique tous se sentissent fiers de le connaître (1)...

Walt, n'arrivant pas à vendre son livre dédaigné, en était réduit à le distribuer parmi ses amis et ses proches, — qui probablement n'y comprenaient goutte, mais qui, par affection ou simple politesse, ne pouvaient le refuser. La vente de la première édition fut nulle : ceux des huit cents exemplaires qui ne furent pas donnés durent être abandonnés ou détruits (2), — mis au pilon ou vendus comme vieux papier. Il s'était trouvé pourtant un acheteur, le seul probablement : un homme, arrêté à la devanture d'un libraire de Fulton street, à Brooklyn, avait entr'ouvert le volume, puis l'avait payé. C'était John Swinton, qui devint plus tard un ami chaleureux du poète (3).

Il n'y avait pas à en douter : c'était le fiasco. Dans l'universel silence, coupé seulement de quelques railleries insultantes, il y avait eu la lettre magnifique d'Emerson, et c'était tout. Walt,

(1) Moncure D. Conway : *Walt Whitman*, Fortnightly Review, 15 oct. 1866.
(2) Bucke : *Walt Whitman*, p. 138 ; H. Traubel : *With Walt Whitman in Camden*, p. 92.
(3) H. Traubel : *With Walt Whitman in Camden*, p. 24.

en songeant au sort de son livre, dut penser parfois que c'était assez. Deux ou trois feuilles avaient pris l'œuvre au sérieux : la *New York Tribune*, où plus tard les attaques ne lui seront pas épargnées, et le *Putnam's Magazine*, lui avaient consacrés des alinéas plutôt sympathiques. Le seul article vraiment chaleureux qu'il avait lu était celui qu'Everett Hale avait imprimé dans la *North American Review* de janvier 1856. « Le livre vaut bien que l'on aille deux fois chez le libraire pour l'acheter... Il ne contient pas un mot destiné à attirer le lecteur par sa grossièreté (1). » L'avis n'avait pas été suivi ; mais, ô ironie ! l'unique témoignage franchement élogieux que les *Feuilles d'Herbe* lui avaient valu était signé d'un ministre du culte... Ce précurseur inattendu méritera l'hommage de l'avenir.

Il aurait fallu toutefois ne pas connaître Walt pour s'imaginer que la froideur de cet accueil pût lui faire perdre une once de son courage. De jour en jour, le plan de son entreprise se précisait à ses propres yeux. Car ce n'était pas un livre complet et définitif qu'il venait d'offrir : ces douze poèmes ne représentaient que la première assise d'une œuvre à laquelle sa vie entière allait être consacrée, et qui grandirait, étage par étage, atteignant des proportions qu'il entrevoyait déjà, mais dont la vie seule et les étapes successives de son individualité détermineraient l'achèvement. Comme l'indiquera plus tard son ami Bucke, « une part profonde du plan de l'ouvrage fut la manière selon laquelle maintes choses y furent laissées libres pour des additions futures (2) ».

Les *Feuilles d'Herbe* étaient venues au monde à une époque de turgescence et d'inquiétude dans les lettres américaines. Des aspirations nouvelles, des conjectures, qui correspondaient à une transformation économique et politique, enfiévraient les esprits. Parmi les idées confuses qui flottaient dans l'air et que de jeunes écrivains s'efforçaient de saisir, était celle d'une littérature autochtone, qui ne subirait plus la tyrannie des modèles européens. L'âme américaine cherchait une expression

(1) W. S. Kennedy : *Reminiscences of Walt Whitman*, p. 85.
(2) Bucke : *Walt Whitman*, p. 137.

authentique d'elle-même et on se croyait mûr pour acquérir la nationalité poétique. Animés de ces préoccupations, des lyriques empruntaient leurs motifs aux légendes indiennes, — manière un peu surperficielle d'exalter ainsi, en se rapprochant des origines, la vérité de leur race. Dans les œuvres saillantes des années précédentes, certaines de ces aspirations étaient visibles. De 1848 à 1850, Whittier avait publié les *Noces de Pennacook*, le recueil des *Voix de la Liberté* et les *Chants du Travail*. Les *Biglow Papers* de Lowell étaient de 1848 et le *Hiawatha* de Longfellow, un essai d'épopée indigène, paraissait quelques mois après les *Feuilles d'Herbe*. Le thème de ces œuvres était certes américain, mais leur esprit et leur forme ne l'étaient guère : cela restait de la littérature, — parfois excellente. Un simple rapprochement entre *Hiawatha* et les *Feuilles d'Herbe* aurait suffi à montrer l'abîme qui séparait ces deux livres, parus la même année. Et le sage de Concord était encore, parmi tous, celui qui avait le plus clairement formulé un idéal nouveau, et suggéré, dans ses discours, ce que serait un vrai poète américain. C'était lui vraiment le Précurseur.

Cette transformation qui s'opérait dans les lettres américaines s'accompagnait d'un effort de décentralisation littéraire. Depuis un certain temps, l'activité dont le New-England avait détenu jusque là le monopole avait gagné New-York, auparavant peu soucieux de littérature, et une bohême remuante d'écrivains, de journalistes, de poétereaux, cherchait à donner à la cité métropolitaine le prestige intellectuel dont elle ne s'était pas encore inquiétée. Walt s'y était mêlé pendant quelques années, lorsqu'il avait débarqué de son île avec des visées littéraires, et le succès de la *Democratic Review*, où il avait publié autrefois ses contes, avait correspondu à cet éveil. On aurait pu croire que la vraie Amérique littéraire allait naître, enfin dégagée des influences anglaises, qui semblaient prolonger indéfiniment la période coloniale, et qu'avait maintenues le New-England, auquel appartenaient Bryant, Longfellow, Whittier, Emerson et Lowell, c'est-à-dire presque tous les grands noms. Des écrivains new-yorkais avaient conquis une célébrité, notamment R. H. Stoddart et Bayard Taylor, autour desquels gravitaient toute une coterie de versificateurs et d'essayistes, faisant tous plus ou moins du journalisme pour vivre, et dont certains acquirent un nom. Walt n'appartenait pas à cette coterie, — et on le lui ferait bientôt sentir. En somme la suprématie, jusque-là incontestée, des écrivains du New-England menaçait d'être entamée par le groupe récent des New-Yorkais.

Walt, avec son livre, semblait donc arriver juste à son heure pour répondre aux vœux qui, de toute part, suggéraient, sans pouvoir le définir, ce quelque chose de neuf et d'indigène dont le besoin tourmentait l'âme américaine. Mais voilà : il apparut si neuf et si indigène et les *Feuilles d'Herbe* incarnèrent l'idée qui était dans l'air d'une façon tellement rude, tellement adéquate et vraie, que nul ne consentit à la reconnaître, et que le livre fut conspué, — par tous ou à peu près, hormis le grand Emerson, qui jamais ne prouva mieux qu'à cette occasion les facultés divinatrices de sa nature.

Comme le destin l'exige d'ordinaire, les essais conventionnels et moyens correspondant à ces aspirations nouvelles étaient acceptés, tandis que le « jappement barbare » de Walt, auquel nul ne s'attendait, — et dont la forme et le fond étaient également insolites — n'allait être accueilli que par des huées et des lazzi. L'homme était là, celui que tous pressentaient et appelaient, mais comme nul ne l'avait rêvé si vaste, on passait à côté de lui sans le saluer. Après un demi-siècle, l'Amérique le coudoie encore sans se découvrir...

II

WALT AUX OUTRAGES

Non seulement il n'était pas découragé par son échec, mais il s'apprêtait à récidiver avec une nouvelle hardiesse. Loin de tarir ses forces, le premier jet en avait plutôt accéléré l'épanchement; et, à présent, les poèmes jaillissaient de lui à pleines frondaisons, gonflés d'une sève lourde, ramifiés en versets luxuriants. Walt avait un cycle à parcourir et il poursuivait en ce moment l'une de ses plus décisives étapes.

Au cœur de l'été de l'an 1856, juste un an après sa première tentative, il faisait paraître une seconde édition. Le livre avait considérablement grossi : c'était un in-16 de 385 pages, contenant vingt poèmes nouveaux, et cette fois chaque poème avait reçu un titre distinct. L'œuvre, en croissant, se différenciait comme les êtres vivants : en outre, l'auteur s'était livré, sur ses premiers morceaux, à un travail de correction et de révision, qu'il poursuivra fidèlement jusqu'à la veille de sa mort. A présent le volume portait son nom sur la couverture, pareillement ornée de feuillages. La préface de l'édition de 1855 avait disparu, ou plutôt s'était transmuée en poèmes, tandis que le portrait, qui faisait partie intégrale du plan des *Feuilles d'Herbe*, était maintenu. Walt n'avait pas d'éditeur, mais ses amis Fowler et Wells, les propriétaires du Cabinet phrénologique de Broadway, s'étaient chargés de la mise en vente, sans que leur nom figurât sur la première page.

Instruit par une première expérience, le poète avait pris des précautions pour que le livre ne passât pas inaperçu. Il avait montré la lettre glorieuse d'Emerson à son ami Charles

A. Dana, directeur du *New York Sun*, et celui-ci, qui était également lié avec l'auteur des *Essays*, lui avait conseillé franchement de la publier : elle était vraiment trop décisive, trop magnifique, pour que le destinataire la conservât dans son portefeuille. Walt s'était décidé alors à l'imprimer, en appendice à ses poèmes, suivie d'une réponse d accent juvénile, et même tant soit peu inconsidérée dans sa fierté ingénue, où l'auteur, réaffirmant le besoin d'une littérature franchement autochtone, manifestait son dessein audacieux d'y satisfaire; elle contenait aussi un hommage solennel à son « cher Ami et Maître » Emerson, pour avoir le premier signalé les rivages du « nouveau continent de l'Amérique intérieure ». Cette réponse, à vrai dire, n'était pas très heureuse et, le jour où il l'avait écrite, sa coutumière discrétion l'avait abandonné. Non seulement il avait imprimé la lettre du philosophe à la suite de ses poèmes, mais avec une belle témérité de débutant et un sens très américain de la réclame, il avait fait imprimer en lettres d'or, sur le dos de la couverture, cette phrase : « *Je vous salue au commencement d'une grande carrière. R. W. Emerson* », qui fulgurait au-dessous de son nom d'auteur. « Je regardais cette lettre comme la charte d'un Empereur », disait plus tard Walt Whitman, pour justifier cette audace — dont il ne cherchait d'ailleurs pas à s'excuser, trouvant la chose naturelle. Puisque la grande voix d'Emerson, parmi les dérisions, s'était élevée en sa faveur, il hissait son nom comme un pavillon. L'appendice contenait aussi la collection des comptes rendus que lui avait valus son livre depuis un an, et qu'il mettait impartialement sous les yeux du public. Naturellement c'étaient l'insulte et la moquerie qui dominaient à travers ces pages.

Les *Feuilles d'Herbe*, à cette phase transitoire de leur développement, confondent déjà par leur formidable beauté. Le premier étage de l'édifice, dont il poursuivra toute sa vie l'achèvement, était seul bâti, mais tel qu'il s'offrait alors, il provoque un émerveillement. Plus maître de son art, à une période ultérieure, il en disciplinera les forces : mais jamais il n'y mettra autant de fougue, de surabondance, et de violence torrentielle. Les titres mêmes de ses morceaux ont une immensité, qui nous montre le poète dans toute l'ivresse de sa force et de son idée. Ecoutez plutôt : *Poème des Femmes, Poème des Nombreux en Un, Poème de la Merveille de la Résurrection du Blé, Poème des Chanteurs et des Mots des Poèmes, Poèmes de Liberté pour l'Asie, l'Afrique, l'Europe, l'Amérique, l'Australie, Cuba et les Archipels de la Mer, Poème des Absolus Miracles, Poème des Propositions de la Nudité, Poème des Diseurs des Mots de la Terre*... On croirait entendre quelque Premier Homme proférer, dans les matins du monde, les mots universels qui nomment les choses et encerclent la terre. Ses bras s'y étendent jusqu'aux confins du globe, sa voix s'enfle par delà les océans. Vous êtes subjugué par ce qu'il y a d'éperdu et de démesuré dans ces effusions d'un adorateur de la vie totale. Et ce n'est pas un creux verbalisme ni la cadence des périodes qui vous entraînent : vous êtes possédé par ces mots vivants dont la vertu n'est pas celle des autre livres, mais plutôt des choses réelles.

Pourtant le public ne comprit pas davantage. La lettre d'Emerson, dont le nom rayonnait comme un phare, força l'attention, mais ne put ouvrir les entendements. L'étonnement fut grand. Qui avait bien pu inspirer au grand homme un tel éloge dithyrambique d'une production aussi grossière ? Le sage était-il subitement devenu fou ? L'arrogance du livre et l'attitude provoquante de l'auteur choquaient, non moins que l'atroce goût d'un écrivain qui ne craignait pas de mêler à son lyrisme des termes d'argot et des expressions quotidiennes. Mais, par-dessus tout, l'œuvre révoltait par son « obscénité». Et des hurlements s'élevèrent.

Si, une première fois, la tentative de Walt avait été accueillie avec une indifférence marquée, maintenant elle soulevait une tempête d'opprobre et de vitupération. Un flot d'outrages, vomis à pleine gueule, déferla sur l'in-16 où étaient gravés ces mots en lettres d'or : « Je vous salue au commencement d'une grande carrière. R. W. Emerson. » Il y avait notamment un certain *Poème de la Procréation* (plus tard intitulé *Une Femme m'attend* — l'hymne d'amour physique le plus puissant que des lèvres humaines aient proféré), qui exaspéra les fureurs puritaines. L'animal y nommait les choses du sexe, sur lesquelles un silence de mort doit planer, comme on parle des fleurs ou des étoiles : et sa tranquille impudeur suffoquait, — comme s'il n'avait pas eu conscience du dégoût qu'il soulèverait dans les cœurs respectables. Et les invectives s'aiguisaient, on conspuait en termes aussi fangeux que le vocabulaire pouvait en fournir, « l'adorateur de Priape et son audace ityphallique ». Après le demi-siècle écoulé, on ne peut feuilleter sans un sourire la brochure (1) où, quatre années plus tard, Walt impassiblement recueillera ces témoignages, les plus orduriers comme les plus burlesques, les plus furieux comme les plus niais. Le vocabulaire de l'outrage est à peu près le même en tous temps et en tous pays : mais ici vraiment la mesure est plus que comble. L'auteur des *Feuilles d'Herbe* était davantage qu'un fou, c'était un satyre : son livre n'était pas seulement un crime littéraire, mais un outrage aux mœurs. Les suppôts de la morale songeaient à des poursuites en justice contre l'audacieux œgypan pour publication obscène — épithète qui s'attachera au livre et dont le syndicat de la vertu poursuivra le poète sa vie durant ; il est vrai que la difficulté apparaissait aussitôt de le faire condamner. Walt était si populaire à New-York et à Brooklyn « qu'il serait impossible de trouver un jury pour le déclarer coupable (2) ».

Et pendant que les cagots écumaient, les « critiques littéraires », la tourbe des écrivailleurs traînaient dans la fiente le soi-disant poète, ignorant le premier mot de l'art de versifier. Walt était pris entre deux feux : il avait à soutenir en même temps l'attaque fielleuse ou enragée des puritains de Boston et la blague amère de ses confrères new-yorkais. La gendelettrie et ses petits flûtistes pommadés se tordaient en écoutant la basse formidable. Ce géant poilu, aux allures de débardeur, qui tonitruait ses vers rauques et prétendait au titre sacré de barde ! C'était trop drôle... Un personnage hirsute et vulgaire, un bateleur, qui ne connaissait rien à la rime, et qui s'attestait

(1) *Leaves of Grass Imprints.*
(2) Bucke : *Walt Whitman*, p. 141.

aussi foncièrement ignorant des délicatesses qui font le vrai poète, celui dont les salons et les académies s'honorent (1)... Cette brute faisait une entrée sensationnelle dans la littérature, de son pas lent et lourd, qui ressemblait au roulement de l'éléphant. Il fallait le renvoyer à son jardin zoologique...

Walt, de ce côté, fut en butte surtout aux attaques venimeuses d'une clique de journalistes et de littérateurs qui s'étaient rangés sous la bannière de Bayard Taylor, et à l'écart desquels il s'était toujours tenu. Taylor, en détestant Walt Whitman, cédait probablement à un sentiment de jalousie. Il était depuis quelque dix années la figure centrale du groupe new-yorkais, où, comme journaliste, globe-trotter, versificateur, il jouissait du prestige de ses nombreuses pérégrinations en Europe et des succès littéraires que lui valaient ses récits de voyages. Ecrivain essentiellement quelconque, son ambition secrète était pourtant de prendre place parmi les suprêmes poètes du monde, avec ses recueils lyriques : et ce polygraphe, que de nos jours l'ombre a déjà gagné, devait finir dans le fauteuil d'une ambassade. Walt et lui étaient aux antipodes : non seulement le génie du premier, mais l'éducation, les tendances, les préoccupations du gendelettre cosmopolite qu'était Taylor creusaient entre eux un infranchissable fossé. Et celui-ci, qui, tout en éreintant les *Feuilles d'Herbe*, avait assez de flair sans doute pour deviner confusément leur énorme puissance et la note distinctement américaine qu'elles faisaient entendre, conçut et garda une rancune tenace à l'égard de l'homme qui était peut-être ce qu'il aurait voulu être, lui : le grand poète américain, le représentant d'un âge! Taylor ne pardonna jamais au Barbare nonchalant, arrogant et génial, d'avoir usurpé la place qu'il convoitait — bien que plus tard, à Washington, il devait lui faire visite un jour (2). Walt était l'ennemi, le plus fort que, du fond de son impuissance aigrie, le petit grand homme des cercles littéraires de New-York regarda toujours comme sa bête noire. Et toute la coterie qui gravitait autour du système dont Taylor était le soleil servait, plus ou

(1) Voir W. S. Kennedy : *Reminiscences of Walt Whitman*, pp. 97-98.
(2) *Camden Edition*, VIII, p. 194.

moins consciemment, ses rancunes en criblant Walt d'épigrammes et de lazzi. Walt Whitman était un roublard, un réclamier vulgaire qui, trop médiocre pour se distinguer dans les voies usuelles de la littérature, n'avait publié cette œuvre extraordinaire que pour attirer violemment l'attention sur lui. De sorte qu'au lieu d'être défendu par le groupe new-yorkais, comme prototype d'une littérature nouvelle complètement dégagée des influences du New-England, l'auteur des *Feuilles d'Herbe*, en plus des outrages bostoniens, avait à soutenir l'assaut de gens qui l'accablaient, parce qu'il n'était pas des leurs, et que, du haut de leur petitesse, ils n'avaient que du mépris pour ce *rudis indigestaque moles*... Walt, de son côté, garda toujours une estime fort piètre pour les « écrivailleurs new-yorkais (1) ».

On entrevoit, en parcourant cette singulière brochure aux pages délirantes d'ineptie ou d'inimitié sauvage, admirable petit monument, élevé parmi tant d'autres, à la sottise humaine, tout ce que Walt eut à subir en ces premières années, — et longtemps par la suite — le calvaire qu'il eut à gravir, n'ayant personne à son côté pour le soutenir, avec sa magnifique impassibilité et son dédain d'homme fort. Il était seul avec son œuvre et son immense optimisme, et il écoutait les insulteurs. Car sa personne, tout autant que son livre, — sa personne qu'il avait fait entrer dans son livre, — était en butte à des calomnies, dont l'exemple d'Emile Zola, à ses débuts, peut nous aider à comprendre l'acharnement féroce. Dans les entrefilets des quotidiens, il apparaissait comme un mélange de matamore, de satyre et de pitre. Des critiques obtus, affectant de prendre à la lettre certains passages des *Feuilles d'Herbe*, le dénonçaient comme un simple voyou : Walt était un type d'une grossièreté repoussante et ses mœurs faisaient de lui l'acolyte des prostituées. On colportait des légendes, où il apparaissait tantôt comme un cocher d'omnibus, descendu de son siège pour préparer son salmigondis poétique, tantôt comme une sorte de Buffalo Bill, avec une chemise rouge et

(1) H. Traubel : *With Walt Whitman in Camden*, pp. 55, 61.

des bottes, s'apprêtant à combattre le buffle. C'était le «mufle» plutôt que Walt pouvait sentir autour de lui et qu'il eut à affronter sa vie durant. A partir de ce moment, il suffira de prononcer les trois syllabes de son nom, dans les milieux lettrés, pour qu'aussitôt s'élève un chœur de réprobation, où se mêleront les plaisanteries vulgaires, les insinuations venimeuses et les invectives. Walt Whitman, de par l'énormité de son message, avait semé la tempête et il commençait de la récolter. Sa qualité de grand novateur était justifiée par l'acharnement qu'il rencontrait.

Pris d'un désir de recueillement et de grand air après l'effort que représentait son livre et le scandale qu'il avait provoqué, le poète partit pour la côte sauvage de son île. Il avait besoin d'être seul avec lui-même dans la nature, cette nature en face de laquelle il avait crayonné quelques-unes de ses premières pages, devant cet océan qui lui avait révélé le rythme de ses poèmes et dont la voix rude lui avait paru, lorsqu'il les relisait sur épreuves en parcourant la plage, justifier la rudesse de ses propres versets... « Quand le livre souleva de tous côtés une telle tempête de colère et de condamnation — dit-il un jour à son ami Bucke — je m'en allai vers la pointe est de Long-Island et y passai la fin de l'été et tout l'automne, — les plus heureux de ma vie — autour de l'île Shelter et de Peconic Bay. Je rentrai ensuite à New-York avec la résolution confirmée, de laquelle je ne me suis jamais écarté par la suite, de poursuivre mon entreprise poétique à ma manière et de la terminer du mieux que je pourrais (1). »

Fowler et Wells, ses éditeurs, avaient imprimé et relié une édition de mille exemplaires; en outre, ils avaient fait des empreintes, car on se préparait à un gros tirage. En face de la

(1) Bucke : *Walt Whitman*, p. 26. — Il semblerait, d'après Bucke, que le poète eût fait cette retraite après la première édition de son livre, dans l'été et l'automne de 1855. Mais comme il n'est guère permis de qualifier de tempête l'effet produit par l'édition de 1855 et que, d'autre part, certains faits (les articles anonymes sur lui-même qu'il fit paraître à ce moment, la visite de Moncure Conway en septembre, etc.) semblent indiquer que Walt Whitman ne dut pas faire une aussi longue absence à cette époque, il est plus que probable qu'il s'agit de l'année suivante.

tempête que soulevaient les *Feuilles d'Herbe*, ne voulant pas déconsidérer leur firme alors prospère et peut-être même redoutant des poursuites judiciaires réclamées par certains, ils suspendirent la vente. Le nombre des exemplaires vendus ne peut être évalué : il n'était certes pas grand, mais il y avait un progrès indéniable. Tandis que, de la première édition, on n'avait peut-être pas demandé plus d'un ou de deux exemplaires, quelques centaines de celle-ci avaient dû partir, à cause de la phrase d'Emerson gravée en lettres d'or sur le dos et du tapage soulevé, — de quoi couvrir les frais des éditeurs.

Mais le résultat final se prouvait identique : après deux tentatives de mise à flot, la nef de Walt devait rentrer au port sous la violence des vents contraires. Il fallait attendre le moment propice. Il attendit quatre ans.

Néanmoins la deuxième apparition des *Feuilles d'Herbe* avait causé un émoi dans les milieux littéraires. L'œuvre était provocante, chambardait les pudeurs et les préjugés littéraires. Et de toutes ces polémiques, un résultat, le plus important de tous, se déduisait : le combat était engagé. Le scandale provoqué par les bigots et les cuistres avait conjuré le péril de l'indifférence totale. On avait assisté aux premières escarmouches d'un combat qui s'éternisera pendant la vie du poète, et qui dure toujours, pour et contre les *Feuilles d'Herbe*. Les premiers protestaires devaient être les plus sûrs artisans de la victoire finale.

Aux yeux de certains, Walt était devenu une personnalité, — étrange, haïssable ou attirante, — comme il l'était, depuis dix ans, parmi la foule de ses anonymes camarades du peuple. La plus intéressante visite qu'il reçut après l'édition de 1856 fut celle de Thoreau, qui vint le voir à Brooklyn un jour de novembre. L'auteur de *Walden*, un autre grand livre, paru deux années auparavant, était accompagné de Bronson Alcott, le philosophe transcendantaliste, qui était déjà venu voir Walt : tous deux étaient des intimes d'Emerson. Si Alcott semble avoir admiré Walt Whitman sans réserve, ce dernier fit sur « le jeune dieu Pan », comme Emerson nommait son ami Thoreau, une impression curieuse et très profonde, que nous trouvons décrite, avec une sincérité admirable, dans deux de ses lettres à son correspondant Harrison Blake (1). L'intime de la nature et le rêveur anarchiste s'éprouvait à la fois attiré et repoussé par le géant au teint fleuri et son livre énorme, qui lui en imposaient tout en le déroutant. Son instinct de primitif et sa sensibilité d'artiste le portaient avec force vers l'homme qui avait traduit avec une telle puissance les émotions élémentaires de la vie, mais sa sauvage misanthropie le tenait à l'écart de cet amant passionné de la foule. Thoreau fut en somme très impressionné, — et ne s'en cacha pas, — par la personnalité du poète de Brooklyn, non moins que par son message poétique. Son témoignage est empreint d'une valeur singulière. Il s'attendait à confronter un boxeur au verbe haut, aux manières d'arsouille, et il se trouvait devant un bon colosse, plein de douceur et de tranquillité, dont la peau rouge brique ne contrastait pas plus étonnamment avec sa barbe grise que ses manières simples et courtoises ne juraient avec l'image qu'on s'était faite de lui, d'après ses poèmes. « C'est apparemment le plus grand démocrate que le monde ait vu, écrivait Thoreau en racontant sa visite... Il suggère parfois quelque chose d'un peu plus qu'humain... C'est un grand type. » Thoreau lui ayant dit que les *Feuilles d'Herbe* lui rappelaient les grands poèmes orientaux et lui demandant s'il les connaissait, Walt avait répondu : « Non : parlez-m'en. » Un passage de leur conversation avait suffi pour faire éclater la dissemblance de leurs points de vues. L'ermite de Walden avait exprimé sans détour tout le mépris que lui inspiraient le peuple, le suffrage universel, la politique, ajoutant : « Qu'est-ce que vous trouvez dans le peuple ? » et Walt avait été choqué dans ses sentiments intimes. Il lui avait semblé que Thoreau insultait sa bonne ville de Brooklyn, dont il était fier, et ses camarades des métiers (2).

C'était là un cas curieux, bien propre à infirmer les conjectures les plus vraisemblables : seuls, en face du silence et de l'exécration, des esprits raffinés, des lettrés, comme Emerson,

(1) H. D. Thoreau : *Letters to Various Persons*, pp. 141-2, 146-8.
(2) H. H. Gilchrist : *Anne Gilchrist*, p. 237.

Thoreau, Sanborn, Alcott, Conway, que leur éducation, leur genre de vie, leur hérédité retenaient cependant très à l'écart du poète, reconnaissaient la grandeur particulière de l'homme et du livre. Dès le début, ce furent uniquement les membres du groupe de Concord qui s'aperçurent que quelque chose d'énorme et de vraiment neuf avait jailli du sol américain, — quelque sérieuses que fussent leurs réserves. « Je sens qu'il m'est essentiellement étranger, — écrivait Thoreau après sa visite à Brooklyn ; mais sa vue me surprend... » Et comme les *Feuilles d'Herbe* avaient déchaîné des fureurs à Boston, forteresse du puritanisme, il se trouva que Walt eut, dans le Massachusetts, ses premiers admirateurs et ses plus irréconciliables adversaires. La même année, Emerson envoyait à Carlyle le volume qu'il avait été le premier à saluer, et l'accompagnait de ce billet : « Un livre a paru l'été dernier à New-York, un monstre qu'on n'a pas encore décrit, qui a pourtant de terribles yeux et une force de buffle, et qui est indiscutablement américain : j'ai pensé vous l'envoyer. Mais ce livre s'est conduit si mal avec les quelques gens auxquels je le montrai et était tellement immoral que je ne l'ai pas fait. Néanmoins, en y repensant aujourd'hui, je vous l'adresse. Il s'appelle *Feuilles d'Herbe :* il a été écrit et imprimé par un ouvrier compositeur de Brooklyn, New-York, nommé Walter Whitman. Lorsque vous l'aurez parcouru, si vous jugez, comme cela se peut, que ce n'est là qu'un inventaire de magasin dressé par un commissaire-priseur, vous pourrez vous en servir pour allumer votre pipe (1). » Le sage de Concord avait dit également à quelqu'un, avec son doux sourire et sa pénétrante ironie d'où toute idée méchante devait être écartée, que les *Feuilles d'Herbe* lui faisaient l'effet d'une mixture du *Bhagavad-Gita* et du *New York Herald*. L'esprit était en honneur à Concord et l'humour n'y perdait jamais ses droits. On colporta le mot et on le prit pour une épigramme, sans réfléchir que, dans la pensée toujours profonde du sage, il y avait peut-être quelque chose sous cette plaisanterie.

(1) Correspondance de Carlyle et Emerson, II, p. 25.

Donc, pour la seconde fois, Walt n'avait pu parvenir à délivrer son message. Des temps plus sereins viendraient sans doute. Dans l'intervalle, il se remit à songer au cher projet qu'il avait déjà retourné dans sa tête, lorsqu'il cherchait à s'exprimer, celui de faire des conférences à travers le pays. Il avait besoin d'être compris. Pour cela il devait amener les autres à comprendre. Peut-être qu'en s'expliquant face à face avec le public, il forcerait les entendements, et que sa parole vivante et magnétique parviendrait à percer la muraille d'incompréhension qui le séparait du monde. Il s'agissait de propager un « avant-goût de lui-même (1) », qui préparerait les voies à une acceptation de son message. Il avait même formulé son projet dans une note, retrouvée parmi ses papiers après sa mort.

Désormais, deux expressions concurrentes. Elles s'épandent, amicales, venant de sources communes, mais chacune portant sa marque individuelle et distincte.

Premièrement les Poèmes, les *Feuilles d'Herbe*, pour ce qui est des Intuitions, de l'Ame, du Corps masculin ou féminin, descendant au-dessous des lois, de la routine sociale, des croyances, de la littérature, pour célébrer ce qui est inhérent, le sang rouge, un homme individuel en lui-même ou une femme individuelle en elle-même. Chants de pensées et de désirs supprimés jusqu'ici par les écrivains. Ou, on peut aussi bien l'avouer, pour donner la personnalité de Walt Whitman, de pied en cap, le mal et le bien, quel qu'il soit ou quoiqu'il pense, cela mis dans un livre avec acuité, l'esprit le commandant; si certaines gens dans le public s'arrêtent étonnées, ou disputent ou rient, c'est très bien.

Deuxièmement, les Conférences, pour ce qui est du raisonnement, des souvenirs, des comparaisons, de la Politique, de l'Intellectuel, de l'Esthétique, du désir d'apprendre, du sentiment de la richesse, de l'affinement et de la beauté du cerveau, comme un acte, une sensation, — à un point de vue américain. Egalement dans les Conférences, le sens de la Religion, comme une affirmation, tout cela à un point de vue américain (2).

Il pensait ainsi façonner pour les Etats-Unis deux « athlétiques volumes », — car ses conférences imprimées formeraient un autre livre, qui éclaircirait le premier. Il s'attarda un moment autour de ce projet, pour finalement l'abandonner. Il

(1) Camden Edition, *Introduction*, p. LIV.
(2) *Id.*, pp. LV-LVI.

laisserait donc ses *Feuilles* combattre seules pour elles-mêmes. Les gens comprendraient quand les temps seraient venus...

En tous cas, l'opinion du monde extérieur n'avait aucune influence sur son Moi. Sans rien perdre de son immanent optimisme, il guettait le moment de faire sortir sa barque une troisième fois. Il avait le temps pour lui... Ceux qui portent en leur poitrine des choses éternelles ont toujours le temps. Non, Walt n'était pas pressé et surtout il n'avait aucune raison de maudire son destin : « Je suis sûr d'une chose, écrit Bucke, c'est que l'attitude et la manière de vivre de Walt Whitman, pendant les années qui suivent [l'échec de l'édition de 56], forment l'époque la plus héroïque de sa carrière. Il poursuivit son chemin avec la même joie de vivre, la même mine vermeille, le même pas libre, élastique, à travers le tumulte des ricanements et des sifflets, comme s'il n'était entouré que d'applaudissements ; pas le moins du monde intimidé ni irrité par les insultes et les résistances. Les poèmes écrits directement après l'échec de cette seconde édition sont, si possible, encore plus pleins de sympathie, plus exultants, plus arrogants, élèvent des prétentions plus grandes qu'aucun des autres (1). »

Sur les occupations de Walt pendant les quatre années qui suivirent la deuxième édition des *Feuilles d'Herbe*, aucun détail précis ne nous est parvenu. Il poursuivit sans doute son mode favori d'existence, consistant en un travail modéré — il donnait au travail rémunéré six à sept heures du jour (2) — entrecoupé de flâneries sur les trottoirs ou sur les bacs, d'heures passées en compagnie de francs garçons aux manières cordiales ou de parties sur la baie et à la campagne. Nous savons seulement, grâce à de brèves échappées sur son existence d'alors, que ce furent des années ensoleillées et communiales, où il vécut, plus largement que jamais, la vie de ses poèmes. L'intensité de son labeur poétique durant cette période nous prouve que le meilleur de son temps dut être consacré à l'édi-

(1) Bucke : *Walt Whitman*, pp. 141-2.
(2) *Id.*, p. 34.

fication de son œuvre, qui grandissait d'un étage chaque fois qu'elle lui était rendue.

Non seulement il atteignit alors l'âge de sa toute-puissance en tant que créateur, mais c'est aux environs de la quarantaine bientôt atteinte, bientôt franchie, que son individualité d'homme culmina. Sa santé merveilleuse coulait toujours à pleins bords et toutes ses facultés, y compris celle qui lui permettait de lire dans les âmes des hommes comme dans un livre ouvert, avaient atteint leur totale efflorescence. Une beauté farouche et souveraine devait l'envelopper tout entier, telle qu'elle nous frappe encore dans un admirable portrait sans date, mais qui dut être pris aux environs de l'an 1860 (1). Son contact avec l'humanité quotidienne ne fut jamais plus fervent, son besoin d'absorber et de s'épandre plus amplement satisfait qu'alors. C'est entre 1855 et 1861 qu'il passa le plus grand nombre d'heures avec ses amis les pilotes et les cochers, et qu'il noua dans le monde des artisans les plus solides liens. Il ressort également de ses notes (2) qu'un labeur intellectuel intense l'occupa pendant ces années. Il n'avait comme instruction que les rudiments enseignés à l'école communale, et il sentait alors le besoin de parfaire sa culture, d'enrichir son vocabulaire, d'acquérir certaines notions indispensables, après l'immense éducation qu'il avait tirée des choses et de la fréquentation du monde. Et il se mit à absorber de l'histoire, de la géographie, de la littérature, selon sa méthode, c'est-à-dire sans méthode, mais abondamment. Il n'était jamais fébrile, et il semblait toujours flâner : cependant il avait du temps pour tout. C'était à croire qu'il avait intégré plusieurs vies d'hommes.

Parmi les témoignages écrits qui nous ont préservé quelques miettes seulement de la vie du poète à cette époque luxuriante, il en est deux que nous reproduirons, en raison de leur saveur, et qui feront voir combien, dans les milieux les plus différents, Walt restait identique à lui-même, le même homme pour tous, aussi royalement simple et à l'aise sur le seuil d'une boutique ou sur le pont d'un bac, que dans un intérieur bourgeois avec

(1) Reproduit dans *Camden Edition*, I, p. 80.
(2) *Camden Edition*, IX et X, *passim*.

des femmes. Les attachants souvenirs du marinier Thomas Gere, qu'il fréquenta beaucoup entre 1854 et 1860, nous renseignent sur ses rapports avec ses copains du peuple, qui furent toujours ses plus intimes amis. Ils semblent répondre à la question que Thoreau avait posée à Walt : « Qu'est-ce que vous trouvez dans le peuple ? »

Il y a trente ans, disait le marinier en 1882, étant employé sur un bateau à vapeur de l'East River, je fis la connaissance de Walt Whitman et, depuis ce moment, le souvenir de notre liaison a été conservé précieusement par moi et par mes compagnons du bateau. Il vint parmi nous simplement comme un passager aimant à lier conversation, mais bientôt ses façons aimables et bienveillantes firent de lui un visiteur accueili avec joie. Nous connaissions quelque peu sa réputation d'écrivain, mais la chose ne fit pas grande impression sur nous ; et lui de son côté n'essaya jamais d'exhiber des talents ou un savoir qui auraient pu le moins du monde nous faire sentir qu'il n'était pas « des nôtres et l'un des notres », comme il le disait.

... Dans nos longues heures de quart — car il passait des après-midi et même des soirées entières avec nous — il parlait politique, littérature, art, musique ou drame, d'une façon claire et sans se départir du ton de la conversation, tirant tout cela d'une réserve en apparence inépuisable de connaissances... « Mon garçon, disait-il souvent après avoir développé avec simplicité mais éloquemment quelque sujet, il faudra que vous lisiez davantage là-dessus vous-même », et ensuite il mettait généreusement sa bibliothèque à la disposition de son interlocuteur. J'ai vu un jeune gars laver le pont du bateau avec l'*Homère* de Walt dans la poche de sa vareuse ! En tous temps il était d'une curiosité avide pour tout ce qui se rapportait à la Rivière ou au bateau. Il fallait qu'on lui expliquât la raison des faits et gestes du pilote, du mécanicien, du chauffeur et même des hommes du pont. En outre, il voulait connaître par le menu toutes les choses du bord, depuis le nœud de l'extrémité d'une corde à seau jusqu'à la structure de la machine. « Racontez-moi tout cela, mes enfants, disait-il, car ce sont là les choses réelles que je ne puis apprendre dans les livres... »

L'aspect physique de Walt attirait grandement l'attention des passagers quand il montait à bord. Il avait six pieds de haut, avec la charpente d'un gladiateur, une barbe grise flottante qui se mêlait aux poils de sa large poitrine légèrement dénudée. En manches de chemise, une chemise à carreaux bien propre, le pantalon souvent rentré dans ses chaussures, sa belle tête couverte d'un immense chapeau de feutre noir ou clair aux bords rabattus, il marchait sur le pont d'un pas naturellement majestueux, symbole massif d'aise et d'indépendance...

Quelles soirées heureuses c'était pour nous lorsque Walt venait nous voir après une longue journée d'étude dans sa chambre ou dans une grande bibliothèque de New-York ! Alors, il « paressait » et se répandait en anecdotes riches, spirituelles, en sarcasmes drôles sur les événements et les hommes du jour, à notre grande joie. Parfois quelque littérateur ami venait le rejoindre, ordinairement à notre grand ennui, ou dirai-je peut-être que c'était de la jalousie, car nous nous imaginions que, d'une certaine façon, Walt nous appartenait presque.

Walt aimait à la passion l'opéra, et nombreux étaient les morceaux et les airs dont il nous régalait d'une voix pleine et mâle, lorsqu'il y avait peu de passagers et qu'on les supposait endormis sur les bancs. Je lui ai entendu réciter tout au long quelque monologue d'*Hamlet*, de *Lear*, de *Coriolan*, et de *Macbeth;* parfois il s'arrêtait soudain et disait avec un intense mécontentement : « Non, non, non ! c'est de cette façon-là que les mauvais acteurs le réciteraient », puis il recommençait et disait le morceau de la manière la plus impressionnante... (1).

Voici d'autre part un fragment des longs souvenirs, écrits en 1881, de Mlle Helen Price, de Woodside (Long-Island), dont la famille entretint des relations suivies avec le poète à partir de 1856, — et qui nous introduisent sans transition dans la calme intimité d'un foyer bourgeois, que Walt, à ses heures, savait goûter, malgré ses préférences pour le plein air et les êtres qui y vivent :

Je vivais à ce moment-là [1856] à Brooklyn avec mes parents, et quoique je ne fusse guère plus qu'une enfant, l'impression que firent sur mon imagination de fillette, sa vaste et haute personne, son costume ample et indépendant et sa voix musicale ne s'effacera jamais.. Quelques mois après notre première entrevue avec M. Whitman, ma mère invita un jour Mme Eliza A. Farnum (ancienne matrone de la prison de Sing-Sing) pour qu'elle pût se rencontrer avec lui chez nous. Au début de la conversation, il lui dit : « Je vous connais davantage que vous ne le supposez, Madame Farnum ; j'ai souvent entendu parler de vous à Sing-Sing par des amis à moi, pendant le temps où vous y étiez. » Ensuite se tournant vers M. A... [un ami de la maison qui avait une opinion plutôt aristocratique de la démocratie] assis à côté de lui, il ajouta à mi-voix, moitié sérieux moitié railleur : « Des prisonniers ». Ceci fut dit uniquement au bénéfice de M. A... comme une espèce de supplément à leurs conversations sur la démocratie...

(1) Bucke : *Walt Whitman*, pp. 32-34.

M. Whitman n'était pas un causeur disert, à la langue bien pendue, et même il n'avait pas une très grande facilité de parole. Les idées semblaient toujours lui être amenées ou suggérées par ce qui avait été dit auparavant, et il hésitait fréquemment pour trouver l'expression exacte qui rendait sa pensée. Il ne donnait jamais l'impression d'un homme dans l'esprit duquel les mots sont tout préparés, ou qui les a au bout de la langue, prêts à servir à l'occasion; mais, en l'écoutant, vous aviez la sensation de choses fraîchement pensées, ce qui donnait à tout ce qu'il disait un charme indescriptible. Son langage était fort, riche et vivant au suprême degré, et même dans les moments où il était le plus sérieux et convaincu, sa conversation était toujours éclairée par de fréquentes lueurs d'humour. (Je crois que les critiques ont prétendu qu'il ne possédait pas d'humour. Il ne saurait y avoir de plus grande erreur.) J'ai dit que dans la conversation il ne parlait pas très facilement; cependant, quand il s'était animé en causant sur un sujet très proche de son cœur, les mots sortaient rapides et il avait des accents d'une éloquence merveilleuse...

Comme écouteur (tous ceux qui le connaissent seront de mon avis) je crois qu'il était et qu'il reste unique. Il était toujours plus désireux de connaître votre pensée que d'exprimer la sienne. Souvent lorsqu'on lui demandait son opinion sur un sujet quelconque, ses premiers mots étaient : « Contez-moi ce que vous avez à dire là-dessus. »... Il semblait faire venir à la surface le meilleur de ce qui était dans l'être de ses interlocuteurs. Il ne m'a jamais fait l'effet d'un homme vaniteux ou égotiste, bien que je l'aie souvent entendu dire lui-même qu'il l'était. Au contraire il était toujours modeste et sans prétention dans sa façon de soutenir ses opinions personnelles, et semblait avoir le sentiment, ou au moins il le donnait aux autres, que la leur avait plus de valeur que la sienne...

J'ai découvert toutefois dans son caractère quelque chose que, par manque d'un mot meilleur, j'appellerai vanité. Je crois que cela provenait de sa vitalité et de sa force surabondantes. Pendant toutes ces années-là il se faisait gloire de sa santé, de ses splendides proportions, de sa vie élastique et débordante (c'était pendant les dix premières années que je le connus), et toute cette soi-disant singularité qu'il y avait dans son costume et sa physionomie provenait, je crois, de cette conscience particulière ou de cet orgueil...

Un jour, c'était, je crois, en 1858, il vint nous voir, et, après avoir causé un moment sur différents sujets, il annonça, avec une certaine hésitation, me sembla-t-il, qu'il avait écrit une nouvelle pièce de poésie. En réponse à nos questions, il dit qu'elle avait pour thème un oiseau moqueur, et que le morceau était fondé sur un incident réel. Ma mère lui demanda de nous l'apporter et de nous la lire, ce qu'il promit de faire. En dépit de cette promesse, nous doutions un peu qu'il nous la montrât et nous fûmes donc agréablement surpris lorsque, quelques jours après, il apparut avec le manuscrit de *Du Berceau à l'éternel balancement* (1) dans sa poche. D'abord il demanda à l'un de nous de lire le poème. M.A... le prit et le lut d'un bout à l'autre avec beaucoup de sentiment et en montrant combien il l'appréciait. Il pria ensuite ma mère de le lire, ce qu'elle fit. Et enfin, sur notre demande spéciale, il le lut lui-même... A chacune de ces lectures de nouvelles beautés se révélaient à moi. Je n'aurais pu dire laquelle des trois lectures je préférais ; il aimait celle de ma mère et M.A... aimait celle du poète. Lorsque les trois lectures furent finies, il demanda à chacun de nous quelles observations nous avions à faire dans n'importe quel sens, et je me rappelle encore ma confusion et mon embarras extrêmes lorsqu'il vint à m'interroger, moi aussi.

Il dit une fois (j'ai oublié quel était le sujet de la conversation, je crois que c'était sur l'amitié) qu'il y avait une signification merveilleusement profonde (« en s'éloignant de deux ou trois degrés », selon son expression), dans les vieux contes de la mythologie. Dans celui de l'Amour et Psyché, par exemple : cette légende signifiait pour lui que les mots ardents en vue d'exprimer l'affection aboutissaient souvent à la détruire. C'était comme le fruit d'or qui tombait en cendres dès qu'on le saisissait ou même le touchait. Pour illustrer ceci, il cita le cas d'un jeune homme qu'il avait l'habitude de rencontrer tous les matins à l'endroit où il se rendait pour travailler. Une délicieuse amitié et sympathie silencieuse s'étaient développées entre eux. Mais un matin qu'il allait, comme d'habitude, à l'atelier, le jeune homme s'avança, lui serra la main violemment et lui exprima en termes enflammés l'affection qu'il ressentait pour lui. M. Whitman dit qu'à partir de ce moment tout le charme subtil de leur amitié inexprimée disparut...

Je ne doute aucunement qu'il avait des moments d'étrange abstraction et exaltation, bien que lui-même refuserait de l'admettre. Je me rappelle avoir entendu ma mère décrire une entrevue qu'elle eut une fois avec lui, dans les premières années où nous le connaissions, lorsque nous habitions à Brooklyn. Le sujet de leur conversation était la mort. Pendant quelques minutes, dit-elle, son visage fut empreint d'une expression qu'elle ne lui avait jamais vue auparavant : il semblait transporté, complètement absorbé. En décrivant la scène par la suite, elle dit qu'il apparaissait comme un homme en extase. Est-ce que ceci ne serait pas la clef de maintes pages des *Feuilles d'Herbe* ? ... Après l'entrevue dont je viens de parler, ma mère eut toujours le sentiment qu'elle l'avait vu dans l'état où nombre de ses premiers poèmes furent conçus (2)...

(1) Walt Whitman : *Leaves of Grass*, p. 196.
(2) Bucke : *Walt Whitman*, pp. 26-31.

IV

EMERSON ET WHITMAN

Trois ou quatre ans après leur seconde édition, les *Feuilles d'Herbe* avaient prodigieusement poussé : Walt possédait en manuscrit une centaine de nouveaux poèmes. C'était l'été de son œuvre qui était venu. Alors, un fait vint lui prouver que, malgré la réprobation violente soulevée par ses tentatives antérieures, il avait réussi à propager un certain « avant-goût de lui-même ». Des éditeurs de Boston, ouverts aux tentatives jeunes, la maison Thayer et Eldridge, proposèrent au poète de lui publier une nouvelle édition de son livre, disparu de la circulation depuis 1856.

Vers la fin de l'hiver de l'année 1860, Walt se rendit donc à Boston pour surveiller l'impression du volume, opération qui était et resta jusqu'à la fin pour lui, homme du métier, minutieuse, lente et personnelle. Il y séjourna tout le printemps. Le milieu était nouveau pour lui ; il ne connaissait pas encore le New-England, n'ayant quitté sa ville que lors de son grand voyage en Louisiane. Aussi, tout en relisant ses épreuves sans hâte, étudia-t il à loisir la vie de la rue, la cité et ses environs.

Des souvenirs heureux se rattachent à cette visite. Emerson se dérangea plusieurs fois pour venir trouver le poète, et c'est au cours de ces entrevues que les deux hommes eurent une conversation, qui devait rester fameuse. « A Boston, lorsque les gens ont à causer, ils vont au Communal : allons-y », avait dit Emerson. Ce jour-là, le sage voulait s'expliquer à fond avec son ami, sur un point qui lui tenait à cœur : l'affaire était l'importance, au moment où celui-ci préparait une nouvelle édition de ses poèmes. Des années plus tard, à l'occasion d'une autre visite à Boston, Walt Whitman résumait en ces termes la natière de cette causerie historique :

Vers le milieu d'un jour clair et vif de février, il y a vingt et un ans, je passai deux heures à monter et à descendre cette large avenue près de Beacon street, entre ces mêmes vieux ormes, en compagnie d'Emerson, alors dans sa fleur, doué d'une vue perçante, physiquement et moralement magnétique, armé de toutes pièces, et quand il le voulait, sachant se servir des émotions tout autant que de l'intellect. Pendant ces deux heures, ce fut lui qui parla et moi qui écoutai. Ce fut une argumentation et un exposé, avec reconnaissance pour examiner le terrain, revue passée, attaque, et pointe poussée en avant (comme un corps d'armée en ordre de bataille, artillerie, cavalerie, infanterie) de tout ce qu'on pouvait dire contre cette portion (et une portion essentielle) qui est entrée dans la construction de mes poèmes, les *Enfants d'Adam*. Plus précieuse que de l'or fut pour moi cette dissertation, — elle m'offrit, à jamais dans la suite, cette singulière et paradoxale leçon : chaque point de l'exposé d'Emerson était irréfutable, aucun acte d'accusation dressé par un juge ne fut jamais plus complet ni plus convaincant, jamais je n'avais entendu mettre si bien en valeur les arguments, — et, néanmoins, après ces paroles, je sentis au fond de mon âme la conviction claire et indubitable de n'écouter rien de tout cela et de poursuivre ma propre voie. « Et maintenant qu'avez-vous à répondre ? » dit à la fin Emerson, en manière de conclusion. « Rien du tout, sinon que, tout en me reconnaissant incapable d'y faire aucune réponse, je me sens plus résolu que jamais d'adhérer à ma propre théorie et de l'appliquer », fut ma franche et sincère réponse. Là-dessus nous partîmes faire un bon déjeuner à l'American House. Et à partir de ce moment-là je n'hésitai plus jamais ni ne fus plus une seule fois touché par des scrupules (comme je l'avais été, je le confesse, deux ou trois fois auparavant) (1).

Emerson s'était adressé à lui avec l'affection réelle et pressante d'un frère aîné, en manifestant toute la ferveur communicative de sa magnifique nature; et Walt, dont la douceur têtue avait été plus forte que les plus décisives paroles du philosophe, s'était senti profondément touché par la chaude sympathie qu'Emerson lui avait témoignée ce jour-là (2). Ce ne

(1) Walt Whitman : *Prose Works*, p. 191.
(2) Kennedy : *Reminiscences of Walt Whitman*, p. 77.

fut pas là l'unique circonstance où le poète eut à subir des assauts du même genre : maintes fois des amis le pressèrent de supprimer ou d'atténuer les passages « sexuels » de son livre. En les maintenant, lui disait-on, il commettait la plus fatale des imprudences, car c'était se vouer, lui et son œuvre, à l'universelle réprobation et fournir des arguments redoutables à ses adversaires. Pourquoi retenir ces versets naturalistes que nul regard ne pouvait rencontrer sans rougir ? Que lui aurait-il coûté de les faire disparaître afin que le public ne fût pas empêché de découvrir les réelles beautés de ses poèmes ? Emerson et les autres jugeaient probablement inadmissible le traitement poétique de la « pure sensualité ». En tous cas ils avertissaient l'auteur des *Feuilles d'Herbe* du grand danger qu'il courait, de conserver devant le monde une réputation d'écrivain obscène, qui l'empêcherait à jamais de faire accepter son message. Il fallait supprimer cette infranchissable barrière qui se dressait entre le public et lui. Et Walt, ainsi sollicité, ne discutait pas, ne cherchait pas à justifier son réalisme intégral. Il ne répondait rien, ayant en lui-même des raisons, que la raison ne connaissait pas. Ou bien il se contentait de répliquer avec un sourire, comme il le fit un jour à l'un de ses intimes qui le chapitrait sur ce sujet : « Si vous avez besoin de me poser cette question, John, cela prouve pour le moins que le livre n'a pas été écrit pour vous (1). » Rien de tout cela ne l'ébranlait ; aux objurgations affectueuses, il opposait la même résistance passive qu'aux furibondes diatribes de ses détracteurs. Il était lui et il n'avait pas à faire de concessions. Qu'il ait eu finalement tort ou raison, l'avenir le dirait ; en attendant, il était venu au monde pour se proposer tel qu'il était. Certains l'eussent préféré châtré : mais il était un mâle et il gardait les attributs du mâle. Il avait regardé le monde de ses yeux clairs et il n'y avait rien découvert d'immoral : hormis une seule chose peut-être — mais si petite, de si minime importance ! — la pudeur malsaine de ces misérables fanatiques, rejetons d'une humanité pervertie, que la grande image phallique, dressée

(1) Bucke : *Walt Whitman*, p. 144.

par lui dans toute sa souveraine noblesse, faisait frémir d'horreur.

Durant ce séjour à Boston, Walt noua des amitiés littéraires qui, à brève échéance, devaient influer sur le destin de son livre. Encore une fois s'attestait cette curieuse anomalie : c'était dans la cité puritaine, dont son tempérament, tous ses libres instincts d'homme et de poète l'éloignaient, qu'il trouvait des sympathies compréhensives. Il avait rencontré en Charles Eldridge, son éditeur, un véritable camarade non moins qu'un admirateur. C'est également au cours de cette visite qu'il fit la connaissance de John Townsend Trowbridge, auquel nous devons un récit de ses premières entrevues avec le barde de Brooklyn. La première édition des *Feuilles d'Herbe* l'avait conquis d'emblée, et par la suite, malgré les réserves nombreuses que lui imposait sa nature passablement formaliste, il n'hésiterait pas à rendre hommage au génie de l'homme qu'il avait connu aux premières heures de la lutte :

... Un jour, raconte Trowbridge, un ami m'arrêta dans Washington street et me communiqua cette nouvelle renversante : « Walt Whitman est en ville ; je viens de le voir ! » Je lui demandai où, et il me répondit : « A la Stéréotypie, juste au coin. Venez ! Je vais vous conduire auprès de lui. » L'auteur des *Feuilles d'Herbe* revêtait dans mon imagination des proportions presque surhumaines ; et j'étais rempli du même émerveillement que si j'avais été convié à une rencontre avec Socrate ou le roi Salomon. Nous trouvâmes un homme grand, avec la barbe et les cheveux gris, de mise très simple, assis à une table en train de corriger des épreuves dans un petit bureau sombre... D'après les descriptions qu'il avait données de sa personne et en me fondant sur l'allure impétueuse de ses vers, je me l'étais figuré sous les traits d'un homme impérieux, alerte, hautain, méprisant les usages de la société ; et, au lieu de cela, je me trouvais en face du plus tranquille des hommes... La conversation qui suivit fut très calme et se prolongea dans une tonalité basse. Et je partis quelque peu désappointé qu'il n'eût point dit ou fait quelque chose d'extraordinaire et d'admirable ; l'absence de tout effort pour faire une bonne impression me parut être un des traits remarquables de l'homme.

Je m'entendis infiniment mieux avec lui, le dimanche suivant, lorsqu'il vint me voir à Prospect Hill, Somerville, où je demeurais alors. Le temps était admirable, — c'était le commencement de mai et les quelques amis que je lui présentai étaient des esprits congéniaux. Il se montra plein de gaieté et d'animation et nous passâmes ensemble la journée sur un tel pied de cordialité familière que lorsque je le quittai le soir, sur le pont d'East Cambridge, où je l'avais accompagné dans son retour à Boston, je sentis qu'une grande et nouvelle amitié avait rayonné sur ma vie... Whitman était en ce temps-là, comme il le fut toujours d'ailleurs, un homme dont l'apparence frappait. Il portait le col de sa chemise ouvert sur la gorge, exposant sa poitrine poilue, d'une manière franchement anti-conventionnelle. La cravate finissait en un nœud lâche ou pendait défaite, ses bouts sinueux rentrés quelque part dans ses vêtements. Il était scrupuleusement propre dans toute sa personne... Sa tête était massive, sa peau vermeille et tannée ; son front creusé de rides et son grisonnement prématuré le faisaient paraître beaucoup plus vieux qu'il n'était. M. Howells, dans ses *Premières Impressions du New-York littéraire*, décrivant une entrevue qu'il eut avec lui quelques mois plus tard, en cette même année 1860, l'appelle « le bon vieillard ». Whitman avait alors quarante et un an (1).

D'autres souvenirs intéressants se rattachent à ces mois où, loin de Manhattan, Walt corrigeait les épreuves de ses nouvelles *Feuilles*. Sanborn raconte que, ce printemps-là, cité devant l'ancien tribunal de Boston pour une affaire se rapportant au fameux raid du capitaine John Brown, — le héros anti-esclavagiste de Harper's Ferry, dont Thoreau avait prononcé l'année précédente le panégyrique enflammé — il remarqua près de la porte un homme de haute taille, à la physionomie et à la mise très particulières. C'était Walt qui était venu là pour veiller à ce que justice fût rendue à Sanborn ; si le jugement avait été contre lui, un groupe d'amis, dont Walt faisait partie, étaient résolus à le délivrer (2). Ce fut à cette époque également que le poète entendit le Père Taylor, le ministre d'une pauvre chapelle de marins, que quelque ami, Emerson peut-être, lui avait indiquée. Lui, qui se tenait strictement à l'écart des oratoires, se trouvant plus à l'aise et plus près de l'infini dans la grande cathédrale du monde, fut remué dans les profondeurs par les extraordinaires accents de cet ancien matelot, autant que ses parents, dans son enfance, par les sermons d'Elias Hicks, le prédicateur quaker, « aux yeux noirs qui étincelaient

(1) J. T. Trowbridge, *Reminiscences of Walt Whitman*. The Atlantic Monthly, fév. 1902.
(2) Kennedy : *Reminiscences of Walt Whitman*, p. 49.

par moments comme des météores ». Il se trouvait en face d'un homme chargé de « latente passion volcanique », et non d'un desservant débitant d'un ton nasillard ses prêches nauséeux ; d'un véritable génie, dont la puissance animique dépassait immensément toutes les règles de l'art oratoire, et qui soulevait en lui une émotion d'humanité poignante. Seule peut-être la voix d'Alboni l'avait autant ému que celle du pauvre prêtre.

Dans la tranquillité des dimanches matin,— a-t-il raconté lui-même — j'aimais à me rendre de bonne heure à la curieuse église à l'aspect de cabine de navire, où le vieillard officiait...

Le père Taylor était un homme de taille médiocre, en réalité plutôt petit (il me rappelait le vieux Booth, le grand acteur, mon favori en ce temps-là et pendant les années précédentes), d'un âge avancé, mais alerte, avec des yeux bleus ou gris, très doux, ayant bonne prestance et une bonne voix. Dès qu'il ouvrait la bouche, je cessais de prêter une attention quelconque à l'église ou à l'assistance, aux tableaux, aux lumières et aux ombres ; j'étais complètement empoigné par un charme beaucoup plus puissant... Je me souviens que les prières du vieillard faisaient sur moi l'impression la plus profonde et qu'invariablement elles me touchaient jusqu'aux larmes... Car lorsque le père Taylor prêchait ou priait, la rhétorique et l'art, le pur verbalisme (qui jouent d'habitude un si grand rôle) semblaient absolument disparaître, et le *sentiment vivant* s'avançait sur vous et vous saisissait avec une puissance jusque-là inconnue. Tout le monde ressentait cette merveilleuse et formidable influence. Un jeune marin, du Rhode-Island (qui venait tous les dimanches, et dont je fis la connaissance, ayant causé avec lui une ou deux fois en nous en allant) me dit « que ce devait être le Saint Esprit dont on nous parle dans le Testament (1) ».

En juin ou juillet, le livre parut enfin. C'était un très bel in-12, incomparablement supérieur comme aspect aux deux premières éditions : il était visible, en parcourant ces 456 pages, imprimées sur un papier de choix, qu'une maison sérieuse cette fois avait fait les frais du volume. Pourtant certaines dispositions inusitées lui conservaient un cachet particulier. C'est ainsi que le titre sur la première page s'étalait en lettres naïvement calligraphiées et ornées et qu'au-dessus de la date

(1) Walt Whitman : *Prose Works*, pp. 383-4.

« 1860-61 », inscrite au bas de la page, on pouvait lire : « An 85 des Etats. » Sur la couverture apparaissaient divers emblèmes primitifs, également employés dans le cours du volume : un lever de soleil sur la mer, un globe dans l'espace, un papillon posé sur une main. Walt n'aimait pas le volume quelconque, simple produit de confection : il tenait à ce qu'extérieurement il portât l'empreinte d'une personnalité. La caractéristique image qui accompagnait les deux premières éditions — et qui reparaîtra à la sixième, pour accompagner dès lors le volume à travers ses métamorphoses, — était remplacée par une reproduction d'un portrait à l'huile, peint par Charles Hine en 1859, où Walt ressemble un peu à un ancien capitaine de la mer.

Cent vingt-quatre poèmes nouveaux s'étaient ajoutés aux trente-trois pièces primitives. Le volume était complètement transformé. Non seulement il avait formidablement grandi, mais son aspect fragmentaire avait disparu. Pour la première fois, il se présentait comme un tout organique avec un prélude et un finale ; et l'auteur y prononçait déjà le mot essentiel, à savoir que son livre n'est pas un simple livre, mais un homme qui vient à vous pour vous parler et s'offrir. La plupart des poèmes étaient distribués en quatre groupes : *Chants Démocratiques*, *Feuilles d'Herbe*, *Enfants d'Adam*, *Calamus*, suivis de quelques autres portant un titre individuel. Walt avait réuni dans les *Enfants d'Adam* tous les morceaux qui avaient fait hurler à l'indécence et que ses amis l'avaient supplié de bannir de la nouvelle édition : ces prodigieuses pages païennes où il magnifiait avec une ferveur religieuse la beauté sacrée des organes par où l'electricité de la vie se communique. Pourquoi écarter ce qui était si pur et si grand ? A ses yeux, ce qui attestait dans l'opinion d'une foule, pervertie par les enseignements sophistiques, la bassesse humaine, se découvrait au contraire comme l'attribut le plus haut de l'espèce. Et il venait se proposer le Procréateur aux reins puissants qui engendrerait une nouvelle race d'hommes plus fière pour l'Amérique et pour le monde, l'innombrable famille des enfants du Nouvel Adam. Le poète n'avait fait aucune concession : bien qu'il eût abondamment revisé ses anciennes pages, toutes les images « sexuelles » étaient maintenues. Par contre, obéissant à une impulsion quaker, il avait remplacé le nom des mois par les appellations usitées dans le calendrier de la secte des Amis : premier mois, deuxième mois, etc..., au lieu de janvier, février, etc... Walt était de son temps, mais il était aussi de sa lignée ; et en tout, il restait fidèle à l'appel intérieur. Dans la quatrième partie, *Calamus*, il publiait la soif de camaraderie passionnée, d'affection étroite d'homme à homme, qui le tourmentait jusqu'à la douleur, et que jamais il ne parvenait à étancher, dans les proportions de son désir.

Malgré qu'elle ait été abolie par des remaniements ultérieurs, cette édition demeure la plus colorée, la plus truculente, la plus audacieuse de toutes celles que connurent les *Feuilles d'Herbe*. Le Walt Whitman de la quarantième année s'y révèle sauvagement, avec toutes ses ardeurs viriles. Et en dépit des redistributions successives et du travail incessant de l'auteur sur ses poèmes, elle renferme le gros de la première moitié du livre, tel que nous le possédons aujourd'hui. Entre l'édition de 1855, qui fut la première assise, et l'édition de 1892, le parachèvement, celle de 1860 marque l'étape décisive, où les poèmes commencèrent de s'ordonner définitivement. Les contours principaux de l'édifice futur s'y retrouvent déjà.

Cette fois, le Long-Islandais mettait à la voile sous d'heureux auspices. Il avait pour lui l'appoint considérable d'une maison d'édition sérieuse, avec ses moyens de publicité, et la nef sous son nouveau gréement, avec sa coque renforcée, était de taille à résister aux bourrasques. Aussi l'aventure fut-elle différente. Le bateau ne gagna pas tout de suite la haute mer ; il louvoya, profitant des vents favorables, mais faisant peu à peu son chemin. Et Walt regardait son pavillon flotter à l'arrière, dans le soleil du matin.

Le livre eut une vente modérée, mais certaine. Non seulement la menace du terrible four des deux éditions antérieures était conjurée, mais deux ou trois mille exemplaires partis, n'était-ce pas le succès, pour une telle œuvre ? Depuis cinq ans, en raison de l'opposition forcenée qu'avait soulevée le « jappement barbare » du poète de Brooklyn, des curiosités s'étaient éveillées. On voulait se rendre compte de ce qu'était au fond cet homme terrible dont la légende faisait tour à tour un pitre ou un satyre. Ce n'était pas en tous cas un homme ordinaire. Quelqu'un qui s'avance, impassible sous les huées, éveille l'intérêt des gens attentifs : et certains considéraient le phénomène, à travers les pages du livre. Des bizarreries et des énormités qui, tout d'abord, avaient provoqué le rire ou des fureurs, choquaient moins à présent. Le public faisait, en un mot, le premier pas, non vers l'acceptation, mais vers l'examen.

Cependant les aménités du goût de celles qu'il avait pu savourer quatre ans plus tôt ne manquèrent pas au poète. Il savait d'avance que sa ration lui serait servie pleine et entière. Des entrefilets fielleux, insultants, ineptes, signalaient le grand paillasse à l'attention des foules. Çà et là des piailleries s'élevaient, révélant que quelque honnête sacristain, sous les yeux duquel ce livre était tombé, avait failli être suffoqué d'indignation. Une gazette littéraire, par exemple, résumait en cette formule élégante et concise son opinion sur le livre : « De tous les écrivains que nous ayons jamais lus, Walt Whitman est le plus bête, le plus blasphématoire et le plus dégoûtant. Si nous pouvons trouver des épithètes plus fortes nous les publierons dans une seconde édition (1). »

Cependant on ne remarquait plus la même unanimité dans l'outrage. La vente du volume était un signe, et les éditeurs, qui avaient foi en leur poète, étaient fermement décidés à le soutenir. De temps à autre paraissait un compte rendu sympathique, et Walt, selon son habitude, dut venir lui-même à la rescousse en faisant passer dans des feuilles amies des articles anonymes. Mais le point le plus important c'était qu'une feuille hebdomadaire avait pris sa défense avec chaleur (2). La *New York Saturday Press* était un organe de combat, où de jeunes écrivains exaltaient toutes les hardiesses, en criblant de flèches acérées les bonzes de la littérature, et particulièrement les majestueux philistins de Boston : son directeur, Henry

(1) Bucke : *Walt Whitman*, p. 202.
(2) J. Burroughs : *Notes*, p. 11.

Clapp, était un habitué de chez Pfaff, la brasserie allemande où se réunissaient les « Bohêmes » dont Walt faisait partie, et où W. D. Howells le rencontra en août de la même année. Il était donc tout naturel que la *Saturday Press* défendît un homme de son groupe et championnât sa cause contre les apôtres de la respectabilité. En outre, l'*Atlantic Monthly*, la revue littéraire bostonienne que dirigeait alors Lowell, avait témoigné à Walt Whitman quelque considération en lui publiant un poème dans son numéro d'avril (1).

C'est immédiatement après cette édition que la maison Thayer et Eldridge avait publié une singulière brochure, les *Leaves of Grass Imprints*, « sorte de sillage après le passage du navire », où le poète avait recueilli pêle-mêle tous les comptes rendus que lui avaient attirés son livre depuis 1855. Dans une page anonyme que Walt publia lui-même sur cette plaquette dans un journal de Brooklyn (il n'est pas imprudent de lui en attribuer la paternité, car on y reconnaît clairement sa manière), sa justification se trouve présentée en des termes si nets et si compréhensifs que nul partisan n'aurait été capable de mieux faire ressortir l'essentiel apport des *Feuilles d'Herbe*. On y reconnaît surtout une candeur et une fermeté d'accent supérieures à toutes les dialectiques.

... Un homme « de santé parfaite » s'avance ici, ayant consacré sa vie à l'œuvre de chanter le nouveau monde dans un Chant Nouveau — non seulement nouveau en esprit, mais nouveau dans la lettre, dans la forme. Pour lui, l'Amérique ne signifie nullement une seconde édition, une adaptation de l'Europe, elle ne se contente pas simplement d'une nouvelle théorie et pratique de la politique, mais au-dessus de sa politique et plus importante qu'elle, il lui faut inaugurer de neuves et infiniment plus généreuses et compréhensives conceptions de la sociologie, de la littérature, de la religion et de la camaraderie...

L'accusation d'indécence contre les *Feuilles d'Herbe* revient, quand elle est clairement formulée, à peu près à ceci : Les autres écrivains prétendent que les relations sexuelles sont honteuses en elles mêmes et qu'elles ne doivent pas être introduites dans des poèmes. Mais notre nouveau barde prétend que ces relations sont les plus splendides, les plus pures et les plus divines de toutes — et c'est selon

(1) B. Perry : *Walt Whitman*, p. 127.

cette idée qu'il les « célèbre ». Il n'y a pas à s'étonner qu'il confonde les orthodoxes. Pourtant son indécence est l'indécence qui apparaît sans cesse chez les écrivains bibliques inspirés : c'est également celle du jeune homme naturel et non souillé de tous les âges... Immonde pour d'autres, *pour lui* le sujet qu'on lui reproche d'avoir traité *n'est pas* immonde, mais « glorieux ».Qui, d'eux ou de lui, est réellement l'« animal » ?

Ceux qui connaissent véritablement Walt Whitman seront démesurément amusés par les allégations publiées sur son compte dans certaines de ces critiques. Nous croyons que c'est le Dr Johnson qui disait que les personnes tant soit peu célèbres peuvent évaluer quelle part de vérité contiennent l'histoire et les biographies, en pesant le total de cet article qui se trouve dans les sottises qu'on imprime ou qu'on raconte sur eux-mêmes (1).

Il y avait donc des motifs d'espoir, car une aube d'attention semblait se préparer. Peut-être bien qu'à la fin Walt arriverait à s'acquitter de sa mission. Mais il était écrit que l'audacieuse entreprise serait vouée aux mécomptes. Pour la plus grande gloire du poète peut-être, le mauvais sort ne serait pas aussi vite conjuré, et le nombre des obstacles s'égalerait à la formidable avance du livre sur son temps...

La nef de Walt,sortie cette fois par un temps clair, s'échouait sur un banc que nul pilote n'aurait pu éviter. On était à la veille de la guerre de Sécession, qui allait bouleverser le pays jusque dans ses racines. Quand elle éclata, la librairie fatalement fut atteinte. La maison Thayer et Eldridge, dont les rentrées ne purent s'effectuer, fit faillite, entraînant les *Feuilles d'Herbe* dans sa chute. Et tous les espoirs fondés sur cette édition furent ainsi fauchés d'un fer impitoyable et soudain. Pour comble de malheur, les empreintes du livre, vendues aux enchères, furent acquises à vil prix par un libraire de New-York, Richard Worthington, qui s'en servit par la suite pour tirer et vendre impunément des exemplaires de contrebande, dont la circulation frauduleuse ne cessa qu'à la mort du poète, lorsque ses exécuteurs testamentaires eurent racheté celles-ci.

Donc la malchance avait poursuivi Walt depuis six ans.

(1) Bucke : *Walt Whitman*, pp. 199-200.

Le livre une troisième fois disparaissait. Mais ce qui ne pouvait plus disparaître désormais, ce qui était à l'abri de toutes les bourrasques et ce qui était infiniment plus important que le succès ou l'échec d'une édition particulière, c'est que quelques personnes dans le monde — très peu assurément, mais de par la vertu inhérente à l'œuvre, son pouvoir infaillible de contagion, cela était assez — quelques personnes *avaient pris goût au livre*. Et cela, on ne le leur arracherait plus de la poitrine ! Walt avait été entendu par une douzaine peut-être d'individus d'élite qui ne laisseraient pas périr son message, mais qui l'exalteraient et le transmettraient. Son arbre avait pris racine. C'était le commencement du tout, le prélude des victoires futures. Les *Feuilles d'Herbe* ne seraient plus désormais sans défense contre les assauts des tenants de la « poésie » et de la « morale ».

Cette édition de 1860 notamment allait lui conquérir les deux hommes qui précèdent la cohorte de ses grands compagnons, deux hommes qui seraient non seulement ses amis les plus chers et les plus fidèles, mais les champions de son œuvre devant le monde : John Burroughs, le futur poète et naturaliste, et William Douglas O'Connor. Walt avait rencontré un jour ce dernier dans le bureau d'Eldridge, son éditeur, qui lui publiait un roman. Journaliste, il venait de perdre sa place pour avoir ardemment épousé, comme Thoreau, la cause de John Brown (1).

C'était un jeune homme de vingt-huit ans, ardent, généreux et beau, l'une des natures les plus nobles, les plus entières, les plus séduisantes qu'il fût possible de rencontrer, et Walt s'était tout de suite senti attiré vers lui. Il n'avait fait alors que l'entrevoir : bientôt les circonstances allaient les rapprocher intimement. D'autre part, un nouveau terrain se préparait en ce moment même, où la graine semée par le poète devait germer. Quelques exemplaires des deux premières éditions avaient pénétré en Angleterre, sans provoquer d'autre émoi que de rares et obscurs éreintements. Mais celle de 1860, accueillie par

(1) Binns : *Life of Walt Whitman*, p. 190.

quelques jeunes hommes, était destinée, en peu d'années, à susciter à Walt de ferventes admirations.

Dans la salle vide jusque-là, où le barde du Nouveau Monde avait proféré ses versets étranges, quelques auditeurs étaient entrés tout doucement. Et ils écoutaient cette voix puissante et tendre, remués malgré eux, tandis que l'homme impassible poursuivait sa récitation, comme devant un auditoire illimité, fait de l'humanité future, dont il semblait pressentir le jugement.

Avant d'abandonner cette première phase de la carrière du poète, que vient clore brusquement « un vaste événement qui absorbe tout, engloutissant tout ce qui est d'écrire ou de publier des poèmes ou d'y prêter attention (1) », le drame terrible de la guerre, il convient d'élucider un point qui a suscité maintes fois, et jusqu'à ces derniers jours, des controverses et des malentendus. Il s'agit de la question des rapports entre Walt Whitman et Ralph Waldo Emerson, sous ce double aspect : rapports d'œuvre à œuvre et d'homme à homme. Ce petit problème pourrait être jugé futile : cependant, l'intérêt n'est-il pas certain de préciser la situation et l'attitude réciproques du plus original penseur et du plus grand poète des États-Unis? Un Emerson et un Whitman ont une telle importance devant le monde qu'il semble que rien d'obscur ne doit subsister entre leurs deux noms.

Walt avait-il lu Emerson avant 1855, date de la première édition des *Feuilles d'Herbe?* Certains, se basant sur des analogies évidentes entre telles conceptions également chères aux deux écrivains, ont voulu voir dans les *Essays* du philosophe de Concord la source initiale et la cause déterminante du premier jet des *Feuilles d'Herbe*. J. T. Trowbridge représente avec notoriété cette opinion, amorcée par George W. Curtis dans le *Putnam's Magazine* vers 1860, et souvent reprise depuis par des gens qu'offensait l'écrasante originalité du poète de Manhattan (2). N'admirant les *Feuilles d'Herbe*

(1) J. Burroughs : *Notes*, p. 21.
(2) Voir lettre d'O'Connor dans Bucke, *Walt Whitman*, pp. 82-83.

u'avec bien des réticences, il a déclaré pourtant que rien d'égal u *Chant de Moi-Même* n'a paru en anglais depuis Shakes- eare (1). Mais pour lui, la première partie du livre reflète influence d'Emerson. Cette assertion, Trowbridge l'appuie ır différents faits, tels que certaines affirmations de Whit- nan dans sa réponse au philosophe, publiée en appendice à édition de 1856, et l'envoi d'un exemplaire des *Feuilles 'Herbe* à ce dernier; mais, avant tout, sur une déclaration ue lui aurait faite le poète, en 1860, à Boston. Pendant que Valt travaillait à ses maisonnettes, vers 1854, il lut un jour, ı prenant son repas solitaire de midi, un volume d'Emerson ı'il avait mis dans son panier avec son déjeuner. Ce fut une ·vélation. Rempli jusque-là d'aspirations indécises, ce contact ectrique l'éclaira jusque dans les profondeurs et le découvrit lui-même. Le poète formulait l'événement en ces termes carac- ristiques : « Je mijotais, mijotais, mijotais; Emerson m'a- nena au point d'ébullition (2). »

En face de ce récit, dont Trowdridge soutient énergique- ment l'authenticité, il existe une déclaration formelle du poète ui-même qui le contredit absolument. Interrogé franchement ar son ami W. S. Kennedy sur ce point de fait, Whitman ffirma, dans une lettre en date du 15 février 1887, qu'il n'avait as lu Emerson avant de faire paraître sa première édition (3). éjà un autre ami du poète, John Burroughs, qui écrivit ses *Notes sur Walt Whitman*, en 1867, avec des renseignements ournis par ce dernier, avait pris soin de consigner la même bservation. Ce n'est qu'à la suite de la lettre fameuse d'Emerson aluant les *Feuilles d'Herbe* et de sa visite à Whitman, pen- ant l'été de 1855, que celui-ci lut *Nature* et les *Essays;* il se ouvenait d'avoir mis les volumes dans son petit panier avec es provisions de bouche et sa serviette une fois que, selon son abitude, il allait passer la journée entière sur la plage alors éserte de Coney Island, pour lire, se baigner, se coucher au

(1) W. S. Kennedy : *Reminiscences of Walt Whitman*, p. 79.
(2) J. T. Trowbridge : *Reminiscences of Walt Whitman*. The Atlantic Monthly, fév. 1902.
(3) W. S. Kennedy : *Reminiscences of Walt Whitman*, p. 76.

soleil et rêver (1). Walt avoue d'ailleurs, dans cette mên lettre, que, comme beaucoup d'autres jeunes gens, il fut, à u certain moment, « frappé d'Emersonite », « quoique, — dit- — cela vint tard et n'affecta que la surface ». Et il repensa avec satisfaction à cette crise de jeunesse, stage habituel au « jeunes hommes d'esprit ardent (2) ».

Tel est le débat. Il semble que la contradiction soit flagrant Pour la résoudre et montrer qu'elle n'est qu'apparente, W. S Kennedy a dépensé beaucoup d'érudition et d'éloquence. Se lon lui, Walt connaissait avant 1855 la réputation d'Emerso et avait pu et dû lire des comptes rendus de ses ouvrages et de articles sur lui dans la *Democratic Review*, dont le premie fut, comme on le sait, un collaborateur habituel entre 1841 e 1847, et où parurent, à la même époque, maintes pages cou pées de copieuses citations, sur le philosophe dont la renom mée s'épandait alors dans toutes les sphères intellectuelles d'A mérique. En un mot, selon W. S. Kennedy, Walt connut alor Emerson sans le connaître tout à fait, ce qui justifiait ample ment l'envoi d'un exemplaire (3).

A notre sens, la question doit être envisagée à un point d vue quelque peu différent. Tout d'abord, il ne faut prendre à l lettre, croyons-nous, ni l'affirmation de Trowbridge ni celle du poète. A celle de ce dernier notamment il n'y a pas lieu d'attri- buer une importance absolue. Ce n'est pas manquer de respec envers sa grande figure que de constater son indifférence superbe à l'égard des dates. Tous ceux qui l'ont étudié de près connaissent cette tendance à l'imprécision en matière de chif- fres, qui était certainement un trait de sa nature, bien que la maladie et la vieillesse aient pu l'aggraver ; et, dans le cours même de sa réponse à W. S. Kennedy, où il affirme qu'il ne connaissait pas les écrits d'Emerson avant 1855, il se trompe de dix ans sans y prendre garde. Ensuite, étant données les curiosités du « lecteur omnivore » que fut Walt dans sa jeu- nesse, et son intérêt si vif pour toutes les manifestations de la

(1) J. Burroughs : *Notes*, pp. 16-17.
(2) Walt Whitman : *Prose Works*, p. 321.
(3) W. S. Kennedy : *Reminiscences of Walt Whitman*, pp. 79-83.

pensée de son temps, il est bien difficile de concevoir qu'il ne soit pas entré en contact avec Emerson, le plus original penseur d'alors, dont tous les journaux parlaient, dont les conférences et les livres excitaient tant d'enthousiasme et de discussions entre 1845 et 55. Et l'ayant connu et absorbé, — ne fût-ce que par des fragments, selon sa manière de lire, — il ne pouvait pas ne pas être saisi de sa signification et de sa grandeur, ne pas sentir les rapports — certains, intimes et merveilleux — entre son idée, qu'il n'avait pas encore formulée, et les conceptions invigorantes, neuves, rafraîchissantes de l'auteur de *Nature*. En vérité, il dut se sentir confirmé par une voix venue d'une tout autre région que la sienne. Il faut trouver là, selon nous, le sens et l'explication de sa lettre ouverte à son « cher Ami et Maître », — écrite en 1856, alors qu'il subissait, selon son aveu, une crise d'Emersonisme, et où, exaltant l'Individualisme, « ce nouveau continent » de l'Amérique intérieure, il ajoutait : « Ces rivages, c'est vous qui les avez découverts. Je dis que c'est vous qui y avez conduit les Etats, que c'est vous qui m'y avez conduit... » C'est là d'ailleurs une hypothèse que semble confirmer, — et convertir même en quasi-certitude — une note de la main du poète, retrouvée parmi ses papiers et qui accompagne un article de revue de mai 1847 (1), note qui établit sans conteste que la pensée de l'auteur des *Essays* lui était familière au temps où il la rédigea. Il n'était nullement nécessaire pour cela qu'il eût absorbé un volume entier d'Emerson ; avec son extraordinaire intuition, quelques paragraphes lui suffisaient pour pénétrer la pensée fondamentale du philosophe.

J'avoue que ces confirmations me paraissent superflues : à vrai dire, le fait n'est pas douteux. Walt n'aurait pas été Walt s'il avait tenu Emerson en dehors de sa vaste enquête sur la vie et les idées contemporaines. Je suis donc tout disposé à mettre sur le compte de sa mémoire fautive l'affirmation que contient sa lettre à W. S. Kennedy. J'estime aussi que, conscient comme il l'était de sa foncière originalité, de la parfaite authenticité de son poème et de son message, il dut éprouver

(1) *Camden Edition*, IX, pp. 159-160.

une certaine impatience momentanée à entendre ratiociner sur le cas de ses rapports spirituels avec Emerson — quelques petits esprits tout disposés à le vêtir en « disciple » du philosophe de Concord, d'où le ton un peu vif et très catégorique de cette lettre, où s'affirme fièrement et sans restriction une indépendance.

Cela veut-il dire que j'accepte la déclaration verbale que Trowbridge attribue au poète, dans les termes rigoureux où l'écrivain nous l'a transmise ? Nullement. Constater qu'il a dû connaître des fragments d'Emerson dans les années antérieures à son poème n'équivaut pas le moins du monde à prétendre que l'auteur du *Chant de Moi-Même* est redevable de son inspiration première au philosophe des *Essays*. Il est impossible de ne pas reconnaître en cette affirmation une pure naïveté. Qu'avait à faire avec tel ou tel philosophe, telles ou telles pages écrites, l'inspiration de Walt Whitman ? Les *Feuilles d'Herbe* ont jailli directement des réalités mêmes, du cœur des réalités *concrètes* au contact de sa personnalité. C'est le chant même des choses et des êtres, jusque-là considérés comme impropres à être traduits en poésie, qui prend son essor à travers un individu. Ce sont ces choses, ces êtres, ces spectacles, cet ensemble vivant, qui sont responsables de ce chant. Emerson, qui évoluait dans une sphère totalement opposée à celle de Whitman, n'a pu que lui apporter une confirmation momentanée, — peut-être précieuse, à cause précisément de tout ce qui les différenciait. Nous pouvons aisément admettre que tel chapitre du philosophe ait eu sur lui l'effet d'un coup d'aiguillon. Mais Emerson, à coup sûr, n'a pas été pour le poète ce qu'ont été les pilotes de l'East River, les ouvriers du port, les comédiens de la Batterie, les cochers de Broadway, les spectacles de la Baie, les rivages de Long-Island, ou les villages des bords du Mississipi et des Grands Lacs, qui eux, lui ont fourni l'étoffe même d'un livre qui, suivant la pittoresque expression de Kennedy, a jailli soudain « aussi unique de caractère que la flore et la faune d'une île Galapagos émergeant des eaux bleues du Pacifique (1) ». C'est cette humanité multitudinaire et ces larges

(1) W. S. Kennedy : *Reminiscences of Walt Whitman*, p. 79.

blocs de nature qui ont été la source primordiale et continue de son inspiration, que nul écrit n'était capable de déterminer.

Prétendre que l'auteur des *Feuilles d'Herbe* est un produit differencié de la philosophie de Concord, c'est déclarer que, sous un autre climat, l'éléphant peut sortir du daim, ou le bison du paon. Emerson et Whitman appartiennent à des *espèces* différentes. C'est pour cela qu'en un certain sens le poète avait pleinement raison, lorsqu'il écrivait à son ami : « Que j'aie lu ou non Emerson avant d'écrire les *Feuilles d'Herbe*, cela n'a aucune importance (1). » L'originalité de son livre est la plus absolue peut-être qui ait été jamais manifestée en littérature.

L'aveuglement serait presque égal de ne pas voir les concordances qu'offrent accidentellement les deux hommes. Par delà l'antimonie éclatante que déterminèrent leur hérédité, leur éducation, leur tempérament, leur tendance d'esprit aussi contraire que cela était possible, sur certains points, leur parallélisme est indéniable. Comment n'aurait-il pas salué joyeusement les *Feuilles d'Herbe* à leur naissance, celui qui, dix-sept ans auparavant, avait tracé, entre autres, ces lignes prophétiques de l'*Homme Pensant*, qui nous secouent d'un tressaillement électrique lorsque, en les parcourant, nous songeons à Walt Whitman ? Et quoi de plus naturel que ces concordances ? Nous avons remarqué que, de 1840 à 50, période intense de renouvellement pour la littérature et l'âme américaines, certaines idées étaient dans l'air, que tous les contemporains absorbèrent plus ou moins. Des aspirations communes, ressenties par Emerson et par Whitman, à quelques années de distance, se trouvèrent formulées par eux à travers leur œuvre vastement dissemblable.

Le géant de Brooklyn ne saurait porter nul ombrage au suave et merveilleux génie de Concord. Exalter le premier n'est pas diminuer le second. Ce sont deux grands-prêtres de l'Individualisme et de l'Optimisme ; l'un sort des sphères de l'esprit, l'autre des sphères de la vie vécue. Chacun, dans son

(1) W. S. Kennedy : *Reminiscences of Walt Whitman*, p. 76.

cercle, occupe une place suprême, bien que Walt Whitman, à un point de vue plus universel, l'emporte immensément sur Emerson.

Quels furent, d'autre part, les rapports personnels des deux hommes ? Quelle était surtout l'opinion intime d'Emerson sur le poète ? La question ne mérite qu'on s'y arrête qu'à cause de certaines basses calomnies auxquelles ce dernier fut en butte. On connaît l'enthousiaste et primesautière lettre du philosophe, écrite sous le coup de son admiration et de son émotion, lorsqu'il reçut les *Feuilles d'Herbe :* le vrai Emerson s'y découvre. Lorsque Walt, universellement conspué, la publia pour sa défense et en fit imprimer une phrase, en lettres d'or, sur le dos de sa deuxième édition, le sage, sur le moment, fut contrarié (1) ; il tenait avant tout à sa tranquillité, et il entrevoyait sur-le-champ tous les tracas qu'allait lui attirer cette publication intempestive, et le reproche qu'il allait encourir de patronner un écrivain « obscène ». Emerson ne se trompait pas : il y eut du tumulte, et certains imprimèrent en toutes lettres que le sage était devenu fou. Ce tolle était ennuyeux pour un homme foncièrement pacifique, habitué à la paix de son sanctuaire. Puis, lorsque parut, quatre ans plus tard, la troisième édition des *Feuilles d'Herbe*, l'essayiste dut fortement regretter d'y voir maintenues ces pages « bestiales » qu'il avait pressé Walt de supprimer, dans leur conversation sur le Communal. A côté de l'Emerson radieux qui restera l'un des esprits les plus hauts, les plus nouveaux, les plus admirables de l'âge, il y avait l'autre Emerson, d'éducation universitaire, philosophique, cléricale, livresque, formaliste, le descendant d'une lignée d'ecclésiastiques, le citoyen éminemment respectable des cercles littéraires et bourgeois de Concord, esclave de préjugés incroyables, l'Emerson, par exemple, qui disait à une jeune fille en visite chez lui le dimanche et manifestant un vif désir de se mettre au piano : « Non, non, je vous en prie... C'est aujourd'hui dimanche (2). » L'Emerson de la vie et l'Emerson du livre n'étaient pas toujours iden-

(1) B. Perry : *Walt Whitman*, p. 115.
(2) H. Gilchrist : *Anne Gilchrist*, pp. 233-4.

ques, comme l'était Whitman. A cet Emerson-là, que nous connaissons plus, mais qui, alors, était aussi réel que l'autre, rtaines rudesses de l'artisan-poète, non moins que ses vivacis de langages, n'allaient pas. Mais il y avait surtout la famille Emerson et son entourage immédiat, auxquels la personnalité du « voyou » de Brooklyn était plutôt odieuse et qui considéraient comme une faiblesse regrettable l'admiration du sage our son livre. Ces proches, gens dévôts et petits, se plurent, u moyen de calomnies et de potins, à exagérer l'ennui prouvé par le philosophe lors de la publication orageuse de a lettre, à déformer certaines plaisanteries innocentes tombées e ses lèvres, et à transformer en ressentissement positif contre homme l'antipathie qu'éprouvait Emerson à l'endroit des passages les plus colorés des *Feuilles d'Herbe*. Bien plus tard, Voodbury se faisait l'interprète de cette inimitié mesquine, en ttribuant au philosophe diverses méchancetés à l'adresse de Whitman (1). De même le propre fils d'Emerson, qui voulut ous persuader que le sage entretenait une opinion vilaine sur on ami (2). Edward Emerson essayait ainsi de salir Walt Whitman. Il ne salissait que son père.

Ces calomnies dévotes et « respectables » ne supportent pas examen. La vérité demeure que le grand et loyal Emerson n'a mais rétracté les termes enthousiastes de sa lettre, ni retiré Walt son amitié. Il n'est même pas besoin, pour le prouver, e certaines lettres privées, qui l'établissent péremptoirement, que quelque jour sans doute l'on publiera (3) : l'attitude du hilosophe ne laisse aucun doute sur ses sentiments. Lorsque Walt vint à Boston, en 1860, pour surveiller l'impression de on livre, ce fut Emerson qui, plusieurs fois, vint de Concord, our le voir (4). L'eût-il fait, s'il lui avait gardé sérieusement ancune de la publication de sa lettre? Et en général, dans ses apports personnels avec Walt, ce fut lui toujours qui fit les vances, qui le rechercha, attiré par cette force énorme qu'il

(1) Woodbury : *Talks with Emerson.*
(2) Dr Edw. Emerson : *Emerson in Concord.*
(3) I. H. Platt : *Walt Whitman*, p. 31. H. Traubel : *With Walt Whitman a Camden*, p. 180.
(4) J. Burroughs : *Walt Whitman*, pp. 66-67.

sentait, sans pouvoir la définir, parce qu'elle le dépassait. Walt, au contraire, prié par Emerson de venir à Concord, en 1860, déclina l'invitation, nourrissant une antipathie instinctive envers la société purement littéraire qu'il était sûr d'y rencontrer. On ne manqua pas de remarquer qu'en préparant son recueil poétique du *Parnasse*, en 1875, Emerson n'y comprit aucun fragment de Whitman. La raison en est fort probablement qu'il considérait les *Feuilles d'Herbe* plutôt comme de la prose rythmée ou quelque autre forme nouvelle que comme de la poésie proprement dite. Le philosophe ne s'est donc pas renié : et en diverses circonstances, il sut offrir au poète des témoignages certains de son attachement personnel et de sa considération (1). Au cours d'une autre visite de Walt à Boston, en 1881, Emerson vint le voir chez Sanborn et l'invita à dîner. « Cette visite que me firent Emerson et sa famille chez Sanborn, — écrit Walt dans une lettre, — et le splendide dîner de famille donné en mon honneur le lendemain dimanche, 18 septembre 1881, par Emerson, Mme Emerson et toute la famille, je les considère non seulement comme un événement de victoire dans ma vie, mais ils renferment pour moi une explication après coup de bien des choses ; ceci me fut offert comme une excuse, une demande de paix, une justification de quantité de ces choses que le monde ignore... Beaucoup me fut révélé (2). »

Walt, de son côté, éprouvait une affection profonde pour Emerson, dont il avouait goûter davantage la présence que les écrits. « Dès la première visite qu'il me fit (à Brooklyn, en 1855) et les deux heures que nous passâmes ensemble, j'éprouvai une affection et un attachement singuliers pour lui, pour son contact, sa conversation, sa compagnie, son magnétisme... Nous eûmes probablement une douzaine (peut-être vingt) de ces entrevues, conversations, promenades, etc., — cinq ou six fois (parfois à New-York, parfois à Boston) nous fîmes de bons et longs dîners ensemble. J'étais très heureux. — Je ne pense

(1) *Camden Edition*, VIII, p. 223; H. Traubel : *With Walt Whitman in Camden*, p. 61.
(2) W. S. Kennedy : *Reminiscences of Walt Whitman*, pp. 76-77.

pas néanmoins que j'étais tout à fait à mon aise avec lui ; ce fut toujours lui qui fit les principaux frais de la conversation et je suis sûr qu'il était heureux également (1). »

On peut reconnaître, au ton de certaines pages que Whitman lui a consacrées, combien il révérait l'homme. Non seulement l'insistance qu'avait témoignée Emerson, pendant leur fameuse conversation sur le Communal de Boston, à vouloir lui faire supprimer les passages qui l'offusquaient dans les *Feuilles d'Herbe* n'avait laissé aucun souvenir fâcheux dans l'esprit de Walt, mais celui-ci le considérait comme la preuve d'une affection véhémente, « que le respect et la gratitude de toute ma vie, — écrivait-il — je le ressentis alors et le ressens jusqu'à ce jour — ne pourraient jamais payer de retour (2) ». Walt Whitman jugeait avec clairvoyance l'écrivain et le penseur, apercevant nettement les « ombres » et les « étendues ensoleillées » de son œuvre (3). Il ne lui refusait pas la première place parmi les initiateurs poétiques du Nouveau Monde et le situait au même rang que Grant, Washington et Lincoln (4). « Emerson n'est pas loin d'être notre plus grand homme — déclarait-il, en 1890, à un visiteur anglais, — en fait je crois bien qu'il est notre plus grand homme (5). » Mais par-dessus tout les lignes graves, émues qu'il écrivit auprès de la tombe fraîchement creusée d'Emerson demeurent comme le suprême salut du poète de Manhattan au sage de Concord : « Un homme juste, équilibré sur lui-même, tout aimant, tout enfermant, sain et clair comme le soleil... Ce n'est pas nous qui venons consacrer le mort : nous venons avec respect recevoir de lui, si c'est possible, une consécration pour nous-mêmes et notre travail quotidien (6). »

On le voit : seules des calomnies mesquines, émanées de l'entourage d'Emerson et propagées par l'envie et la bassesse, ont pu entretenir la légende de leur désaccord. L'estime et

(1) W. S. Kennedy : *Reminiscences of Walt Whitman*, p. 76.
(2) *Id.*, p. 77.
(3) Walt Whitman : *Prose Works*, p. 319.
(4) *In Re Walt Whitman*, p. 111.
(5) J. Johnston : *A Visit to Walt Whitman*, p. 65.
(6) Walt Whitman : *Prose Works*, p. 197.

l'affection réciproques des deux hommes n'ont pas été entamées. Si Emerson fut loin d'accepter Walt Whitman dans sa totalité, il lui reste la gloire suffisante de l'avoir deviné avant tous. Ceux qui, obéissant à des préjugés bigots et formalistes, ont voulu donner le change sur leurs relations n'ont fait qu'essayer de ternir l'une des pages souveraines de l'histoire littéraire des Etat-Unis, bien en vain d'ailleurs : car, lorsque le dernier écho de ces calomnies se sera évanoui, la postérité n'entendra plus que les accents joyeux d'Emerson saluant les *Feuilles d'Herbe* à leur naissance et les mots d'adieu solennels de Walt Whitman devant le cercueil du grand précurseur.

QUATRIÈME PARTIE

LE PANSEUR DE PLAIES

WASHINGTON (1862-1865)

I

AU CHEVET DES MOURANTS

Si saturée qu'apparaisse déjà cette existence, un événement soudain va la traverser et l'emplir, qui, sans en rompre l'unité, la partage en deux versants. Entre l'homme tel que nous le connaissons et l'homme du lendemain de la guerre, le passage d'une énorme émotion se reconnaît; et des nombreuses brisures de sa ligne de vie, celle-ci est la plus violente. Walt, pendant plusieurs années, se trouve arraché à son existence, à lui-même, à son œuvre, et plongé dans une atmosphère fiévreuse, tragique, chargée d'angoisse et de poison, tout à l'accomplissement d'une besogne funèbre et radieuse d'où résulteront à la fois l'incapacité physique de sa vieillesse et le parachèvement de sa personnalité. Nous sommes là au seuil d'une expérience unique dont certains aspects enveloppent un mystère sacré d'humanité : le grand vivant y donne la mesure insoupçonnée de ses forces, en s'y montrant sous les traits mêmes du grand individu légendaire et surhumain qu'il avait instauré dans ses poèmes et dont la réalité se trouve ainsi démontrée. Walt, après s'être proposé à tous en un livre, va se donner en personne à des milliers d'être humains, assoiffés de sa personne.

Les nuées d'orage s'amassaient, au temps de son retour à New-York. La nomination d'Abraham Lincoln à la présidence avait précipité la crise : l'Union était menacée, et bientôt les Etats esclavagistes formaient entre eux une confédération pour maintenir coûte que coûte le privilège sur lequel leur prospérité s'édifiait. On se trouvait à la veille de la guerre civile, où le Sud et le Nord allaient s'étreindre en un corps à corps prolongé, meurtrier et fécond. Le poète qui, depuis son adolescence, avait suivi d'un regard attentif la politique intérieure de son pays, et qui en connaissait les ressorts cachés, fut passionnément intéressé par la crise. Il l'avait prévue et il n'ignorait pas qu'une heure grave et décisive approchait. Sous son immense apathie extérieure de grand animal, il vibrait intensément à toutes les secousses de la vie nationale. Il était sur-américain. Et à ses yeux il importait plus que tout au monde que l'Amérique, porteuse de l'idée moderne, de l'idée démocratique, de *son* idée, sortît victorieuse de la crise. La guerre civile fut la grande secousse de sa vie.

En quelques lignes d'une émouvante simplicité, le poète a noté la minute première de la redoutable lutte. « La nouvelle de l'attaque du fort Sumter et *du drapeau* au port de Charleston (Caroline du Sud) parvint à New-York tard dans la soirée (13 avril 1861) et fut immédiatement publiée en des éditions spéciales des journaux. J'avais été ce soir-là à l'opéra de la Quatorzième rue, et après la représentation, je suivais Broadway vers minuit, rentrant à Brooklyn, quand j'entendis au loin les cris retentissants des camelots : aussitôt je les vis accourir et se ruer en vociférant le long de la rue, courant d'un côté à l'autre encore plus furieusement que de coutume. J'achetai une édition spéciale et, traversant la rue, me dirigeai vers l'Hôtel Métropolitain (Hôtel Niblo) dont les grands lampadaires versaient encore une lumière éclatante ; et là, mêlé à un groupe qui s'était formé à l'improviste, je lus la nouvelle dont l'authenticité était évidente. Pour la faire connaître à ceux qui n'avaient pas de journaux, l'un d'entre nous lut le télégramme à haute voix pendant que tous en silence écoutaient attentivement. Personne, parmi le groupe, qui se composait maintenant de trente à quarante personnes, ne fit de remarque, mais tous, je m'en souviens, restèrent là une minute ou deux, avant de se disperser. Je les revois encore à cette heure tels qu'ils se tenaient là, sous les lampadaires, à minuit (1). »

Walt vécut tous les débuts la guerre dans l'atmosphère électrique de la rue, partageant les émotions de la foule et la stupeur qui suivit la première défaite. Tout son être était pris : la lecture fiévreuse des télégrammes, le bruit des convois passant dans la rue, le défilé des troupes avaient relégué à l'arrière-plan les préoccupations habituelles de sa vie. Et à la vue de la grande cité qui s'armait, des odes brûlantes à la bannière de l'Union, de l'Union en péril, jaillirent de son cœur comme des cris d'amour...

Pendant quarante ans j'avais vu dans ma cité les soldats à la parade,
Pendant quarante ans j'avais vu ce spectacle pompeux, jusqu'au jour où
à l'improviste la souveraine de cette fourmillante et turbulente cité,
Insomnieuse parmi ses vaisseaux, ses maisons, ses incalculables richesses,
Avec son million d'enfants autour d'elle, soudain,
Au plus fort de la nuit, à la nouvelle venant du Sud,
Enflammée de colère frappa le pavé de son poing crispé.
Un choc électrique, que la nuit soutint,
Jusqu'à l'aube où notre ruche avec un bourdonnement menaçant déversa
ses myriades ;
Alors des maisons et des ateliers, et par toutes les portes,
Ils bondirent tumultueux, et voyez ! C'est Manhattan qui prend les
armes.......
Guerre ! une race en armes s'avance ! bienvenu est le combat, nul
détour pour l'esquiver ;
Guerre ! que ce soit pour des semaines, des mois, ou des années, une
race en armes s'avance pour lui faire fête (2).

A New-York, en effet, on s'enrôlait en masse. A la maison, son frère George, qui avait repris le métier du père, s'était inscrit un des premiers. Lui ne s'enrôla pas parmi les combattants : l'appel intérieur, qu'il suivait en toute chose, ne lui commandait pas de partir. Il regardait, écoutait passionnément, laissant aux circonstances le soin de décider quel serait son rôle dans le drame. Il connaissait le Sud et était loin de le

(1) Walt Whitman : *Prose Works*, p. 21.
(2) Walt Whitman : *Leaves of Grass*, pp. 219-221.

haïr, mais ses sympathies ferventes étaient pour la cause du Nord, dont la victoire contenait le salut de l'Union. Nul doute sur ce point et toute autre opinion lui paraissait impie. Un soir de l'année 1861, chez Pfaff, au cours d'une orageuse discussion, le jeune George Arnold s'était levé, son verre à la main, et avec enthousiasme avait proposé de boire au succès des armées sudistes. Walt, habituellement si calme et si contenu, avait bondi, et, répliquant au Rebelle, s'était abandonné à son indignation furieuse ; puis il avait quitté la brasserie, pour n'y plus revenir (1). Dans ces moments-là, — que l'on pourrait presque compter dans sa vie tellement ils sont rares, — il était d'une violence de bourrasque, comme son père. L'exaltation de la guerre, non pour elle-même, mais pour la cause suprême qui en dépendait, s'était emparée de lui.

Bientôt l'appel intérieur se fit entendre d'une manière inattendue. En parcourant dans les quotidiens la liste des blessés de la terrible bataille de Fredericksburg (13 décembre 1862), il lut le nom de son frère George, qui avait fait toute la campagne avec le 51e régiment des volontaires de New-York et qui, de simple soldat, était déjà capitaine : on le désignait comme atteint au visage par un éclat d'obus et grièvement blessé. Walt partit instantanément. Il irait soigner son frère et enverrait des nouvelles aux siens, alarmés. Après trois jours d'angoisses et de fatigues — dans la foule, en changeant de train, un pickpocket l'avait soulagé de sa bourse et il se trouvait sans un sou — il parvint, dans la confusion des camps et des hôpitaux et après avoir été renvoyé de l'un à l'autre, à rejoindre son frère, le 19, à Falmouth, sur le Rappahannock.

Il se trouvait jeté tout à coup parmi les réalités atroces des lendemains de combat, en face des mutilés, des mourants et des morts. Un des premiers spectacles qui frappa sa vue au camp fut un amoncellement de pieds, de bras et de jambes, flanqués en tas sous un arbre devant une ambulance, de quoi remplir un tombereau (2). Il s'était nourri goulûment de la vie

(1) W. S. Kennedy: *Reminiscences of Walt Whitman*, pp. 69-70.
(2) Walt Whitman : *Prose Works*, p. 26.

jusqu'alors, et il allait se rassasier, non de la mort seule, mais des indicibles horreurs qui l'accompagnent sur le champ de bataille. La blessure du capitaine Whitman était sans aucune gravité et déjà en bonne voie de guérison. Libre d'inquiétudes de ce côté, Walt put visiter le camp, l'ambulance surtout, où s'accumulaient en désordre les blessés, encore vêtus de leur uniforme ensanglanté, sans pansements pour la plupart. Il vint parmi ces misérables et leur parla. Il était sans ressources et reconnaissait amèrement son impuissance à les soulager. Il avait bien acquis une certaine expérience comme infirmier, à l'Ancien Hôpital de New-York, où, avant la guerre, il allait fréquemment visiter ses amis, les cochers d'omnibus, malades ou blessés (1) : mais ici, devant cette marée de souffrance, que faire ?

Il fit ce qu'il put, écrivit sous leur dictée des lettres aux parents de ceux qui, après avoir manié l'épée, n'avaient plus la force de soulever un crayon. Jusqu'à la fin de décembre il parcourut ainsi les ambulances de l'armée du Potomac, — de misérables tentes où gisaient sur leurs couvertures, les séparant seules du sol glacé, les milliers de blessés et les centaines de mourants de la dernière bataille. Il n'avait que sa parole et son affection à leur distribuer, mais il était quand même retenu près d'eux par la hantise de cette détresse innombrable. Parfois, un désespéré s'accrochait à lui éperdument : alors il s'asseyait près du malheureux pendant des heures entières, lui versant le baume de sa présence et de sa parole, sa seule richesse.

Il se familiarisait vite avec les spectacles du camp. Il regardait, étudiait, se liait avec tous : c'était une expérience entièrement nouvelle pour lui. Dans le régiment de son frère, il retrouvait des camarades de Brooklyn, des visages familiers, des gens de sa ville. Le 28 décembre, il quittait Falmouth pour accompagner un convoi de blessés et de malades, des concitoyens pour la plupart, qu'on évacuait par chemin de fer et par bateau sur Washington. Il n'avait aucune intention pré-

(1) T. Donaldson : *Walt Whitman the Man*, pp. 204-206.

cise à ce moment. C'est sous la seule pression des événements qu'il inaugurait l'extraordinaire tâche qui allait l'absorber, corps et âme, pendant les années suivantes. Walt, ses blessés parvenus à destination, ne retourna pas à Falmouth, encore moins à Brooklyn. Il resta pour les visiter et les soigner. Comment aurait-il pu les abandonner? Maintenant surtout qu'il se trouvait parmi la grande armée des mutilés et des fièvreux encombrant la capitale, une force impérieuse le retenait. Il avait communié avec la souffrance, et subi son attrait magnétique. Il était positivement fasciné.

Walt était un primesautier et suivait fidèlement son instinct Et son instinct lui commandait de s'attacher à cette humanité pantelante et sanguinolente, qui avait besoin de mains pour panser ses blessures, de ne pas s'éloigner de ces pauvres cœurs tordus d'angoisse auxquels un regard et une parole d'ami versaient un peu de courage. Cette fois l'appel s'était fait entendre.

Et c'est ainsi que naturellement, sans s'être tracé nul programme, par la seule force du lien qui l'unissait à ses blessés, il prit peu à peu conscience du rôle qu'il allait remplir pendant la guerre, celui de « missionnaire volontaire ». Il était fort loin de se douter, à cet instant, que, le 16 décembre 1862, il avait quitté New-York et Brooklyn pour n'y plus revenir qu'en pérégrin.

C'est en janvier 1863 qu'il inaugura ses visites quotidiennes aux blessés et aux malades, à travers l'immense lazaret que formait alors Washington, avec sa ceinture de villages improvisés, où parfois cinquante, soixante, soixante-dix mille souffrants étaient hospitalisés. A mesure qu'il prenait contact avec cette foule de désemparés, une expérience peu à peu lui venait. Conscient de son impuissance à s'égaler à la grandeur et à la multiplicité de cette douleur, il n'était cependant plus aussi dépourvu qu'aux premiers jours. Son large instinct d'humanité, éduqué par des semaines passées au chevet des patients, lui suggérait maintenant les mille petits moyens — si grands de conséquence — par lesquels l'angoisse de l'hôpital et les tortures physiques peuvent être allégées. Il organisait avec une méthode à lui son ministère.

Grâce à ses *Notes de la Guerre*, ses lettres à sa mère et ses articles de journaux, nous savons en quoi son œuvre aux hôpitaux consista. Elle était fortement marquée au poinçon de sa personnalité, et s'affirmait en marge de celle de l'infirmier, de l'inspecteur sanitaire, aussi bien que de l'ordinaire visiteur charitable. Walt aux hôpitaux fut uniquement le grand et bon Walt, un homme véritable qui, parmi des soldats abattus, chercha, dans son cœur ample, viril et maternel à la fois, toutes les façons originales de leur venir en aide.

Il apparut l'ami tendre et simple qui s'arrête au bord des lits, le bon regard penché sur l'oreiller des fiévreux et des mourants, la main qui rafraîchit et invigore. Son habitude était de parcourir une salle ou plusieurs salles d'un hôpital, en s'arrêtant un instant auprès de chaque couchette, pour offrir à chacun une bagatelle, un biscuit, une orange, une feuille de papier à lettre, une enveloppe timbrée, du tabac, une petite pièce blanche ou, s'il n'avait plus rien à distribuer, simplement un sourire, un mot d'amitié, un signe de tête, sans oublier personne. Il passait lentement, visitant ainsi toutes les salles l'une après l'autre. Il avait bien soin de remarquer, parmi les jeunes hommes alignés, ceux qui réclamaient plus particulièrement ses soins, les désespérés, les prostrés, que le sentiment de leur abandon et l'atmosphère lugubre de l'hôpital plongeaient dans une noire hébétude. Ceux-là avait besoin de réconfort et de tendresse plus que de médicaments : leur guérison en dépendait. Aussi il ne les quittait plus, s'attachait à eux, leur versait pendant des heures le baume de sa parole ou de sa simple présence silencieuse, lorsqu'ils étaient trop faibles pour l'écouter. L'une de ses besognes courantes était de s'asseoir au bord des couchettes et d'écrire, pour les infirmes et les incapables, des lettres aux mères, aux frères ou aux sœurs, aux fiancées, depuis des mois sans nouvelles de leur soldat. A ceux qui pouvaient écrire, il distribuait des timbres, du papier et des enveloppes. Il apportait aussi des livres d'histoires, des revues illustrées et les quotidiens du jour qu'on se passait de mains en mains. Lorsque ses ressources le lui permettaient, il achetait, par exemple, une caisse d'oranges ou de biscuits sucrés, ou encore un demi-hectolitre de crème glacée, et il parcourait les salles en faisant la distribution. Il y en avait qui étaient incapables de porter les aliments à leur bouche ou auxquels tout répugnait : alors Walt les faisait manger, comme une maman. Sa seule présence encourageait les hommes à goûter aux nourritures et certains ne les acceptaient que de sa main. Il notait sur un carnet les besoins, les désirs, le mal de chacun, la bagatelle qu'il devait lui rapporter à sa prochaine visite pour lui faire plaisir et par conséquent du bien. Rien n'était petit ni futile lorsqu'il s'agissait de soulager quelque pauvre bougre alangui. Il savait que le parfum d'un citron tenu dans la main pouvait causer une joie infinie et revivifiante à un fiévreux (1). Les envies les plus variées, il s'efforçait de les satisfaire, sans se soucier de leur légitimité. Celle de fumer était vive pour beaucoup. A ceux-là Walt remettait un petit cornet de tabac et une pipe. Les joies de la bouffarde feraient sans doute plus de bien réel à d'aucuns que la lecture d'un chapitre du Testament. Aussi les aumôniers et les médecins voyaient-ils parfois ces libéralités condamnables d'un mauvais œil. Au fond de son sac ou de ses vastes poches il y avait toujours quelque brimborion recélant une parcelle de bonheur pour des malheureux, qui n'avaient que les longs jours, les interminables nuits et leurs souffrances pour se distraire. Il faut savoir s'adapter aux tempéraments, — pensait le géant barbu, — et appliquer la divination de l'amour : on ne soulage vraiment qu'à ce prix. La valeur des bagatelles qu'il offrait était de nulle importance; ce qui avait du prix c'était la manière de donner, la joie salutaire pour chacun de voir satisfait son désir du moment. Il faisait preuve dans ses distributions d'un tact et d'un doigté merveilleux, ne négligeant personne et mettant à profit sa connaissance de l'humanité, qui était immense. Parfois en vue de dissiper l'atmosphère lourde qui pesait sur toute une salle, il faisait une lecture, récitait une

(1) Ellen M. Calder, *Personal Recollections of Walt Whitman*, The Atlantic Monthly, juin 1907.

poésie, organisait un petit jeu de devinettes. Il était enfant quand il le fallait. Les Rebelles blessés et les noirs recevaient de lui les mêmes attentions que les soldats de l'Union. L'homme des foules pratiquait ainsi sa méthode invariable, qui était de se mettre en communication avec les individus : mais combien plus émouvante à cette heure tragique, au bord du lit des mourants et des torturés, dans la détresse et les relents d'une chambrée d'hôpital en temps de guerre! Chez les infirmiers et les docteurs, il rencontrait généralement un accueil amical et déférent. L'homme en imposait ; on le voyait accomplir une besogne dont les autres se reconnaissaient incapables.

Quelle que fût la catholicité de ses sympathies, Walt consacrait une bonne part de son temps à ceux qu'il appelait ses « cas particuliers ». Lorsqu'au cours de ses visites son regard rencontrait le visage morne d'un patient abîmé dans son désespoir muet, il venait le lendemain et les jours suivants s'asseoir auprès du malheureux, s'efforçant de le disputer aux flots noirs de l'angoisse. Celui-là, il le devinait, avait besoin d'un encouragement spécial et des soins persistants d'un ami : sinon il était condamné. Les notes et la correspondance du poète sont parsemées d'exemples pareils. Aux hôpitaux, le nombre des tout jeunes hommes, de seize à vingt ans, la plupart venant des campagnes, était considérable. Ce fut surtout envers certains de ces enfants, affaiblis par les fièvres ou les mutilations, envahis par la nostalgie, que sa tendresse patiente s'exerça et fit des miracles. Pour eux, le pauvre Walt se sentait plus riche que si tous les capitalistes du continent avaient mis à sa disposition leurs dollars, car les trésors d'amour, que son cœur d'homme leur apportait, étaient inépuisables. La certitude même que son affection était impuisante à sauver l'un de ses blessés de la mort ne l'arrêtait pas. Il n'y a pas d'affection dépensée en pure perte. Voici des cas, par exemple, parmi tant d'autres :

Dans un des hôpitaux, je trouve Thomas Haley, compagnie M, 4e régiment de cavalerie de New-York — un vrai gars irlandais, un bel échantillon de jeune mâleté physique — les poumons traversés d'une balle — sa mort est certaine — vint d Irlande en ce pays pour s'engager — n'a pas un seul ami ni connaissance ici — dort profondément en ce moment (mais c'est un sommeil annonciateur de mort), — la balle lui a fait un trou en plein à travers le poumon. J'ai vu Tom quand on l'a apporté ici, il y a trois jours, et je pensais qu'il ne pourrait pas vivre douze heures — (cependant pour celui qui l'observerait en passant il n'a pas trop mauvaise mine). Il est étendu là, le torse complètement à découvert à partir de la ceinture pour lui donner de la fraîcheur ; c'est un homme bien construit, le hâle de ses joues et de son cou n'est pas encore effacé. Il est inutile de lui parler, car avec sa terrible blessure et les stimulants qu'on lui donne, ainsi que l'absolue nouveauté pour lui de toutes choses, des visages, des meubles, etc., le pauvre garçon, même éveillé, est comme un animal apeuré, farouche. La plupart du temps il dort, ou reste assoupi. (J'ai pensé parfois qu'il en savait plus qu'il ne le laissait voir.) Je viens souvent m'asseoir auprès de lui, sans prononcer une parole ; il respire pendant dix minutes aussi doucement et aussi également qu'un bébé endormi. Pauvre jeune gars, si beau, si athlétique, avec sa magnifique chevelure abondante et brillante. Une fois que j'étais assis à le regarder pendant qu'il dormait, il s'éveilla soudain, sans le moindre sursaut, ouvrit les yeux, appuya sur moi un long regard persistant en tournant son visage très doucement pour mieux me regarder — un long, clair, silencieux regard — un léger soupir — puis il se retourna pour retomber dans son assoupissement. Il connaissait peu, le pauvre enfant touché par la mort, le cœur de l'étranger qui planait auprès de lui (1).

Cette veille silencieuse et tendre au chevet d'un mourant n'évoque-t-elle pas l'émouvante strophe où le poète s'est dépeint accoudé toute une nuit, sur le champ de bataille, auprès du cadavre d'un combattant ?

Etrange veille que j'ai passée sur le champ de bataille une nuit ;
Lorsque vous, mon fils et mon camarade, êtes tombé à mon côté ce jour-là,
Je ne vous ai donné qu'un regard que vos chers yeux me rendirent avec un regard que je n'oublierai jamais,
Simplement votre main a touché la mienne, ô enfant, votre main que vous avez soulevée comme vous gisiez à terre,
Ensuite je me précipitai dans la bataille, la bataille également disputée,
Jusqu'à ce que, relevé tard le soir, je retournai enfin vers l'endroit,
Vous trouvai mort et si froid, camarade cher, trouvai votre corps, fils des baisers rendus (plus jamais rendus sur terre,)
Découvris votre visage à la lumière des étoiles, curieuse la scène, le léger vent du soir soufflait fraîchement,
Longtemps je restai là à veiller, l'obscurité du champ de bataille s'étendant autour de moi,

(1) Walt Whitman : *Prose Works*, pp. 36-37.

Veille prodigieuse et veille délicieuse, là, dans la silencieuse nuit embaumée,
Mais pas une larme ne tomba, pas même un soupir profond, longtemps, longtemps je vous contemplai,
Ensuite, m'étendant à moitié sur la terre, m'assis à votre côté, le menton appuyé sur les mains
Passant des heures délicieuses, d'immortelles et mystiques heures avec vous, camarade chéri — pas une larme, pas un mot,
Veille de silence, d'amour et de mort, veille pour vous, mon fils et mon soldat (1)...

Tant qu'il y avait un espoir, Walt se prodiguait. Il s'ingéniait surtout par de longues et confiantes causeries à remonter les pitoyables adolescents, qui avaient perdu le goût de la vie. Voici un autre cas :

Dans un lit, un jeune homme, Marcus Small, compagnie K, 7e régiment du Maine — malade de la dysenterie et de la fièvre typhoïde — cas assez critique — je cause avec lui souvent — il croit qu'il mourra — en a vraiment la mine. J'écris une lettre pour lui aux siens, qui habitent East Livermore, Maine — je le laisse me parler un peu, mais pas beaucoup, lui conseille de rester très calme — c'est moi qui parle la plupart du temps — reste un bon moment avec lui, pendant qu'il se cramponne à ma main — lui parle d'une manière réconfortante, mais lente, basse et mesurée — lui parle de son retour à la maison aussitôt qu'il pourra se mettre en route (2).

Ou ce cas encore,— qui montre combien sa tendresse s'épandait égale, pour ceux qui s'étaient battus contre l'Union et pour les champions de « sa » cause, les deux camps réunis dans la commune détresse de l'hôpital :

Je suis resté longtemps ce soir auprès du lit d'un nouveau malade, un jeune homme de Baltimore, âgé d'environ 19 ans, W. S. P. (2e régiment du Maryland, sudiste), très faible, amputé de la jambe gauche, ne peut presque pas dormir — a pris des quantités de morphine, qui, d'ordinaire, coûte plus qu'elle ne rapporte. Très intelligent et bien élevé évidemment — très affectueux — serre fort ma main et la met contre son visage, ne voulant pas me laisser partir. Comme je m'attardais, le consolant dans sa douleur, il me dit tout à coup : « Je crois que vous ne savez guère qui je suis — je ne veux pas vous tromper — je suis un soldat rebelle. » Je lui dis que je ne le savais pas, mais que cela m'était égal. Dès lors je le visi-

(1) Walt Whitman : *Leaves of Grass*, p. 238.
(2) Walt Whitman : *Prose Works*, p. 38.

tai tous les jours pendant près de deux semaines, tant qu'il vécut (la mort l'avait marqué et il était absolument seul), et j'éprouvais beaucoup d'affection pour lui ; chaque fois je l'embrassais et lui de même (1).

Certains blessés que son affectuosité avait conquis refusaient de laisser panser leurs blessures par d'autres mains que les siennes. Lorsque, pour l'un de ses « cas particuliers », la balance oscillait entre la vie et la mort, il couchait à l'hôpital plusieurs soirs de suite, pour essayer de la faire pencher du côté de la vie. Alors il semblait le disputer pied à pied à la mort, combattre son combat, s'instituer la sentinelle qui, par sa présence, gardait les issues et croiserait la baïonnette à la venue de l'ennemi rôdant aux alentours. Il n'aurait pu faire davantage pour l'être qui lui était le plus cher au monde, pour sa mère par exemple. Des existences chancelantes qu'un coup de pouce suffisait à aiguiller vers l'une ou l'autre issue, durent leur salut à l'obstination de sa tendresse. Cet exemple décrit par lui est caractéristique :

... Je me suis particulièrement attaché à un soldat, amené ici il y a environ quinze jours, très abattu par la fièvre typhoïde, Livingston Brooks, compagie B, 71e régiment de cavalerie de Pennsylvanie, l'ayant trouvé dans une position telle que la mort semblait proche, par suite de négligence et d'un horrible voyage d'environ seize lieues par de mauvais chemins, et à grande vitesse ; et ensuite, depuis qu'il est ici, comme c'est un garçon de la campagne et un simple, très timide et silencieux, et qui ne se plaignait pas, on l'a négligé... J'ai appelé sur lui l'attention du médecin, secoué les infirmiers, lui ai fait prendre un bain d'alcool, lui ai appliqué des morceaux de glace, et mis de la glace autour de la tête ; il éprouvait une terrible douleur dans la tête, comme si elle allait éclater, et son corps était comme du feu. Il a été très calme ; c'est un garçon très sensé, à l'ancienne mode. Il n'avait pas envie de mourir et je devais lui mentir sans restrictions, car il pensait que je savais tout : naturellement j'ajoutais toujours que ce que je lui disais était l'exacte vérité et que s'il venait à se trouver réellement en danger je le lui dirais sans rien lui cacher. La règle est de retirer des salles principales les malades atteints de fièvre grave pour les isoler dans une tente, et le médecin me dit qu'il fallait l'y transporter. Je lui annonçai cela en douceur, mais le pauvre garçon mit immédiatement dans sa tête qu'il était marqué

(1) Walt Whitman : *Prose Works*, p. 74.

pour mourir et que c'était pour cela qu'on l'emmenait. Cela l'affecta extrêmement et quoique cette fois je lui ai dit la vérité, elle n'eut pas un aussi bon résultat que mes histoires d'auparavant. Je persuadai au médecin de le laisser dans la salle. Pendant trois jours, ses chances furent à peu près égales, de mourir ou de survivre, avec une légère tendance vers la première alternative. Mais pour abréger ma longue histoire, mère, il est maintenant hors de tout danger immédiat. Il a été du commencement à la fin absolument raisonnable — il commence à prendre un peu de nourriture (il n'a rien mangé pendant une semaine; je devais le forcer à prendre un quartier d'orange de temps en temps), et je dirai, qu'on appelle cela orgueil ou non, que s'il se lève et recommence à circuler, c'est moi qui lui aurai sauvé la vie. Mère, comme je vous l'ai dit dans mes autres lettres, vous ne pouvez vous imaginer combien ces jeunes gens malades et mourants s'attachent à quelqu'un, et comme cela est fascinant, avec tout l'entourage de tristesse de l'hôpital et parmi des scènes d'horreur et de mort (1).

C'est ainsi que des blessés ou des malades (ces derniers étaient deux fois plus nombreux aux hôpitaux), rivés à leur couchette pendant quinze mois, furent visités par lui presque quotidiennement. Ils étaient des camarades entrés dans sa vie pour toujours, d'autant plus chers que leur détresse était plus profonde. A certains il donnait son portrait en souvenir.....

Suspends mon portrait comme celui de l'ami le plus tendre.

Lorsqu'ils quittaient l'hôpital, il leur remettait des enveloppes timbrées à son adresse pour qu'ils lui fissent parvenir de leurs nouvelles (2).

Le sens d'humanité qui lui était naturel, et que sa fréquentation journalière des êtres de tous genres avait singulièrement enrichi, lui avait suggéré, dès les premiers mois de son séjour aux hôpitaux, l'attitude qu'il devait adopter pour verser du réconfort dans cette cité de la douleur. A côté des médecines, il allait tenter une cure par la sympathie et la tendresse. Le grand remède, en de telles conjonctures, était une affection intensive et illimitée; car les souffrances morales étaient pour le moins aussi aiguës que les tortures physiques.

(1) *The Wound Dresser*, pp. 87-89.
(2) Donaldson : *Walt Whitman the Man*, p. 159.

La plupart de ces adolescents, étendus pendant des semaines sur un lit d'hôpital, étaient sans amis, sans ressources, loin de chez eux. Le sentiment de leur solitude, joint à cette misère particulière que transsudent les murs d'une salle d'hôpital, les plongeait dans l'abattement. Les chirurgiens, les infirmiers remplissaient ponctuellement leur office, beaucoup avec un grand dévouement et même avec héroïsme (1). Mais qu'était-ce que cela au milieu d'un tel océan de douleur ? Comment l'indifférence et la froideur ne les auraient-elles pas gagnés, à mesure que le nombre des victimes croissait, dans l'accomplissement machinal de leurs fonctions rétribuées? L'insensibilité, la brutalité parfois, des gens du service choquait Walt douloureusement. Les commissaires de santé, les aumôniers mêmes, qui s'acquittaient de leur besogne pour de l'argent, étaient antipathiques aux hommes ; à lui, ils faisaient l'effet de loups et de renards (2). « Oh, je voudrais que vous, ou plutôt des femmes possédant les mêmes qualités que vous et Mat [sa sœur], — écrit-il de l'hôpital à la maman — soyez ici en nombre, pour être placées comme matrones auprès des malheureux soldats malades et blessés. Votre seule présence suffirait. Oh quel bien cela leur ferait... (3) ! » Il disait aussi, devant l'insuffisance des garde-malades : « Des mères pleines de sentiment maternel, quelque incultes qu'elles puissent être, mais apportant avec elles des souvenirs du foyer et le toucher magnétique des mains, sont les vraies infirmières (4). » D'effroyables douleurs, des morts en masse ne provenaient que du manque d'attention véritable et d'assistance (5). Il y avait un bien immense à réaliser, pour quelqu'un qui se sentirait adéquat à la tâche de conforter humainement ces cœurs endoloris. Il s'agissait de montrer à ces infortunés dont le courage avait sombré, rebutés qu'ils étaient par l'indifférence ambiante, que quelqu'un, un homme, non pas un fonctionnaire ni un prêtre, éprouvait pour eux, pour chacun, un tendre et fraternel intérêt.

(1) J. Johnston : *A Visit to Walt Whitman*, pp. 53-54.
(2) *The Wound Dresser*, p. 86. — *Camden Edition*, VIII, p. 193.
(3) *Id.*, p. 155.
(4) *Id.*, p. 42.
(5) *In Re Walt Whitman*, p. 115.

Celui-là seul, en s'approchant d'eux sans insignes, en leur parlant avec un sourire, en les faisant parler, en les berçant, en les réchauffant d'une étreinte, en les rattachant à la vie, parviendrait à les tirer de ce terrible état de découragement et de prostration qui mettait obstacle à leur guérison. Il suffisait peut-être d'un regard d'amour ou d'amitié pour revivifier ce pauvre diable, qui s'en allait, noyé dans son chagrin. Et quelque chose dans la nature de Walt le rendait merveilleusement apte à remplir ce rôle : en même temps que sa rude mâleté, il avait à dépenser toute une réserve de féminité latente et des tendresses de bonne aïeule. Il possédait une intuition et une patience de femme pour réconforter et pour guérir, et le meilleur de l'œuvre qu'il réalisa aux hôpitaux fut de remplacer, autant qu'il le pouvait, ceux ou celles de la maison qui étaient loin. Il fut auprès des jeunes gars, altérés d'affection balsamique, comme la bonne odeur du foyer. Il vint, pour contenter le désir ardent de communion qui tourmentait les fiévreux plus que leur fièvre. Nul n'aurait su comme lui venir à la rencontre de ces cœurs serrés, qui s'entr'ouvraient sous la bonne caresse de sa main et de sa voix. Il se témoigna le grand cœur d'amour, illimité, divinateur, infatigable. Il se donna sans réserve. Il fut la maman auprès de ses petits en danger, aussi bien que le camarade, dans son effort « pour répondre aux élans de tendresse et d'amitié de ces jeunes Américains, abattus par la maladie et les blessures (1) ». Et en aspirant, parmi les fétides senteurs des salles emplies de blessés, le parfum de toutes ces âmes jeunes, le Panseur de plaies éprouvait d'ineffables délices.

Pour entrer en intime communication avec les blessés, pour réveiller et capter leurs sympathies, il avait une manière aisée, naturelle, allègre, d'entrer dans une salle et d'adresser un mot ou un sourire à chacun, en distribuant ses petits cadeaux ; il connaissait surtout, dans ses causeries au bord des couchettes, les mots doux, les mots du foyer, les mots confiants qui dissipent les nostalgies, provoquent les confessions, accouchent les tendresses enfouies, en recul, défiantes. Il apparaissait

(1) *The Wound Dresser*, p. 33.

comme l'envoyé bénévole du peuple lointain des frères, des sœurs, des femmes, des parents. La gaîté de son regard et l'infinie simplicité de sa manière allaient au cœur de ces garçons frustes et primitifs. Il se gardait absolument des exhortations morales et des froides consolations évangéliques habituelles aux serviteurs rétribués des religions : Walt était un homme et connaissait les besoins des hommes. Il avait toute confiance dans les rites de sa religion d'humanité. Pourtant auprès d'un lit il se mettait à l'entière disposition du malade. Celui-ci, par exemple, à l'article de la mort, demandait-il à Walt de lui lire un chapitre du Nouveau Testament, il choisissait le récit des dernières heures de la mort du Galiléen. Tel autre l'interrogera sur des points de doctrine, et il discutera avec lui. « Je crois voir sourire mes amis à cette confession, — dit-il quelque part — mais je n'ai jamais été plus sérieux de ma vie (1). » Envers chacun, quels que soient la disposition, la croyance ou le désir de l'homme, il ne cherchait qu'à se témoigner l'être le plus proche. « La bonté et la sympathie avec lesquelles il demandait à chaque malade comment il allait et quel changement était intervenu depuis sa dernière visite, donnait à celui-ci l'impression qu'il était son ami personnel (2) », — disait près de vingt ans plus tard un des soldats qu'il avait soignés et qui le décrivait avec émotion, sous les traits d'un homme grand et fort, avec un visage d'ange.

C'est pendant ces années qu'il conquérait vraiment ce nom magnifique, inscrit en tête de l'un de ses poèmes et dont l'auréole demeure à jamais autour de son nom : le Panseur de Plaies, — de plaies spirituelles autant que physiques...

.... Je passe et repasse à travers les hôpitaux,
Je verse d'une main calmante la paix aux meurtris et aux blessés,
Je reste assis la sombre nuit entière auprès des insomnieux, il en est de si jeunes,
Il en est qui souffrent tellement, j'évoque l'expérience délicieuse et cruelle,
(Les bras aimants de maints soldats se sont noués autour de ce cou et s'y sont appuyés,
Le baiser de maints soldats demeure sur ces lèvres barbues) (3).

(1) Walt Whitman : *Prose Works*, p. 52.
(2) Bucke : *Walt Whitman*, p. 37.
(3) Walt Whitman : *Leaves of Grass*, pp. 243-4.

II

LA BLESSURE

En exerçant ce sacerdoce d'humanité, Walt ne relevait de personne absolument. Il se dénommait « missionnaire à sa manière ». Il n'était le mandataire d'aucun comité de bienfaisance : d'agir en toute indépendance, à l'écart des salariés et des fonctionnaires, de simplement se témoigner un homme bien portant et aimant parmi des hommes malades auxquels il dédiait le trop-plein de ses forces, c'était tout le secret de son ministère. Il était donc seul, livré aux suggestions de son instinct et à ses ressources personnelles.

Il lui fallut, dès les premières semaines de son arrivée à Washington, organiser un peu sa vie matérielle, chercher quelque modeste gagne-pain pour lui et pour ses chers blessés. Walt s'arrangeait de tout, habitué à réduire au minimum ses besoins. Un garni du loyer le plus minime qu'il put trouver et un bon repas par jour comblaient ses vœux. Vers la fin de 1863, un ami venait lui rendre visite dans la pauvre chambrette nue qu'il occupait au troisième étage d'une vieille bâtisse : « C'était littéralement un galetas, ne contenant guère comme ameublement autre chose qu'un lit, une misérable table de sapin et un petit poêle en tôle... Je le trouvai à moitié habillé et en train de préparer son déjeuner. Il y avait du feu dans le poêle en tôle — dont la porte ouverte laissait voir un peu de charbon — et il coupait des tranches avec son couteau de poche dans un pain de boulanger, les apprêtant pour les faire griller. La plus petite des bouilloires en fer blanc qui mijotait sur le poêle, un bol, une cuiller et une tasse de fer blanc couverte, servant de théière, composaient, avec ledit couteau, tout son équipement visible d'ustensiles de ménage. Un sac en papier gris lui servait de sucrier. Son beurrier consistait en un autre morceau de papier gris, le même gros papier dans lequel il avait rapporté chez lui son modeste morceau de beurre de chez l'épicier du coin. Son buffet était une boîte de sapin oblongue posée à quelques pieds du plancher, le fond contre la muraille et s'ouvrant en dehors ; les deux côtés superposés faisaient de très bonnes étagères... (1). » Dans ce décor indigent, Walt était comme un roi, dispensant le charme simple et pénétrant de son hospitalité envers ceux qui montaient ses trois étages.

Il avait eu la chance, en arrivant sans ressources dans la capitale, de rencontrer un ami dont il avait fait la connaissance à Boston, deux ans et demi auparavant. Et quel ami ! Le cœur le plus généreux, le plus noble, le plus entier que le destin pût mettre sur son chemin.... C'était Douglas O'Connor, qui avait abandonné sa ville et le métier d'écrivain pour entrer à la Direction des Phares. Walt fut accueilli par lui et par Mme O'Connor, comme l'enfant de la maison — quoique l'aîné, il demeurait toujours un grand enfant — ; et durant six mois il eut non seulement son couvert mis chez eux, mais il y trouva tous les petits soins dont sa mère ou sa sœur s'acquittait lorsqu'il vivait à Brooklyn (2). Ils le retinrent tant qu'ils purent à leur foyer et ne le laissèrent partir qu'en échange de la promesse qu'il reviendrait souvent s'asseoir à leur table. Le poète avait trouvé là des cœurs à sa mesure ; et il reconnaîtrait bientôt en O'Connor son plus ardent champion. Dans le bureau d'un trésorier militaire, le major Hapgood, où l'avait introduit son ancien éditeur de Boston, Charles Eldridge, qui y travaillait lui-même, il fit, en attendant mieux, des écritures, pendant deux ou trois heures par jour et l'emploi, bien rétribué, lui procura à peu près la vie quotidienne. De temps à autre il envoyait aux journaux de New-York et de Brooklyn des correspondances sur les hôpitaux, qui

(1) J. T. Trowbridge, *Reminiscences of Walt Whitman*, Atlantic Monthly, févr. 1902.
(2) *The Wound Dresser*, pp. 82-83.

lui étaient libéralement payées. Plus tard, lorsqu'il colligera ses *Notes de la Guerre*, il utilisera ces lettres dont quelques-unes, très longues, sont de vivants tableaux où défile l'armée lamentable des victimes publiant sa misère et ses souffrances multipliées (1).

Pour alimenter ses nombreux petits cadeaux aux blessés, il faisait ce qu'il pouvait par lui-même, dans l'exiguité de ses ressources ; il éprouvait un certain scrupule à s'adresser au dehors, même dans un tel but. Longtemps il songea à donner des conférences à travers le pays pour recueillir l'argent dont il avait besoin pour soulager ses malades. Ne pouvant se résoudre à les quitter, il ajourna toujours ce projet, qui finalement fut abandonné (2). Une fois, en février 1863, il avait écrit à un fidèle ami de Boston, M. James Redpath, qu'un peu d'argent lui serait d'un grand secours pour son œuvre, et celui-ci avec empressement avait répondu à l'appel. M. Redpath, pourvu d'une lettre émouvante de Walt où était dépeinte la détresse lamentable des blessés, avait sollicité l'appui d'Emerson, qui avait de riches et généreux amis, et, à son tour, le philosophe s'était de tout cœur entremis en faveur de l'œuvre poursuivie par son ami Whitman. Le Dr L. B. Russel, un ami d'Emerson, non seulement expédia de l'argent au missionnaire, mais montra sa lettre autour de lui et recueillit des fonds (3). Peu à peu de bonnes âmes, des hommes et des femmes, intéressées à son œuvre, lui adressèrent des cotisations, accompagnées de mots émus, se reposant sur lui entièrement du soin de les répartir au mieux des intérêts des soldats. De Boston, de Salem, de Providence, de Brooklyn, de New-York, l'argent venait dès lors assez régulièrement. Walt accusait réception à l'envoyeur et aussitôt achetait une caisse d'oranges, une provision de pommes ou de biscuits, un seau de crème ; quelquefois il distribuait de petites sommes en piécettes reluisantes, avec infiniment de discrétion. Les dollars

(1) Trois de ces articles ont été réimprimés par Bucke en tête de *The Wound Dresser*, recueil des lettres écrites par Walt Whitman à sa mère, pendant la guerre.
(2) *The Wound Dresser*, pp. 84-5, 95, 109, 153.
(3) Th. Donaldson : *Walt Whitman*, pp. 142-153.

se convertissaient entre ses mains en offrandes d'amour, donneuses de guérison. Ce n'était plus la désolante impuissance des premiers jours et il avait la joie de pouvoir supplémenter de petits présents amicaux l'affection qu'il prodiguait aux jeunes gars transis de tristesse. « Mes ressources, — a-t-il écrit, — absolument volontaires, la plupart confidentielles, et souvent paraissant tout à fait providentielles, étaient nombreuses et variées. Il y avait par exemple deux dames riches, deux sœurs demeurant au coin, qui m'envoyèrent régulièrement, pendant deux ans, de très fortes sommes, en exigeant que leurs noms demeurassent secrets. Une semblable délicatesse était la condition fréquente de ces envois. De plusieurs j'avais carte blanche. Beaucoup m'étaient absolument inconnus. Avec l'argent provenant de ces sources, faisant la charité par d'autres, j'ai distribué pendant deux ou trois ans, dans les hôpitaux et de la manière que j'ai décrite, bien des milliers et des milliers de dollars (1). »

C'est ainsi que Walt, loin de son cher Manhattan, oublieux de tout ce qui n'était pas la souffrance des jeunes hommes emplissant les hôpitaux, passa les années de la guerre, depuis le jour où il était accouru pour soigner son frère. Pourtant l'envie d'aller revoir les siens pour quelques jours le poignait par instants : il rêvait de construire, sur un lopin de terre, qu'il acquerrait dans quelque endroit retiré de Long-Island, une maisonnette — une « vraie cahute d'Irlandais », deux pièces et un appentis — où sa famille éprouverait enfin, après de nombreux passages en des logis aléatoires, le sentiment réconfortant du chez soi (2). Son frère Jeff, qui avait pris femme quelques années auparavant, restait seul auprès de la mère, inquiète pour son George, exposé à tous les périls, et du cadet infirme. En octobre 1863, n'y tenant plus, il était allé pour un mois à Brooklyn, en profitant d'une passe que John Hay, le jeune secrétaire particulier de Lincoln, ami d'O'Connor, lui

(1) Walt Whitman : *Prose Works*, p. 57 ; H. Traubel : *With Walt Whitman Whitman in Camden*, pp. 26-27, 339-340.
(2) *The Wound Dresser*, pp. 56, 71.

avait procurée (1) ; puis il était retourné à son poste, pour recevoir, quelques jours après, la nouvelle de la mort de son frère Andrew.

La maman allait être encore plus seule, mais les hôpitaux s'étaient intégrés à sa vie. Les stations au bord des couchettes, le maniement des plus horribles plaies, à la seule vue desquelles un visiteur de sensibilité moyenne manquait de s'évanouir, la distribution de ses menus cadeaux, chacun offert avec un sourire ou une bonne parole, étaient devenus la monnaie courante de son existence. Il ne quittait les salles emplies de pâles adolescents que pour assister au débarquement de nouvelles cargaisons de blessés, expédiés du champ de bataille dans leurs vêtements souillés de sang et hoquetant de douleur, ou bien pour un bref séjour à l'armée parmi les tentes-ambulances du camp, où la détresse était encore plus effroyable.

Les plus répugnantes sanies pas plus que la crainte des contagions ne l'arrêtaient. Son empressement et son calme étaient le même en présence des diarrhées, des gangrènes, des plaies grouillantes de larves. Il témoignait même une préférence pour les pires cas. C'est là ce qui lui faisait fréquenter particulièrement l'hôpital d'Armory-Square, situé près du débarcadère, et où s'entassaient ceux qu'on ne pouvait transporter plus loin. Walt était étonné lui-même de son extraordinaire sang-froid au contact d'horreurs sans nom. Plus tard, songeait-il, il aurait de terribles rêves où repasseraient ces poignantes agonies quotidiennes. Parfois, après avoir quitté l'hôpital, dans sa chambre ou en promenade, lorsqu'il repensait à telle scène atroce dont il venait d'être témoin, arrivée d'un pauvre diable aux chairs rongées par la corruption ou amputation de nature à glacer le sang de quiconque, il sentait soudain son cœur chavirer et tremblait de tous ses membres (2). Ou bien, empoigné dans la rue par une émotion qui lui emplissait les yeux de larmes, il s'arrêtait sous une porte et, tirant de sa poche un calepin, griffonnait quelques lignes, embryon d'un

(1) Bliss Perry : *Walt Whitman*, pp. 141-142.
(2) *The Wound Dresser*, pp. 123 124.

futur poème jailli de son âme déchirée (1). L'étonnante quiétude que comportait sa nature le servait merveilleusement dans ces circonstances. Maîtrisant son émotion, il assistait, avec l'impassibilité extérieure d'un homme de science, à tous les spectacles de l'hôpital : au chevet d'un mourant, il admirait le jeu magnifique de ses muscles contractés par la résistance suprême de l'organisme (2). Et pourtant, sous cette enveloppe d'indifférence, sa tendresse saignait et il vivait des affres quotidiennes. En s'acheminant tous les soirs, le havresac aux épaules, vers l'un des quartiers de la cité funèbre, le bon géant gravissait un calvaire. Il était saturé des souffrances que son immense affectuosité lui faisait partager. Le visage souriant, la belle humeur qu'il apportait au bord du lit de ses malades dissimulait une âme en deuil, dont la douleur parfois s'épanche lorsqu'il écrit à sa vieille mère. Un instant son émotion afflue, des larmes se pressent à ses paupières. « Mère, dit-il après le récit d'une mort lamentable, combien méprisables apparaissent tous les petits orgueils et les petites vanités habituelles de ce monde, et les efforts pour paraître, au milieu de scènes comme celles-ci — de semblables tragédies de l'âme et du corps. Voir de telles choses et ne pouvoir les empêcher est terrible. J'ai presque honte d'être aussi bien portant et exempt de tout mal (3). » A contempler tant de victimes innocentes, à voir moissonner ces milliers d'enfants taillés pour la vie splendide et féconde, il éprouve l'horreur immense de la guerre, malgré qu'il reconnaisse hautement la nécessité de mener à bien cette lutte où le destin du continent est en balance. Lui-même s'enrôlerait sans hésiter si sa présence était plus nécessaire dans le rang qu'au bord des couchettes.

L'existence de Walt à Washington jusqu'au milieu de l'été de 1864, ses lettres fréquentes aux siens — ces lettres d'une ingénuité, d'une tendresse, d'une sollicitude si émouvantes où il s'ingénie à calmer les alarmes maternelles au sujet de George, engagé dans toutes les grandes batailles de la guerre civile, et

(1) Bucke : *Walt Whitman*, p. 171.
(2) Walt Whitman : *Prose Works*, p. 447.
(3) *The Wound Dresser*, p. 74.

qui, fait prisonnier, devait partager les tortures dantesques de cinquante mille soldats de l'Union enfermés dans les geôles du Sud, — nous la content semaine par semaine. Nuls événements autres que ses visites continues aux hôpitaux n'en viennent rompre l'impressionnante monotonie. Accaparé par sa besogne, il avait fort peu de temps à dépenser en dehors des quelques heures de bureau qui lui permettaient de payer sa chambrette et son repas quotidien. Pourtant sa curiosité sans cesse en éveil ne lui faisait négliger aucune occasion d'étudier les aspects de la capitale en temps de guerre et tous les détails de la vie du troupier, en marche, au camp, au repos, touchant sa solde, ou au lendemain des batailles.

Il n'assistait pas seulement aux lentes, interminables processions à travers les rues des voitures d'ambulance charriant les blessés aux hôpitaux, aux lugubres défilés des insoumis et des déserteurs repris, mais quand un régiment en marche vers le front faisait halte au bord du trottoir, il se mêlait aux hommes, s'asseyait parmi les groupes, écoutait, s'enquérait. La beauté vigoureuse du jeune Américain natif, venu des champs et de l'usine, lui furent un continuel sujet d'émerveillement. N'étaient-ils pas la justification de la foi enthousiaste en sa race, qu'il avait traduite dans ses poèmes ? Sur sa nature d'émotif et de primesautier, ultra-sensible aux frémissements électriques des foules, la bannière étoilée, les accents du *Yankee Doodle*, le piétinement rythmique d'un régiment de cavalerie avec ses trompettes, ses tambours et ses cymbales, le défilé d'un corps d'armée produisaient un effet intense. Il était saisi de la même émotion que l'homme de la rue. Il ne l'avait jamais éprouvée telle auparavant. C'est qu'il ne s'agissait plus de troupes paradant sur le terrain de manœuvres. Le cachet de réalité particulier aux troupes en campagne, avec les suggestions tragiques qu'elles éveillaient au lendemain de batailles où 60.000 hommes étaient restés sur le terrain, communiquait à ces spectacles fréquents une beauté terrible dont le contact le secouait dans ses racines. « Mère — écrivait-il — vous ne savez pas quel sentiment un homme acquiert après s'être trouvé parmi les spectacles réels et les influences du camp, parmi les troupes, les blessés, etc... J'ai un petit étendard qui a appartenu à un de nos régiments de cavalerie; un blessé m'en a fait cadeau. Pris par les Sécessionnistes dans un combat de cavalerie il a été repris, sauvé par nos hommes dans une sanglante petite escarmouche. Cela a coûté la vie de trois hommes, simplement de s'emparer d'un petit étendard, de quatre pieds sur trois. Nos hommes le reprirent et l'arrachèrent de la poitrine d'un Rebelle mort — tout cela rien que pour le simple fait de ravoir leur petite bannière. L'homme qui la reprit a été très grièvement blessé et on lui a permis de la garder. J'ai passé beaucoup de temps auprès de lui; il voulait me donner quelque chose, disait-il, et comme il ne comptait pas survivre, il m'a donné la petite bannière comme souvenir. Je vous raconte ceci, mère, pour vous donner un échantillon de ce sentiment...(1). » Il nous aide aussi à comprendre l'intense émotion guerrière, l'exaltation patriale dont frémissent quelques-uns des poèmes où Walt a chanté la grande lutte dont il était le témoin.

D'une oreille attentive, au bord du lit des blessés ou en tête à tête avec les convalescents, il s'attardait à écouter le récit véridique des mêlées auxquelles ils avaient pris part, se faisait raconter des escarmouches, des scènes du champ de bataille, dont les journaux, avec leurs comptes rendus édulcorés et infidèles, n'avaient rien dit. C'est ainsi qu'il arrivait à pénétrer dans ses plus minimes recoins la réalité de cette guerre, qu'il en apprenait l'histoire aux sources mêmes, celle qui ne franchit pas le seuil des livres. Un jour il allait visiter un camp de troupes noires, les premières levées, et constatait leur bonne mine (2). Les *Notes de la Guerre*, qu'il publia par la suite, abondent en tableautins impressionnistes de la vie du soldat en campagne, — mêlés à des coins de bataille, tels que l'étonnante peinture des blessés sous la lune à la bataille de Chancellorsville (3). Il se rendait souvent au Capitole pour assister à d'orageuses séances, s'extasier devant la somptuosité de l'édifice et consta-

(1) *The Wound Dresser*, pp. 163-164.
(2) Walt Whitman : *Prose Works*, pp. 418-421.
(3) *Id.*, p. 35.

ter la médiocrité des orateurs (1). Il aimait à se promener le long des couloirs déserts ou à voir le soleil se coucher sur le Génie de la Liberté couronnant l'édifice. Mais tout cela n'était que les miettes de sa vie d'alors : son œuvre aux hôpitaux le retenait comme par l'effet d'un sortilège parmi les relents du chloroforme, les âmes en dérive, les corps suppliciés. Au début de 1864, évoquant les années à venir, il n'entrevoyait d'autre perspective que celle de se consacrer aux malades et aux blessés, tant que les hôpitaux seraient remplis (2).

L'appel s'était fait entendre : il obéissait.

Il désirait assister à une bataille : au-dessus de toutes les navrances surnageait l'antique curiosité, l'appétit de voir de ses yeux de nouvelles choses réelles et concrètes. Le 6 février 1864, Walt partit donc pour le front. Il n'assista à aucune bataille, mais il demeura une huitaine aux alentours de Culpeper, à parcourir les camps à pied, en admirant le paysage virginien, à observer sur le vif le troupier en campagne, à se mêler à l'existence des soldats et des officiers, bien accueilli partout, et çà et là rencontrant le visage d'un ami. « Mère, — écrit-il avec sa candeur merveilleuse — je n'ai aucune difficulté à me mettre à l'aise parmi les soldats, les conducteurs, ou n'importe qui — je découvre presque toujours qu'ils aiment extrêmement à m'avoir auprès d'eux; cela semble leur faire du bien. Nul doute qu'ils ne sentent tout de suite que mon cœur et mes sympathies sont sincèrement avec eux; cela est une chose nouvelle pour eux et en même temps cela leur fait plaisir et les touche, de sorte que ma présence leur fait certainement du bien — je suis sûr aussi que cela m'en fait à moi... (3). »

Cette semaine de plein air venait à point revivifier ses forces. Il allait bientôt avoir besoin d'un redoublement d'énergie. La mêlée qu'il n'avait pas vue se préparait depuis que Grant avait pris le commandement en chef des forces fédérales. Ce fut au printemps de cette année qu'eurent lieu les terribles

(1) Walt Whitman : *Diary in Canada*, p. 49.
(2) *The Wound Dresser*, p. 153.
(3) *Id.*, p. 151.

batailles du Désert et de Spottsylvania, au lendemain desquelles l'affluence des blessés évacués sur Washington fut énorme. En mai l'épouvantable flot ne cessa de grossir. La plupart des nouveaux venus, hâtivement ou point du tout pansés, puis demeurés de longs jours en route sans aucun soin, étalaient des plaies enflammées et putrides. Les amputations hâtives devaient être recommencées. Bon nombre devenaient fous. Depuis le début de la guerre, les hôpitaux n'avaient pas encore offert un tel spectacle d'horreur. Walt se multiplia, essayant de s'égaler à la tâche surhumaine. Le résultat fut qu'à la fin du mois de mai il se sentit mal. Cette fois, la mesure était comble, les limites de la résistance humaine atteintes. Il se raidit, ne pouvant et ne voulant pas quitter ses blessés à ce moment critique. Mais bientôt il dut céder et s'abstenir pendant quelques jours d'aller aux hôpitaux où il envoya quelqu'un à sa place. Le bon géant était atteint, pour la première fois de sa vie et pour la vie...

Les avertissements ne lui avaient pas manqué : mais sa confiance en ses propres forces était sans limite et son endurance à toute épreuve. Pendant l'été précédent, le climat de Washington, la chaleur écrasante qui le forçait à ne sortir qu'avec un parasol et un éventail, ses visites incessantes aux hôpitaux lui avaient occasionné des lourdeurs de tête, des maux de gorge et de la surdité. Plusieurs fois des médecins lui avaient dit de se méfier d'un séjour trop constant dans l'air des salles emplies de relents empoisonnés, et on l'accusait d'imprudence. Lui, cependant si glorieux et si soucieux de sa magnifique santé, avait passé outre, tout entier à sa besogne; il s'était contenté de laisser parfois un jour d'intervalle entre ses visites. En outre, au fort du même été, il s'était fait une coupure à la main droite en aidant à l'amputation d'un membre gangrené; il s'agissait d'un de ses « cas particuliers », un Rebelle. L'inflammation s'étendit au bras, qui enfla; les vaisseaux sous la peau, — disait-il plus tard en racontant l'incident, — avaient l'air de petits serpents rouges rampant jusqu'à l'épaule (1). La guérison fut

(1) *In Re Walt Whitman*, p. 115. — *The Wound Dresser*, pp. 98, 107, 111.

rapide et il semble n'avoir prêté que peu d'attention à ce petit accident dont les conséquences devaient être un jour si graves. Dans ses lettres à sa mère, il manque rarement de signaler son état de santé parfait, son poids, sa mine. Mais au début de juin 1864, à la suite de son énorme labeur aux hôpitaux encombrés et du retour des grosses chaleurs, les symptômes de l'été précédent reparurent, mais avec plus de force. Cette fois, malgré son entêtement, il n'y avait plus à nier et il dut s'abstenir. « Il est probable, — écrivait-il à sa mère, — que le poison de l'hôpital a affecté mon système et je m'aperçois que cela est pire que je n'avais supposé. J'ai des évanouissements et je me sens très mal à la tête, — une lourdeur et une douleur — et en outre j'ai mal à la gorge... Certains jours, je crois que c'est parti et je me sens remis, mais, quelques heures après, j'ai de nouveau un accès (1). »

Et cela ne fit qu'empirer. Il avait trop longtemps absorbé le relent des plaies empoisonnées et, à la fin, la corruption ambiante l'avait atteint. En plus de la malaria engendrée par l'accumulation des gangrènes, les commotions répétées et les angoisses de ces années effroyables, les tortures de son cœur aimant devant ces hécatombes, l'effort constant qu'il avait dû s'imposer pour conserver son sang-froid auprès des amputés et des mourants, l'énorme dépense de fluide nécessaire pour remonter tous ces jeunes hommes en détresse avaient fini par saper sa constitution d'athlète. Il avait trop souffert de voir souffrir, et il était aussi malade au moral qu'au physique. Et après avoir relevé tant de prostrés, lui-même était saisi par la prostration.

Les médecins lui ordonnèrent un changement d'air immédiat et en juillet il partit pour Brooklyn, où il comptait sans doute rester les quelques semaines nécessaires à son rétablissement. Il dut y séjourner six mois. Il avait prodigué l'héroïsme et l'amour; maintenant il allait avoir à payer de sa personne, de son intégrité corporelle, — (un jour ou l'autre, sinon aujourd'hui, sûrement plus tard) — la lourde rançon des

(1) *The Wound Dresser*, p. 197.

vies sauvées par lui, — par lui, si orgueilleux de sa vigueur et de sa vitalité intacte, par lui, qui avait ignoré jusqu'à ce jour la maladie, et que ces années terribles, à 46 ans, au point culminant de sa force, parurent transformer tout à coup en un vieillard.

De ce premier accident sérieux, il se remit, grâce au repos et au changement. Bientôt, de septembre à la fin de l'an, nous le retrouvons aux hôpitaux de Brooklyn et de New-York, où il exerce son ministère d'humanité, procédant aux mêmes distributions qu'à Washington, promenant son sourire et sa parole de salle en salle (1). Il était de nouveau d'aplomb lorsqu'il revint à Washington. Néanmoins, quelque chose en lui demeurait, on ne sait quel germe funeste qui, sournoisement tapi, devait le foudroyer un jour. Cette guerre l'avait marqué, lui aussi, au nombre des victimes.

(1) *The Wound Dresser*, pp. 41-42.

III

UN CŒUR DE CAMARADE

Vers celui qui meurt quel qu'il soit, je me hâte et tourne le bouton de la porte,
Je rejette les couvertures sur le pied du lit,
Et renvoie chez eux le médecin et le prêtre.
Je saisis l'homme qui décline et le soulève d'une volonté irrésistible,
O désespéré, voici mon cou,
Par ma foi, je ne veux pas que vous vous en alliez ! Suspendez-vous à moi de tout votre poids.
Je vous dilate d'un souffle terrible, je vous maintiens à flot,
Je remplis toutes les pièces de la maison d'une force en armes,
Ceux qui m'aiment déjouent le tombeau (1).

N'avait-il pas justifié, au cours de ces années, cette orgueilleuse affirmation de son poème ? Par la force de sa tendresse et le magnétisme de sa personne physique, il avait maintes fois sauvé des existences promises à la fosse. Il avait offert son cou à ceux qui défaillaient et dressé, au bord des lits, sa volonté irrésistible, comme le Walt Whitman qui se chantait dans les *Feuilles d'Herbe*. Il avait accompli l'œuvre interdite au médecin et au prêtre.

Cette mission de Walt aux hôpitaux représente le moment où la « mystérieuse qualité corporelle (2) » qui, de tout temps, lui avait valu l'hommage muet des regards dans la rue et d'innombrables sympathies, parvint à sa plus haute puissance. Ce fut alors que son magnétisme rayonna avec une intensité qui parut s'égaler à celle des douleurs partout offertes. Nous pourrions malaisément nous figurer les effets positifs de

(1) Walt Whitman : *Leaves of Grass*, p. 66.
(2) J. Burroughs : *Notes*, pp. 13-14.

la présence de l'homme sur les blessés, si des témoins ne nous les avaient dépeints : nous savons, par eux, qu'une sorte de fluide émanait de sa personne, assez puissant pour changer l'atmosphère d'une salle entière. Walt, à quarante-cinq ans, connaissait la plénitude de ses forces physiques et spirituelles, et sa vitalité était énorme. Il était opulent de toute l'humanité qu'il avait absorbée jusqu'à ce jour. Son individualité géante, transsudée par tous les pores de son organisme, reverbérée par ses yeux clairs et son sourire, agissait comme un tonique. Et pourtant l'étrange thérapeute n'apportait qu'un seul remède, le même toujours, le baume de sa présence et de sa parole, le parfum de santé et de vie qui se répandait à son approche, les effluves de sa sympathie large et profonde. C'étaient les prostrés surtout, nombreux dans les hôpitaux, que cet efflux ranimait comme aucune médication n'aurait pu le faire. Pour remonter, pour invigorer ses gars, Walt usait des moyens de nature qui reposent en chacun de nous, endormis chez la plupart, et dont l'outrance de son individualité centuplait l'ordinaire efficacité. Dans certains cas, où la science était impuissante, les docteurs disaient: « Confiez-le à Whitman. Peut-être il le sauvera (1). »

Mais écoutons ceux qui le virent besogner ; tout d'abord, un homme que bientôt nous connaîtrons mieux, et qui devint pour Walt le plus compréhensif des amis. Arrivé à Washington dans l'automne de 1863, il avait cherché à faire la connaissance du poète :

Je l'avais rencontré une ou deux fois sans que nos entrevues eussent abouti à grand'chose, car je m'étais aperçu que, tout en se montrant amical et plein de bonne humeur, il n'était pas du tout enclin à causer sur des sujets tels que la poésie ou la métaphysique ; quand, au cours d'une de mes balades du dimanche après-midi à travers bois, je le rencontrai à l'improviste, à une lieue environ de Washington, cheminant le long d'un sentier entre les arbres. Il portait en bandoulière un havresac rebondi et les poches de son pardessus étaient également bourrées. Il se rendait aux baraquements de quelque hôpital militaire du voisinage, et avec sa permission, je l'accompagnai... Des mots sont une pauvre et faible chose en un tel sujet. Le spectacle réel, tel que je le vis, de cet homme allant

(1) *Camden Edition,* Introduction, p. LXI.

parmi les mutilés, les visages blêmes, les désespérés, les agonisants, avec tout ce qui se passait et s'échangeait entre lui et les patients, dans nombre de cas presque des enfants, une plume, quelque habile qu'elle soit, ne peut guère le dépeindre. Son magnétisme était incroyable et inépuisable. Ce n'est pas là une métaphore, mais un fait plus profond que les mots. Les yeux cernés brillaient d'un nouvel éclat à son approche ; les paroles banales qu'il prononçait communiquaient un flot de vigueur ; un air fortifiant paraissait emplir la salle et neutraliser les mauvaises odeurs (1)...

Le témoignage de John Swinton, un vieil ami de chez Pfaff, qui avait connu Walt « dans le splendide éclat de sa force jeune, au temps où sa figure familière apparaissait tous les jours dans Broadway », et que celui-ci avait retrouvé à Washington peu après son arrivée, vient confirmer ces impressions prises sur le vif, plus précieuses que tous les commentaires :

J'entendis pour la première fois parler de lui parmi les patients de la Péninsule, après une bataille qui avait eu lieu à cet endroit. Je le vis maintes fois par la suite dans les hôpitaux de Washington, ou s'y rendant, avec un panier ou un sac au bras, et le visage tout inondé d'une lumière de bienfaisance. Son dévouement dépassait celui d'une femme. Il faudrait un volume pour dépeindre sa bonté, sa tendresse et ses attentions. Jamais je n'oublierai tel soir où je l'accompagnai dans sa tournée à travers un hôpital rempli de ces jeunes Américains blessés, dont il a chanté l'héroïsme en vers immortels. Il y avait trois rangées de lits et un homme dans chaque lit. Quand il paraissait, passant de l'un à l'autre, un sourire d'affection et de bon accueil se dessinait sur tous les visages, quel que fût leur pâleur, et sa présence semblait illuminer l'endroit comme pourrait l'illuminer la présence du Fils de l'Amour. D'un lit à l'autre, les blessés l'appelaient, souvent d'une voix qui tremblait ou dans un soupir ; ils l'étreignaient, ils touchaient sa main, ils le contemplaient. A celui-ci il adressait quelques mots d'encouragement, pour celui-là il écrivait une lettre aux parents, aux autres il donnait une orange, quelques sucreries, un cigare, une pipe et du tabac, une feuille de papier, un timbre-poste, toutes choses, et bien d'autres, contenues dans son vaste sac. Il recevait de l'un, à son lit de mort, un message pour sa mère, sa femme ou son amie ; il promettait à un deuxième de s'acquitter d'une commission ; à un troisième, qui était son ami particulier, il donnait un viril baiser d'adieu. Il faisait pour eux les choses que nul infirmier ni médecin ne pouvaient faire, et il semblait laisser, à mesure qu'il passait, une bénédiction à chaque lit. Les

(1) J. Burroughs : *Notes*, pp. 12-13.

lumières brillaient depuis des heures à l'hôpital ce soir-là lorsqu'il le quitta, et tandis qu'il se dirigeait vers la porte, on pouvait entendre la voix de plus d'un héros tombé appelant : « Walt, Walt, Walt, reviens! reviens ! » Son panier et sa réserve, remplis de toute sorte de petits présents pour les soldats, étaient vides. Il avait en réalité peu à donner, mais, à le voir, il me parut qu'il avait donné plus que les autres hommes (1).

Il s'était dévoué à cette tache, se sentant si fort et si sain. Il épancherait ainsi son excès de vitalité en faveur de ceux que la vie abandonnait. Walt nous a lui-même suggéré sa méthode, qui était infiniment simple, comme tout ce qui lui appartenait. Il avait fait cette remarque, au cours de ses premières expériences aux hôpitaux : plus que les soins médicaux, ou les petits cadeaux, ou n'importe quoi, la simple présence d'un homme tel que lui versait du bien-être aux malades. Le secret de sa cure consistait en un rayonnement magnétique de la santé et de la bonne humeur. Chaque jour, avant de partir à l'hôpital, il se préparait soigneusement, « comme pour une fête (2) ». Il prenait un bain, se reposait, se vêtait de linge frais, s'administrait un bon repas, et s'efforçait de paraître aussi « en train », aussi gai que possible (3). Sur des êtres abattus l'effet d'une personnalité vigoureuse et affectueuse comme la sienne était infaillible. « J'imagine, — confiait-il à sa mère — que la raison pour laquelle je puis faire un certain bien aux hôpitaux parmi les pauvres garçons malades de langueur ou blessés, c'est que je suis si grand et que je me porte si bien — vraiment comme un grand buffle sauvage et poilu. Nombre de soldats sont de l'Ouest et de l'Extrême-Nord, et ils s'attachent à un homme qui n'est pas de la sorte blême, reluisante et rasée des gens des villes et de l'Est (4). » « Je puis attester — déclare-t-il ailleurs — que l'amitié a littéralement guéri une fièvre, et le remède de l'affection quotidienne, une

(1) Bucke : *Walt Whitman*, pp. 36-37. — Cf. J. T. Trowbridge, *Reminiscences of Walt Whitman*, Atlantic Monthly, fév. 1902, p. 169.
(2) J. Burroughs : *Notes*, p. 94.
(3) Walt Whitman : *Prose Works*, p. 38.
(4) *The Wound Dresser*, pp. 66-67.

grave blessure (1). » Et, avec l'expérience des deux années passées aux hôpitaux, il écrivait dans une de ses correspondances aux journaux : « Pour nombre de blessés et de malades, particulièrement les tout jeunes, il y a quelque chose dans l'affection personnelle, les caresses, l'efflux magnétique de la sympathie et de l'amitié, qui fait, à sa façon, plus de bien que toute la médecine du monde... Beaucoup penseront que c'est là du pur sentimentalisme, mais je sais que c'est le plus solide des faits. Je crois que le fait même, pour une personne cordiale, saine, propre, forte, à l'âme généreuse, homme ou femme, pleine d'humanité et d'affection, et qui émet d'invisibles et constants courants, de circuler parmi les hommes ou à travers la salle, fait un bien immense aux malades et aux blessés (2). »

Des professionnels l'observèrent, et leur témoignage, après celui des amis, projette sur ces années un nouveau rayon de lumière.

Un chirurgien militaire, qui en ce temps-là observa avec curiosité ses allées et venues parmi les soldats aux hôpitaux, m'a raconté depuis, — note John Burroughs — que les principes d'après lesquels il agissait paraissaient, tout efficace qu'ils fussent, singulièrement peu nombreux, simples et primitifs. Agir sur l'appétit, remonter le malade par un air et une attitude de santé, satisfaire et combler, en des cas spéciaux, le besoin d'affection des patients : c'était là presque tout. Il n'apportait parmi eux ni sentimentalisme ni morale et ne parlait jamais à aucun homme de ses « péchés » ; mais il lui donnait quelque chose de bon à manger, avec un mot réconfortant, ou un petit cadeau accompagné d'un regard. Il avait une face rubiconde, des vêtements propres, et portait une fleur ou une branchette verte au revers de sa veste. L'été, en traversant les champs, il cueillait une grosse botte de fleurs de pissenlit et de trèfle rouge ou blanc, les apportait et en parsemait les lits, pour qu'elles rappellent aux malades le grand air et le soleil (3).

Le docteur D. W. Bliss, chirurgien en chef de l'hôpital d'Armory-Square, où Walt se rendait presque quotidiennement, donna un jour ce certificat : « D'après ce que je con-

(1) *The Wound Dresser*, p. 14.
(2) *Id.*, pp. 44-45.
(3) J. Burroughs : *Notes*, p. 94.

nais personnellement des travaux de M. Whitman à Armory-Square et aux autres hôpitaux, je suis d'avis que personne, parmi ceux qui prêtèrent leur concours aux blessés pendant la guerre, n'a fait autant de bien aux soldats et pour le gouvernement que M. Whitman (1). »

Walt ne se vanta jamais de l'œuvre immense qu'il avait accomplie là. S'il lui arrivait de parler incidemment de ses années aux hôpitaux — et cela lui arrivait très rarement — c'était sans nul orgueil. Il s'était simplement acquitté d'une mission, pour répondre à l'appel intérieur qu'il avait entendu lorsqu'il était venu dans le but de soigner son frère. Lorsque vingt ans plus tard fut déposée à la Chambre des Représentants une proposition tendant à l'octroi d'une pension au Panseur de Plaies, alors invalide et pauvre, Walt, consulté, déclina l'offre : il ne souhaitait ni indemnité, ni récompense nationale. Pourtant son labeur, lorsqu'on le résume, confond l'imagination. Lui-même estimait qu'il avait personnellement visité de quatre-vingts à cent mille blessés et malades ; quant au nombre des vies qu'il sauva, cela demeure le secret de l'amour. Cette rayonnante besogne, accomplie presque dans l'ombre, sans aucune publicité, fut généralement ignorée au dehors. Quelques intimes — qui chaque jour le voyaient partir et parfois l'accompagnaient — connurent seuls la vérité, à part les patients eux-mêmes et le personnel des hôpitaux. L'un d'eux se rappela toujours combien inoubliablement beau Walt lui était apparu la première fois, entrant passé minuit chez O'Connor, pour demander à souper, sa veste sur le bras, ses manches de chemises relevées, chaussé de gros souliers d'ordonnance, très droit dans sa haute taille, la mine rude et majestueuse : il revenait d'accompagner un convoi de blessés (2). Le poète Whittier, qui, dans son indignation d'homme chaste, avait jeté au feu son exemplaire des *Feuilles d'Herbe*, admirait profondément la conduite de Walt pendant la guerre (3). Quelqu'un, qui avait été à même de juger l'œuvre du mission-

(1) Donaldson : *Walt Whitman the Man*, pp. 168-169.
(2) H. B. Binns : *Life of Walt Whitman*, p. 102.
(3) *In Re Walt Whitman*, p. 204.

naire, se chargea, un peu plus tard, de rappeler en termes enflammés à l'Amérique, ce que cet homme simple, sans autres moyens que son cœur, avait fait pour ses fils (1). Et Bucke, dans son livre, devait inscrire cet hommage : « Ceux qui rejoignirent les rangs et combattirent les batailles de la République firent bien ; mais quand le monde saura, comme il commence aujourd'hui à le savoir, de quelle façon cet homme, sans nul encouragement du dehors, sans la moindre obligation, avec simplicité, sans battement de tambour ni aucuns vivats approbateurs, pénétra dans ces immenses lazarets et consacra ses jours et ses nuits, son cœur et son âme, et à la fin sa santé et sa vie, aux fils malades et blessés de l'Amérique, il dira qu'il fit encore mieux (2). »

Enorme avait été pour le Panseur de Plaies l'effort intérieur, qui lui avait permis de persister dans sa tâche. Enorme fut également l'effet moral qu'opérèrent sur lui ces années. Il sortit des hôpitaux avec l'impression indélébile d'avoir vécu des moments sacrés que nulle parole n'aurait pu traduire : c'était pour cela qu'il préférait garder le silence sur cette époque. Mais on put s'apercevoir que le Walt d'après la guerre avait été mêlé à une expérience plus grave et plus profonde que toutes celles qu'il avait traversées auparavant. « Ces trois années, écrivait-il, je les considère comme le plus grand privilège et la plus grande satisfaction de ma vie (avec toute leur fiévreuse surexcitation, leurs pertes physiques et leurs spectacles lamentables) et naturellement la leçon la plus profonde de mon existence.... Elles ont éveillé, fait surgir et déterminé en moi des mondes insoupçonnés d'émotion (3). » L'émotion avait été si intense et si prolongée qu'elle l'avait brisé à la fin.

Cette mission demeura toujours empreinte à ses yeux d'un caractère quasi-religieux, tellement elle comportait de ferveur. Le lien qui l'unissait aux victimes de la guerre était d'une nature indicible. Toute la maternité de son grand cœur avait

(1) O'Connor : *The Good Gray Poet*, dans Bucke, *Walt Whitman*, pp. 123-128.
(2) *The Wound Dresser*, pp. 199-200.
(3) Walt Whitman : *Prose Works*, p. 78.

saigné pour les fils de sa race, immolés en pleine force, pour tous ces jeunes gars robustes, venus des champs et des ateliers, « intelligents, d'esprit indépendant, tendres de sentiment, accoutumés à une vie hardie et saine (1) ». Il les avait chéris comme ses enfants, d'un amour proportionné à la grandeur de leur misère, et traversé par toutes les affres de morts répétées. On devine, à travers ses lettres d'alors, quels attachement passionnés il avait formés avec nombre de ces adolescents : « Je crois — disait-il à sa mère avec sa candeur grave — que jamais hommes ne s'aimèrent entre eux comme moi et certains de ces pauvres garçons blessés, malades et mourants s'aiment l'un l'autre (2). » Et dans une longue et très belle lettre à son amie, Mme Price, nous rencontrons ces lignes émouvantes qui nous aident à pénétrer « ces mondes insoupçonnés d'émotion » que la guerre et ses victimes avaient fait naître en lui :

... Par-dessus tout, les pauvres garçons accueillent avec joie une amitié magnétique, une personnalité (quelques-uns sont si avides, si affamés de cela) ; pauvres diables, comme ils sont jeunes, étendus avec des visages pâlis et ce muet regard dans leurs yeux... O comme on vient à les chérir — souvent, en des cas particuliers, si souffrants, si bons, si virils et affectueux ! Abby, vous souririez tous de me voir parmi eux, beaucoup ont l'air d'enfants. Toute cérémonie le plus souvent est mise de côté — à force de souffrir ils sont gagnés par l'épuisement et la lassitude — nombre d'entre eux sont sur leur lit de mort — des quantités se sont mis en tête que nous nous embrasserions l'un l'autre, lorsque je m'en vais le soir ; parfois ils sont un très grand nombre et je dois faire le tour des lits, pauvres garçons. Le soldat en campagne n'a guère d'occasion d'être choyé, mais, Abby, je connais ce qui est dans leur cœur, toujours en attente, bien qu'ils en soient peut-être inconscients eux- mêmes...

Je ne pourrais vous décrire quels attachements mutuels se forment là et comme suprêmement profonds et tendres sont ces enfants. Il en est qui sont morts, mais mon affection pour eux vivra aussi longtemps que je respirerai. Ces soldats savent aimer, une fois qu'ils se trouvent en face de la personne et de l'affection qu'ils demandent. C'est une chose merveilleuse... (3).

(1) *The Wound Dresser*, pp. 1-2.
(2) *Id.*, pp. 111.
(3) *Id.*, pp. 127 et 128-129.

Tant de fois, au bord des petits lits, ce saint mystère de douleur et d'amour s'était consommé que Walt en conservait l'impérissable reflet sur toute sa personne. Il prétendait avoir reçu davantage qu'il n'avait donné, en cet échange de tendresse (1). Une des rares fois où il rompit le silence qu'il s'était imposé, par une sorte de pudeur d'âme, sur ce sujet trop intime et trop émouvant, — c'était en présence de son ami Sidney Morse, le sculpteur qui fit son buste vers la fin de sa vie, — il dit :

> Ce furent là les heures précieuses de mon existence : mon amour pour ma mère et mon amour pour ces chers garçons, Sécessionnistes ou Unionistes. C'était atroce ou cela l'aurait été, si ce n'eût été magnifique... Il me sembla, pendant tout ce temps, que j'étais, non pas au loin en train de soigner des étrangers, mais absolument chez moi auprès de ma propre chair et de mon propre sang. Et il en était ainsi. Nuls liens n'auraient pu être plus chers que ceux qui m'unissaient à chacun d'eux et à tous. Mon cœur saignait heure par heure comme s'il s'agissait des miens. Je ne sais pas pourquoi je me mets à vous parler sur ce sujet que je garde d'ordinaire enfermé comme une chose sacrée, mais il faut que je vous montre les petits carnets avec les taches de sang. J'ai essayé de les arranger pour l'imprimeur, mais c'était comme si j'arrachais ce qui était leur cœur... (2).

O les petits carnets faits d'une feuille pliée et retenue avec une épingle, les douzaines de petits carnets barbouillés de sang, jaunis, maculés, couverts de notes griffonnées au bord du lit des patients, en veillant un mort ou pendant une opération, les carnets où le camarade inscrivait des noms, des cas, des envies de malades, des récits du champ de bataille recueillis de la bouche des blessés, et qu'il conservait précieusement « pour lui seul, remplis qu'ils étaient de souvenirs impossibles à jamais redire ou chanter (3) » ! Ils étaient comme le tabernacle où reposaient mille douleurs, mille émotions déchirantes, mille secrets intraduisibles ; un abîme d'humaine tendresse s'entr'ouvrait parmi leurs feuillets.

(1) *The Wound Dresser*, p. 19.
(2) *In Re Walt Whitman*, p. 301.
(3) Walt Whitman : *Prose Works*, p. 7 note.

En dehors de cette expérience tragique et suave, qui avait remué les profondeurs de son individu, d'uniques enseignements se déduisirent pour Walt Whitman de la guerre. Non seulement des chants nouveaux avaient jailli de lui, à cette prise d'armes de l'Union pour une cause grande, mais sur toute sa poésie postérieure, enrichie d'impressions et d'émotions dont elle était la source, le reflet de la guerre s'étendra, d'une guerre élargie jusqu'aux confins du monde et agrandie d'une signification spirituelle. Il ira jusqu'à déclarer que, sans l'événement capital des années 1861-1865 et son séjour aux hôpitaux, les *Feuilles d'Herbe* n'auraient pas existé. Bien que trois éditions eussent vu le jour avant la guerre, ce paradoxe apparent avait un sens : le poète entendait dire par là que, sans la guerre, son livre serait demeuré inachevé et qu'elle survint, en collaboratrice inattendue et nécessaire, parfaire l'œuvre commencée, et lui donner sa signification plénière. Un des grands résultats de la lutte, c'est qu'elle lui permit de confronter son pays et sa race, d'acquérir la conscience définitive de toute la réalité et la grandeur de ces Etats, unis par un lien plus fort que le lien fédéral. « Je n'ai jamais su ce qu'étaient les jeunes Américains, — écrit-il — jusqu'au temps où je suis allé aux hôpitaux (1). »

Mieux que quiconque il avait été à même d'apprécier, dans les salles où « se concentrait la moelle de la tragédie (2) », la valeur des combattants, les vertus natives de sa race, le caractère de la masse. Il avait approché des individus de toutes les régions du vaste continent, ceux du New-England comme ceux de Virginie, les enfants du New-York et de la Pennsylvanie comme ceux de l'Ouest, les volontaires du centre et ceux de la contrée des Grands Lacs. Il n'avait négligé personne, il avait été en contact avec toutes les régions. Il avait communié avec son pays tout entier, représenté par ses milliers d'enfants tombés. Et le sentiment de l'*unité* de cette terre à travers la multiplicité de ses types et de ses territoires l'avait saisi, comme s'il s'était senti transporté au sommet d'une mon-

(1) *The Wound Dresser*, p. 116.
(2) Walt Whitman : *Prose Works*, p. 81.

tagne d'où son regard aurait embrassé l'Amérique totale. « C'est peut-être là une chose singulière — remarque-t-il à l'occasion d'un défilé de troupes dans la nuit — mais jamais auparavant je n'avais compris à ce point la majesté et la réalité du peuple américain *en masse*. Cela descendit sur moi comme une grande terreur respectueuse (1). » Une grande lumière s'était faite en lui : il avait découvert l' « Amérique authentique », comme il aimait à le répéter. Sa foi d'autochtone ressortait de cette période de sang et de frissons, trempée, justifiée, élargie, décuplée Au bord des lits, lorsque tous ces jeunes hommes l'avaient étreint, embrassé de leurs mains fiévreuses, il avait pu sentir battre contre son cœur, le cœur d'un peuple.

Et la leçon suprême, émanée de ce contact avec l'Amérique une et intégrale, c'était d'avoir pu constater la réalisation concrète d'une de ses idées — peut-être la plus chère de toutes ses idées, celle en tous cas qui rayonne avec le plus d'éclat autour de son œuvre et de sa personnalité. Walt avait fait, en même temps que l'Amérique, l'épreuve de la camaraderie. Or, la camaraderie était la clef de son évangile : telle qu'il la comprenait, à la lumière de son instinct communial, et telle que certains épisodes de sa vie l'illustrent, elle se proposait comme quelque chose d'immense et de neuf, le plus haut et le plus essentiel des sentiments humains. Dans tout individu il percevait les germes d'une émotion grave et tendre qui s'éveille au contact d'un autre individu, et cette attirance naturelle, à la fois physique et morale, qui porte l'homme vers l'homme, était, selon lui, à la base même de la solidarité sociale, plus que la conscience des liens formés par les intérêts et les souvenirs. Et les frontières d'une nation n'arrêtaient pas l'essor de ce pur sentiment d'amitié virile, qui, après avoir pénétré tout le continent, entrecroiserait à travers le monde entier ses millions de fils invisibles, serrés, inextricables. La camaraderie était la trame de la démocratie, américaine et mondiale. Walt le connaissait mieux que quiconque, ce sentiment exquis et fort. Il était passé dans la vie, entouré de compagnons, et le plus

(1) Walt Whitman : *Prose Works*, p. 49.

naturellement qu'on se le figure, c'est le bras passé autour du col d'un ami. Aux hôpitaux il venait de vivre, par centaines, par milliers, des affections encore plus ferventes. Ce fut là, selon l'expression heureuse de Triggs, « qu'il découvrit la nouvelle chevalerie qui s'élevait, la chevalerie des camarades. Il vit que l'affection existait, latente dans tous les cœurs et qu'une positive camaraderie existait déjà parmi les hommes (1). »

Un contentement immense emplissait Walt d'avoir assisté au triomphe de sa grande Idée. Son grand rêve de Démocrate et d'Apôtre moderne n'était pas vain, puisque les réalités avaient pris soin de le confirmer. Il avait raison, et son livre, qui était lui, avait raison également; et celui-ci aurait peut-être raison un jour devant le monde, comme il avait raison pour son auteur.

Il devait encore aux expériences de cette courte et sublime période d'autres enseignements. Spectateur quotidien des tortures corporelles et des agonies, il avait parcouru en tous sens les confins de la vie et de la mort. S'il avait pu étudier de près les ressources du corps humain et les arcanes des existences, il avait surtout accumulé les observations sur le mystère de leurs fins. Une grande leçon s'en déduisait pour lui, qu'il avait vérifiée des milliers et des milliers de fois : la mort, dans la réalité, n'est pas environnée des terreurs que notre imagination, emplie de phantasmes, se forge, lorsque nous l'envisageons (2). Et Walt ne devait plus l'oublier, comme le prouvera la seconde moitié des *Feuilles d'Herbe*, où l'apaisement divin de la mort sans affres, la mort, forme autre de la vie, sont célébrés avec la certitude sereine, et presque l'allègresse, d'une âme qui la connut pour une bonne voisine, et que jamais ne tourmenta l'énigme de l'au-delà.

Si le poète — sans le savoir — emportait un germe empoisonné sournoisement passé, de toutes ces plaies sur lesquelles son âme fervente de camarade l'avait fait se pencher, dans son organisme, il s'en irait aussi des hôpitaux — et cela il en

(1) O. L. Triggs : *Selections*, Introduction, p. XXXIII.
(2) *The Wound Dresser*, p. 184.

avait clairement conscience — avec le souvenir béni de ces années de tendresse et de douleur, aussi fécondes pour lui, l'individu, que pour la nation elle-même, renouvelée dans ses profondeurs.

IV

L'HYMNE DE LA GUERRE ET DE LINCOLN

En janvier 1865, il venait reprendre son poste à Washington. L'accident qui avait nécessité son éloignement temporaire n'était pas de nature à lui faire abandonner sa mission. Les hôpitaux demeuraient, avec leur fascinante réalité ; et tant que leurs salles abriteraient des malades de corps et d'âme, Walt continuerait ses visites. Il avait acquis, au contact de sa bonne ville de Brooklyn, une nouvelle provision de vigueur et se sentait fort comme par le passé. Pourtant, ce n'était plus la même « santé inconsciente et parfaite » qui avait coulé en lui jusqu'alors ; et il constatait que c'était sa « première apparition dans le rôle d'un homme qui n'est pas absolument bien portant » ; cela s'arrangerait avec le temps (1).

Sa situation matérielle, d'autre part, allait se modifier. Un nouveau tournant brusque se dessine dans sa carrière, peut-être le plus inattendu : Walt le musard, Walt l' « amateur » incorrigible, le suiveur de son seul instinct, devenait bureaucrate, au service du gouvernement. Peu d'années le séparaient alors de la cinquantaine, et le souci exclusif de ses blessés avait pour l'instant endormi son vieux désir d'errance et de changement ; en outre ses ressources étaient plus que maigres et il voyait surtout, en de fixes mensualités, le moyen de procéder à des distributions plus régulières et plus abondantes aux hôpitaux. Ainsi fut-ce avec satisfaction qu'en février, quel-

(1) Bliss Perry : *Walt Whitman*, pp. 152-153.

ques semaines après son retour dans la capitale, il reçut un emploi au ministère de l'Intérieur, dans la Division des Affaires Indiennes.

Des amis, témoins de sa mission, s'étaient entremis pour qu'on accordât une situation au Panseur de Plaies. Bien avant de l'obtenir, l'un d'eux, J. T. Trowbridge, avait échoué dans une démarche, qu'il avait tentée, vers la fin de 1863, auprès du ministre des Finances, S. P. Chase. Malgré qu'il eût présenté, en faveur de son protégé, une lettre de recommandation d'Emerson, ce vertueux et correct fonctionnaire s'était avoué trop choqué dans sa respectabilité par la détestable renommée littéraire de l'auteur des *Feuilles d'Herbe* pour consentir à l'admettre au nombre de ses plumitifs (1). La présence d'un tel énergumène serait une souillure pour le ministère. Walt, sans rancune contre le personnage sur le compte duquel il avait une piètre opinion, s'était contenté, selon son immuable habitude, de prendre note de l'incident (2). Lui-même, durant les premiers mois de son séjour à Washington, cherchant à s'assurer des ressources qui lui permettraient de rester dans la cité des souffrants, s'était adressé à des gens influents, porteur de lettres d'introduction. Sans humilité il avait suivi la voie ordinaire des chercheurs d'emploi, et cela sans succès. Et tout en faisant ses démarches il observait les gros personnages, le jeu de la « grande machine » administrative, s'amusait même de ses échecs. Le sénateur Preston King, gros comme une barrique, lui avait assez brusquement répondu dans les couloirs du Sénat : « Comment diable pourrai-je faire quelque chose pour vous?... Qui ne vous prendrait pour un Sécessionniste ? Pour tout le monde vous avez la tête d'un vieux planteur du Midi, d'un vrai planteur de Caroline ou de Virginie. » Voyant l'inutilité de ses efforts, Walt s'était résigné (3). Le ministre de l'Intérieur, cette fois, n'avait point témoigné des mêmes scrupules que son collègue des Finances ;

(1) J. T. Trowbridge, *Reminiscences of Walt Whitman*, Atlantic Monthly, fév. 1902.
(2) Donaldson : *Walt Whitman the Man*, p. 156.
(3) *The Wound Dresser*, pp. 57-59.

peut-être ignorait-il la personnalité poétique de son employé. Quoi qu'il en fût Walt se trouvait pourvu. Il touchait des émoluments fort honorables pour un labeur assez peu absorbant. Jamais il n'avait gagné autant d'argent — excepté peut-être à l'époque où son entreprise de bâtiments l'avait mis un instant sur le chemin de la fortune, dont il avait eu soin de s'écarter avec une hâte prudente.

Cet or lui permit des largesses, sans que rien fût changé dans sa manière de vivre. Car, retenu le jour à son pupitre, il n'en consacrait pas moins ses dimanches et parfois ses soirs aux blessés. Ils demeuraient sa préoccupation dominante. La guerre n'était pas finie : et même après la victoire et le licenciement des armées, une ample besogne s'offrit encore aux hôpitaux. Les batailles finales de mars et d'avril, devant Richmond, avaient été extrêmement meurtrières, et les dernières victimes durent attendre des mois, dans leur lit, une guérison dont la lenteur les désespérait. Walt n'avait garde de les oublier ceux-là, dans la joie du dénouement : n'avaient-ils pas droit à son amour comme les autres ? Chaque dimanche il bourrait son havresac, le repassait à son épaule et cheminait vers l'un des hôpitaux restants. Durant toute l'année 1865 et une bonne partie de 1866, il continua ses visites dominicales. L'un après l'autre les hôpitaux fermaient : bientôt il n'en subsista plus qu'un, l'hôpital Harewood, isolé dans les bois au nord-ouest de la cité, dernier asile des blessures incurables, des maladies obstinées et des pauvres diables sans feu ni lieu. Quatre ou cinq salles demeuraient encore pourvues de leurs tristes habitants ; et Walt s'obstinait, cherchant s'il « pourrait faire quelque chose » pour ces vétérans de la douleur (1). Il lui en coûtait d'abandonner son poste de volontaire et de dire adieu à sa mission. La guerre était bien finie, mais dans le cœur de Walt, les soupirs de ses victimes étaient longs à s'éteindre. On le vit bien, lorsque, des années plus tard, passant une dernière fois en revue leur immense armée, il

(1) Walt Whitman : *Prose Works*, pp. 75-77, 452-453.

adressa aux morts de la guerre le solennel adieu de quelqu'un qui gardait à jamais leur souvenir sacré (1).

Au moment même où la lutte approchait de son terme, il se préparait à faire tomber le voile du monument, plus durable encore, qu'en secret il leur avait édifié. Durant ces années de commotion et de fièvre, toute poésie avait apparemment disparu dans le gouffre qui s'était creusé aux pieds de la nation : mais du gouffre même elle avait rejailli, et dans l'âme du Panseur de Plaies, imbibée d'émotions profondes, de nouveaux versets avaient levé. Son livre n'avait pas été englouti dans la tourmente : il avait silencieusement grandi d'un étage.

Aux premiers jours de la guerre, la secousse qu'il avait subie en voyant sa cité et l'Amérique prendre les armes, s'était traduite en odes enflammées que semble traverser la fureur sainte des Prophètes. Sous l'inspiration quotidienne des enrôlements en masse, des télégrammes zébrant l'atmosphère fiévreuse, des passages de troupes à travers les rues de New-York, il avait écrit la majeure partie de ses *Roulements de Tambour*. Il avait laissé le manuscrit à la maison lorsqu'il était parti soigner son frère George. Par la suite, ses expériences personnelles aux hôpitaux et aux camps, les tragédies dont il avait été témoin, les sensations indicibles qu'il avait vécues parmi les blessés, avaient donné naissance à d'autres poèmes d'un sentiment encore plus intense. Le recueil avait pris forme dès la fin de 1863. Lorsqu'il était allé passer un mois à Brooklyn auprès de sa mère, en novembre de la même année, il avait écrit à son camarade Eldridge : « Je sens le besoin de me consacrer de plus en plus à l'œuvre de ma vie, qui est de faire des poèmes... Il faut que je crée sans relâche des poèmes. C'est à présent le grand jour : je vais suivre encore pendant quelques années le haut plateau de ma vie, et après ce sera la descente rapide (2)... » De retour à Washington, un jour qu'un ami était venu le trouver dans sa chambrette, il avait tiré le manuscrit de sa malle et lui en avait lu des fragments, « avec force et sentiment et

(1) Walt Whitman : *Prose Works*, pp. 79-81.
(2) B. Perry : *Walt Whitman*, p. 143.

d'une voix aux tonalités riches mais pas retentissantes (1) ». Il y avait fait des retouches l'année suivante et mis la dernière main pendant ses six mois de vacances à Brooklyn, que les médecins lui avaient imposés après son indisposition de juillet 1864 : maintenant le volume était prêt et il était décidé à « remuer ciel et terre » pour le faire paraître (2). C'était là l'éternelle difficulté. Des éditeurs de Boston, pressentis, avaient refusé de se charger des *Roulements de Tambour* : l'interdit pesait toujours sur le poète « obscène ». Aussi, dès qu'il eut une place et un salaire, Walt s'empressa-t-il de recourir à sa méthode favorite. Il fut son propre éditeur, comme il l'avait été et le sera. Des années il avait travaillé comme typographe, il connaissait à fond la partie, et avait conservé des relations avec des imprimeurs de New-York. Ce fut là qu'il donna son manuscrit à composer dans les premiers mois de l'année 1865.

Le livre était prêt au commencement d'avril. Le poète se trouvait à Brooklyn, venu sans doute pour revoir ses dernières épreuves, lorsqu'une nouvelle foudroyante vibra dans l'air soudainement : Abraham Lincoln venait d'être assassiné ! Dans les circonstances présentes, au lendemain de la capitulation de Lee, la guerre à peine terminée, un pareil événement ne pouvait engendrer que la stupeur, l'accablement de tout un peuple agenouillé devant le corps du plus grand des citoyens et des présidents, en lequel s'était incarnée, au cours d'une période d'angoisses, la cause de l'Union. Walt fut atteint au cœur. «... Nous apprîmes la nouvelle le matin de très bonne heure, — a-t-il écrit dans ses *Echantillons de Jours*. — Ma mère prépara le déjeuner, — et les autres repas ensuite, — comme d'habitude; mais de toute la journée pas un d'entre nous ne mangea une seule bouchée. Nous bûmes chacun une demi-tasse de café ; cela fut tout. Nous parlions peu. Nous achetions tous les journaux du matin et du soir et les nombreuses éditions spéciales d'alors, et nous nous les passions en silence les uns aux autres (3). »

(1) J.T. Trowbridge : *Reminiscences of Walt Whitman*, Atlantic Monthly, fév. 1902.
(2) B. Perry : *Walt Whitman*, pp. 149-150.
(3) Walt Whitman : *Prose Works*, p. 26.

Lincoln avait plus que son affection profonde. Il l'avait suivi et observé de près, et l'ancien batelier de l'Ouest qui, d'une main si ferme et si prudente, avait tenu pendant les années d'orage le gouvernail de l'Union, représentait à ses yeux le plus haut type de la démocratie. C'était un homme et un représentant selon son cœur, qui justifiait sa foi et son idée. La première fois qu'il le vit, c'était dans Broadway, en février 1861, le jour où le nouveau président avait fait cette singulière entrée à New-York, parmi le silence hostile de la foule massée, que le poète a décrit de main de maître. Juché sur l'impériale d'un omnibus bloqué par la foule, Walt avait pu l'étudier à loisir et noter son « air et son allure — son calme et son sang-froid absolus — sa taille insolite qui lui donnait une apparence gauche et singulière, ses vêtements complètement noirs, son chapeau tuyau de poêle rejeté en arrière, son teint brun foncé, sa figure couturée et ridée, pourtant d'expression avisée, sa chevelure en broussailles, son long cou disproportionné, pendant qu'il se tenait debout, les mains derrière le dos, observant le peuple (1) ». Il l'avait retrouvé à Washington, où il était devenu pour lui une figure familière. Dans les rues il croisait à tout moment sa voiture, et en été, Lincoln passait chaque soir sous sa fenêtre, pour se rendre à sa maison de campagne. Parfois Walt se mêlait à la foule énorme et pittoresque qui, les jours de réception publique, se précipitait à la Maison Blanche pour serrer la main du président (2). Et il ne se lassait jamais de sonder ce visage d'étrangeté, de laideur même, avec « la profonde tristesse latente (3) » que les énormes soucis du temps y imprimaient, mais où subsistaient « l'ancienne bonté et tendresse (4) ». Les traits de Lincoln exerçaient sur le grand liseur d'âmes un attrait tout-puissant : sous leurs rides prodigieusement accusées il percevait une « subtile et indirecte expression (5) »,

(1) Walt Whitman : *Prose Works*, p. 308.
(2) *Id.*, p. 64.
(3) *Id.*, p. 43.
(4) *Id.*, p. 64.
(5) *Id.*, p. 44.

qu'aucun portrait n'avait su rendre. Cela, ce « quelque chose d'autre », c'était sans doute la personnalité de cet homme extraordinaire et commun à la fois : et le chantre de la personnalité cherchait à en déchiffrer l'énigme. De plus, lié d'amitié avec John Hay, le futur ministre des Affaires étrangères de la République, alors secrétaire particulier de Lincoln, Walt connaissait, par des confidences, certains aspects de l'homme intime.

Le poète et le président, à force de se rencontrer, en étaient arrivés à échanger un salut cordial et un sourire lorsqu'ils se croisaient dans les avenues. Peut-être y avait-il dans ce salut autre chose que de la courtoisie banale, de la part du président, et s'y mêlait-il une certaine curiosité sympathique, à peine consciente. L'imposante figure de Walt, qui, dans Pennsylvania Avenue, était devenue familière aux passants, n'avait pas été sans l'intriguer lui aussi. Un jour de l'hiver 1864, le président causait, près d'une fenêtre de la Maison Blanche, avec un membre de Congrès et un ami de celui ci ; il tenait à la main une lettre qu'il venait de lire, et réfléchissait, le regard tourné vers la vitre. A ce moment, Walt s'avançait dans l'avenue, en face de la demeure présidentielle, de sa démarche lente et balancée, le chef coiffé de son vaste feutre, les mains dans les poches de devant de son pardessus, la tête haute, environné de cette simplicité olympienne qui avait partout attiré les regards des passants. Le président s'informa, et, lorsqu'on lui eut nommé le promeneur, ne répondit rien. Mais son regard suivit l'homme avec insistance jusqu'à ce qu'il eût disparu ; et comme se parlant à lui-même, Abraham Lincoln fit, d'un ton singulier et en appuyant fortement sur les mots, cette remarque : « Ma foi, *il* a vraiment l'air d'un *homme*... (1). » Dans les difficultés de tous genres qu'avait traversées l'Union et en face des reproches de lenteur et d'inertie que les ignorants et les politiciens de cabaret ne ménageaient pas au chef du gouvernement, Walt lui avait conservé son respect et sa confiance entière. Le pays, par la réélection enthousiaste de Lincoln,

(1) J. Burroughs : *Notes*, p. 122.

en 1864, lui avait donné raison. Et c'était cet homme-là qui disparaissait stupidement sous le pistolet d'un fou, au milieu de la joie débordante qui avait accueilli la victoire de l'Union... Le souvenir de ces minutes de deuil ne devait jamais s'effacer du cœur du poète, qui avait saigné avec tous, plus que tous. Avec les années, son admiration fervente pour la figure du « Puissant Homme de l'Ouest (1) » devait grandir jusqu'à prendre la forme d'une sorte de religion (2). Dans les jours de sa vieillesse, lorsque reparaissait le 14 avril, avec le parfum des lilas, il ne manqua pas, chaque fois qu'il le put, de renouveler publiquement sa commémoration solennelle d'Abraham Lincoln.

Devant cette mort, Walt fit mettre de côté son volume tout près de paraître et dont quelques exemplaires même étaient déjà reliés. Il y avait un trou dans son livre à présent, le trou énorme de cette tombe fraîchement creusée. Ses *Roulements de Tambour* ne verraient pas le jour ainsi : la soudaine émotion dont le destin avait voulu ponctuer la fin de la guerre devait être redite. Et peu à peu elle s'ordonnait dans l'être de Walt, en rythmiques accents de douleur. Au héros mort, il voulait consacrer un chant. De sorte que le recueil, supplémenté des derniers poèmes composés sous l'impression directe du meurtre du 14 avril, ne parut que deux ou trois mois plus tard, c'est-à-dire vers le milieu de l'année 1865. Le petit volume, d'une centaine de pages avec son appendice — (les *Roulements de Tambour* portant la marque de « New-York, 1865 » et la *Suite aux Roulements de Tambour* celle de « Washington, 1865-66 », les deux séries brochées ensemble) — n'étalait donc au-dessous de son titre le parrainage d'aucune firme éditoriale. Il partait tout seul à travers le monde, n'ayant que le nom de son auteur comme sauvegarde. Nous ne savons pas exactement quel accueil il reçut, mais il y a tout lieu de supposer que la vente fut très minime et qu'il passa presque inaperçu. Les *Feuilles d'Herbe* avaient pu soulever un cer-

(1) Walt Whitman : *Prose Works*, p. 433.
(2) *Calamus*, p. 30.

tain tapage en raison de leur énorme, patente, insolente étrangeté : il n'y avait pas les mêmes raisons cette fois pour que les *Roulements de Tambour* provoquassent l'attention du public, qui ne reconnaissait plus le Silène ivre dont il s'était un moment amusé.

C'était bien le même Walt pourtant qui se proposait, parmi ces nouveaux chants, sortis de lui ainsi que les premiers, au contact des réalités. Comme naguère, à l'Opéra, en écoutant chanter Alboni, ou dans le tumulte de Broadway, ou bien parmi le bruit des lames sur les rivages de Long-Island, ses *Feuilles* avaient jailli de lui en surgeons, — c'était parmi les spectacles de fierté ou de sang de la guerre *réelle*, non de la guerre imaginaire, qu'il avait assemblé les mesures de ses *Roulements*. Peut-être, s'il avait chanté des actions d'éclat ou des généraux vainqueurs sur le mode dithyrambique et pompeux cher aux bardes du patriotisme, eût-il rencontré l'approbation assurée à ceux dont la médiocrité éveille chez tous de nécessaires correspondances. Mais c'étaient là des poèmes de guerre comme, seul au monde, Walt pouvait en concevoir. Combien étranges, combien nouveaux, combien authentiquement sortis du cœur tour à tour transporté et torturé du Panseur de Plaies ! C'était comme l'épopée intérieure, émotionnelle, mystique de la guerre, sous ses deux aspects cardinaux — le prodigieux élan national du début, le dévouement illimité à la cause de la démocratie, analogue au prodigieux élan qui emporta les volontaires de 93 — puis l'immense sacrifice des jeunes vies, que célébrait avec des accents de tristesse passionnée celui qui les avait aimées si pathétiquement. Le poète avait mis toute son immense tendresse navrée dans ce « psaume des morts », en l'honneur des amis et des ennemis, offerts en holocauste à la cause. Et ce qui donnait un sens incomparable à ce livre gonflé d'horreur et d'amour, c'était la vision de la réconciliation finale qui s'élevait au-dessus des combattants.

... Mon ennemi est mort — un homme divin comme moi-même est mort ;
Je regarde l'endroit où il repose, immobile et le visage blanc, dans le cercueil — je m'approche,

Je me penche et effleure de mes lèvres le visage blanc dans le cercueil (1).

Puis, couronnement funèbre et splendide des strophes inspirées par la guerre, venaient les hymnes à la mémoire de Lincoln, — ces immortels chants, *Quand les Lilas ont fleuri devant la Porte* et *O Capitaine, mon Capitaine*, que l'on ne peut comparer, comme puissance d'émotion, qu'à la Marche funèbre de Siegfried dans *l'Anneau du Nibelung*, et qui suffiront un jour à faire reconnaître Walt Whitman comme le chantre de la nation américaine, l'Homère ou le Pindare des Etats-Unis. A travers les *Roulements de Tambours*, cette mort de Lincoln apparaissait comme un événement soudé à la guerre. Le drame d'hier y atteignait son épilogue, dans un sentiment d'épouvante sacrée et de fatalité grandiose. Le poète incarnait, en versets inoubliables, la douleur d'un peuple, il était le cœur en pleurs de l'Amérique, assemblée au bord de la tombe de son grand homme.

Tel était donc le fruit poétique qu'avait mûri la guerre en Walt Whitman. Plus tard, lorsqu'il reprendra ces poèmes, il pourra les annexer, puis les intégrer à ses *Feuilles*, dont ils formeront une assise nouvelle en vue de leur futur achèvement. Le monde pouvait bien les dédaigner : il n'en demeurait pas moins vrai que le Panseur de Plaies venait d'immortaliser les plus pures et les plus intimes émotions de la guerre civile et de toute guerre.

Durant le temps qu'il composait ce rayonnant hymne funèbre de Lincoln, Walt venait chaque jour s'asseoir devant son pupitre au ministère de l'Intérieur. Il s'acquittait correctement de ses nouvelles fonctions et il avait même reçu de l'avancement. Dans le bureau des Affaires Indiennes, auquel il était affecté, défilaient de nombreuses délégations d'Omahas, de Cheyennes et d'aborigènes de toutes les régions, venus pour conclure certains arrangements. L'observateur et l'artiste ne se lassait pas de les étudier, d'écouter leurs discours traduits par un interprète, de noter leurs attitudes. Le sauvage qui était en lui s'extasiait devant la beauté, l'imperturbabilité, l'ai-

(1) Walt Whitman ; *Leaves of Grass*, p. 251.

sance, la force de ces merveilleux types humains, façonnés par les éléments et les « exigences de la vie de première main », et auprès desquelles la « personnalité, la dignité » des civilisés paraissaient pauvres et mesquines. Il alla les voir en ville, les fit causer, et fut reçu par eux avec une cordialité spéciale (1). Ce passage au ministère de l'Intérieur, qui devait être très court, lui fournissait ainsi le moyen d'enrichir le trésor de ses observations d'après nature.

(1) Walt Whitman : *Prose Works*, pp. 409-411.

V

HARLAN SOUS LES VERGES

Il y avait cinq à six mois que Walt occupait son poste au ministère et consacrait les loisirs d'une vie plus calme aux derniers blessés de la guerre, lorsque le portefeuille de l'Intérieur passsa entre les mains de l'honorable James Harlan, un natif de l'Iowa. Ce personnage, qui, avant d'être ministre de l'Intérieur, s'était employé comme ministre méthodiste, puis avocat, sénateur, président d'une Université, avait été nommé grâce aux efforts de ses coreligionnaires. Longtemps Lincoln avait résisté à la pression intense que ceux-ci avaient exercée sur lui, pour finalement céder, en raison de l'importance des Méthodistes comme corps et des loyaux services rendus par eux au gouvernement pendant la guerre (1).

Un jour, une dénonciation, partie de Boston, révélait au nouveau ministre qu'un de ses sous-ordres, — ce ponctuel et pacifique employé à barbe blanche qui travaillait au bureau des Affaires Indiennes — était l'auteur d'un abominable livre. Harlan, en vue d'investiguer le cas, usa, tout Méthodiste qu'il était, d'un procédé de jésuite. Après le départ des employés il se rendit un soir, en personne, au pupitre qu'occupait Walt, le fouilla et, découvrant un livre couvert d'annotations à l'encre et aux crayons de couleur qui lui parut suspect, l'emporta pour l'examiner (2). C'était un exemplaire des *Feuilles d'Herbe*

(1) Walt Whitman : *Prose Works* , pp. 442-443.

(2) H. Traubel : *With Walt Whitman in Camden*, pp. 3-4. Cet exemplaire est sur le point d'être réédité en facsimile par Horace Traubel, accompagné d'un récit de l'incident, rédigé à l'époque par le poète.

que Walt, à ses moments perdus, revisait en vue d'une édition nouvelle. Dans l'intimité de son cabinet, Harlan prit connaissance des élucubrations de son employé et ne fut pas long à reconnaître le bien-fondé de la dénonciation. L'homme qui avait écrit ces pages était un dangereux satyre : le cas était jugé sans qu'il fût besoin de l'entendre. Le lendemain matin le livre, avec dextérité, était remis en place dans le pupitre du réprouvé et M. Whitman recevait immédiatement l'avis, daté du 30 juin, que le ministère se passerait désormais de ses services. Le Panseur de Plaies était mis à la porte sans explication. Harlan n'était pas homme à tolérer dans ses bureaux un pareil scandale, dû à l'imprudence de son prédécesseur. Ce digne secrétaire d'Etat s'attestait, en matière de respectabilité, l'émule de Chase, son collègue des Finances qui avait refusé de prendre le poète dans son département.

Le coup était soudain. Walt, la première minute d'étonnement passée, dut le recevoir avec sa philosophie coutumière. Ses amis, stupéfaits, indignés, protestèrent. Sollicité par O'Connor, J. Hubley Ashton, qui occupait une situation en vue auprès de l'Attorney-général, se rendit le lendemain chez le ministre de l'Intérieur pour lui demander des explications. M. Whitman négligeait-il ses fonctions ou se prouvait-il incapable de les remplir ? Non, c'était un bon employé, de l'aveu du ministre La seule raison de son renvoi, c'est qu'il avait écrit un livre dont celui-ci avait pu de ses yeux savourer l'indécence, l'ayant découvert « comme par hasard », dans l'une des salles du ministère. Parmi d'autres monstruosités, l'auteur ne s'y posait-il pas en partisan de l'amour libre ! C'étaient là des pages qui appelaient le bûcher. Ashton, bien inutilement, essaya en quelques mots d'expliquer à l'honorable inquisiteur ce qu'étaient les *Feuilles d'Herbe*, leur idée fondamentale, etc. Harlan secouait la tête : l'étalage des mots obscènes qui avaient éveillé sa libidinosité latente d'homme pieux, seul comptait à ses yeux. Et Ashton insistait. Il connaissait Whitman à fond et il pouvait témoigner quelle avait été sa vie, il racontait son œuvre splendide aux hôpitaux, les immenses services rendus par lui aux victimes de la guerre. Le ministre écoutait sans broncher. Puisqu'il en était ainsi, ses préventions tombaient contre M. Whitman homme : mais l'écrivain n'en demeurait pas moins condamnable. L'ami poursuivant son plaidoyer, le digne personnage l'interrompait : Ashton avait beau dire, lui Harlan ne garderait pas dans son ministère l'individu qui avait écrit les *Feuilles d'Herbe*, quand bien même le président lui-même le lui ordonnerait. Il aimerait mieux abandonner son portefeuille que de revenir sur sa décision. Et il donnait de nouveau libre cours à son indignation de saint personnage contre l'immoral écrivain. Il n'y avait rien à faire et Ashton salua (1). La morale restait victorieuse.

Pourtant l'ami ne s'en tint pas là : Walt avait quitté le ministère de l'Intérieur le 30 juin, et en juillet il recevait de l'Attorney-général James Speed un emploi équivalent à celui qu'il venait de quitter. C'était là un premier camouflet pour Harlan, — avant la gifle formidable qui allait marquer d'une rougeur ineffaçable son honnête joue de Méthodiste. Le misérable petit complot dont le Panseur de Plaies venait d'être victime — la victime apparente, après tout, car la réelle victime, comme on va le voir, ne fut autre finalement que l'exécuteur lui-même — était l'une des conséquences lointaines et détournées de l'indignation furieuse qu'avait soulevée dans certains clans dévots, dès la première heure, les poèmes ardents de celui qui, sans honte, en communion avec toute la nature, avait chanté les joies de son corps. Il y avait quelque part un centre d'inimitié tenace et sournoise d'où non seulement se répandait, à travers les cercles littéraires et les journaux, toute une variété de potins malpropres, d'entrefilets fielleux, de calomnies anonymes contre l' « obscène » écrivain, mais où furent machinées dans l'ombre les trois attaques publiques que le poète eut à subir et dont l'incident Harlan était la première. Ce quelque part était Boston. Au cœur de la citadelle du puritanisme veillait une milice sacrée d'inquisiteurs et de gardiens de la morale que la belle et saine franchise sexuelle des *Feuilles d'Herbe* faisait frémir d'une sainte fureur. L'énorme matérialisme du livre cho-

(1) Bucke : *Walt Whitman*, pp. 41-42.

quait profondément l'intellect bostonien, fait de lucidité froide et d'abstraction raffinée. Walt, devant eux, avait l'air d'un grand animal, hirsute et chaud, tombé parmi des littérateurs, des prédicateurs, des exégètes, des pédagogues, et sa face pleine et rubiconde semblait outrager leurs joues blèmes et rasées. Et la colère mauvaise de ces « momies », comme le poète les nommait (1), se manifestait autant contre l'homme que contre son livre. Un jour, un Anglais, muni d'une lettre à lui donnée par un gentilhomme-poète de Grande-Bretagne, lord Houghton, et l'introduisant auprès de Whitman, s'était trouvé parmi une chambrée de ces respectables cagots qui, d'une seule voix, lui avaient affirmé que l'auteur des *Feuilles d'Herbe* n'était qu'un « simple voyou new-yorkais », absolument indigne de sa visite (2). Dans cette hostilité persistante, on aurait pu retrouver comme un lointain écho des divergences essentielles entre l'esprit puritain et l'esprit quaker : mais il y avait beaucoup plus que cela. Entre le néo-païen d'animalité rutilante, surgi de la terre américaine, en l'être duquel se consommait si miraculeusement l'identité de l'homme et de la nature, et ces chrétiens renforcés chez lesquels s'aiguisait jusqu'à la frénésie toute l'inhumanité d'un dogme monstrueusement antivital, le dissentiment était d'une sorte perdurable et irréductible. Il y avait d'eux à lui toute la distance qui sépare un code dominé par la conscience du péché, d'un évangile de joie.

Si jamais vengeance adéquate fut tirée d'un outrage, ce fut bien celle qui se préparait Celui qu'avait le plus indigné l'acte d'ignare et odieuse cafarderie commis par le ministre de l'Intérieur, c'était l'ami généreux au foyer duquel Walt avait passé les premiers mois de son séjour à Washington, le noble et bouillant O'Connor. Non seulement il avait invité Hubley Ashton à s'entremettre pour réparer l'injustice dont le poète venait d'être victime, mais la mesure prise par Harlan lui

(1) Walt Whitman : *Prose Works*, p. 327.

(2) W. S. Kennedy : *Reminiscences of Walt Whitman*, p. 98; O'Connor, *The Good Gray Poet*, dans Bucke, *Walt Whitman*, p. 100; H. Traubel, *With Walt Whitman in Camden*, pp. 101-102.

parut un attentat monstrueux contre la liberté des lettres dont il fallait tirer vengeance. Et, à la flamme de son courroux, l'écrivain qu'il était, parmi les paperasses de la Direction des Phares, se réveilla. Deux mois après le renvoi de Walt, paraissait un pamphlet intitulé *Le Bon Poète aux Cheveux Gris : une Défense.* C'était un surnom qui s'était attaché à sa personne, et que probablement les gens de la rue à Washington lui avaient donné, en le voyant passer tous les jours.

O'Connor avait merveilleusement balancé sa fronde, et l'honorable Harlan venait d'être marqué pour toujours. Il serait difficile d'analyser les pages étincelantes de cette philippique : comme puissance verbale, comme nervosité, comme mouvement, comme éclat des images, comme verve satirique, elle s'apparente aux morceaux les plus colorés et les plus éloquents de la prose française, de Courier à Hugo. Elle traduit non seulement l'enthousiasme illimité et la sincérité brûlante d'un admirateur, mais le goût sûr d'un artiste, absolument maître de sa langue. O'Connor y prouvait, en choisissant des exemples dans la littérature de tous les âges et de toutes les races, avec une érudition rare, que les grandes œuvres du passé recélaient une part *nécessaire* de ce que les Harlans nomment « obscénité », les grands poèmes indous comme Moïse ou Ezéchiel, Shakespeare comme Dante, Rabelais comme Cervantès, — une part sans laquelle ils ne seraient pas complets. Rarement la folie de prétendre châtrer les génies et « moraliser » l'art, fut dénoncée en accents aussi vibrants. O'Connor refaisait ainsi sur la terre du Nouveau Monde l'éternel plaidoyer pour la liberté imprescriptible des lettres. Puis, élargissant le débat, il plaidait en entier le procès du poète, relevait toutes les accusations qui l'avaient sali dès le début et les réduisait à néant. A la personne royalement humaine de son ami il rendait un hommage éclatant, public, en dévoilant son caractère, en racontant sa mission aux hôpitaux, en publiant les significations énormes de son œuvre — cette œuvre vilipendée, bafouée, honnie par tout ce que l'Amérique comptait de faux bonshommes, de cuistres et de tartufes. O'Connor ne mâchait pas ses mots : tous les Harlans avaient leur compte. Il disait les paroles nécessaires et vengeresses, montrant aux « ignorantes et indécentes personnes de respectabilité » quel souverain esprit de pureté avait dicté au poète les versets « obscènes » qui avaient ameuté les colères, et flétrissant avec une ironie féroce la maladie de la pudeur, qui fait renifler l'ordure là où il n'y a que choses naturelles et propres. Et l'homme et son livre, ainsi exaltés, justifiés, projetés en pleine lumière, mis au rang des génies absolus dont il venait de passer en revue les « indécences », au moins égales aux audaces des *Feuilles d'Herbe*, il dénonçait la stupidité et l'ignominie de l'outrage commis envers le Panseur de Plaies, et n'était pas loin de demander pour lui le Prytanée, dû à cet autre Socrate :

J'ignore quelles autres vicissitudes, quelles insultes et quels outrages sont en réserve pour ce grand homme, — s'écriait O'Connor. Il se peut que les dévots d'une littérature châtrée, les vers de terre qui se dénomment écrivains, les confiseurs qui passent pour poètes, les moucherons qui sont reconnus comme critiques, les bigots, les dilettantes, les prudes et les imbéciles aient plus de puissance que je n'imagine pour troubler le cours de ses heures terrestres ; mais au-dessus d'eux et au-delà, se dresse une plus majestueuse civilisation dans les immensités saines et sereines de l'avenir. Et l'homme qui a réalisé cette chose sublime, un livre authentique ; qui a écrit pour faire son pays plus grand, ses citoyens meilleurs, sa race plus noble ; qui s'est efforcé de servir les hommes en leur révélant ce qu'ils connaissent le moins, leur propre nature, leur propre expérience ; qui a projeté en poésie vivante une philosophie destinée à exalter la vie à un plus haut niveau de sincérité, de réalité, de religion ; qui a déchiré les déguisements et les illusions, et restitué aux choses les plus communes, aux êtres les plus simples et les plus grossiers, leur divine signification et leur naturelle, antique dignité ; qui, enfin, a enveloppé son pays et toutes les choses créées comme dans les splendeurs d'un lever de soleil, dans le rayonnement d'une puissante et débordante poésie — cet homme-là, dis-je, quels que soient les nuages qui couvrent sa renommée, est assuré d'être illustre ; et alors que tous les visages se froncent de menace, que toutes les mains se lèvent contre lui, il peut bien, tournant le dos à son époque et à sa génération, écrire sur son livre, avec toute la fierté et la douleur d'Eschyle calomnié, la hautaine dédicace que ce poète grava sur ses cent drames : *Au Temps* (1).

(1) W. D. O'Connor, *The Good Gray Poet*, dans Bucke : *Walt Whitman*, pp. 124-125.

O'Connor, avec toute l'éloquence, la témérité et l'esprit étincelant d'un Celte, infligeait au personnage le châtiment le plus approprié. Il lui conférait, en le fixant devant la postérité dans l'attitude même de son acte, l'immortalité du ridicule : le nom d'Harlan était sauvé de l'oubli. Le bon ami était parti en guerre comme un croisé. Ce n'était pas la première fois, on s'en souvient, que la véhémence de ses convictions et la fougue de sa nature intransigeante l'avaient fait le champion d'une cause impopulaire : naguère journaliste à Boston, il s'était vu remercier pour avoir soutenu sans restriction la cause anti-esclavagiste. Et, en défendant Walt, il n'avait pas été arrêté une minute par la pensée que cette pointe poussée au ministre de l'Intérieur pourrait lui causer des ennuis sérieux, étant lui-même employé du gouvernement. Non seulement il venait d'accomplir une besogne magnifique, mais il laissait une œuvre, dépassant l'occasion qui l'avait fait jaillir et qui a pris place dans la littérature américaine, où elle demeure, en son genre, sans égale.

En terminant ses pages, O'Connor appelait la république des lettres à la défense de l'un de ses représentants outragés. Il ne s'en tint pas à cet appel collectif, mais envoya sa brochure à nombre de personnalités du monde littéraire en Amérique et en Angleterre, en leur demandant par lettres de se rallier à la cause du poète (1). A la réception du panégyrique où, avec le sérieux ardent d'un homme pénétré de la grandeur de sa tâche, l'écrivain plaçait Walt Whitman au nombre des génies souverains, il y eut inévitablement des éclats de rire dans la galerie des loustics impénitents; des insultes également s'y mêlèrent, que valait au défenseur l'incroyable audace avec laquelle il avait jeté des vérités toutes nues à la face des philistins.

Certains journaux, commentant le renvoi de Walt, en avaient déjà profité pour rééditer leurs bouffonneries à l'adresse du poète, publiquement congédié comme un vilain monsieur. Néanmoins, comme un acte de courage et de justice n'est jamais perdu, le plaidoyer d'O'Connor eut un effet certain,

(1) B. Perry : *Walt Whitman*, p. 171.

sinon immédiat sur l'opinion, et, dans certains milieux, il créa un courant en faveur du poète. Des écrivains, qui admiraient médiocrement les *Feuilles d'Herbe*, furent contraints d'avouer que la mesure d'Harlan était une ignominie, et beaucoup de gens, en dehors de la littérature, ne cachèrent pas leur réprobation. O'Connor n'avait pas fait en vain son geste de preux. Dédaigneux des outrages, il devait bientôt récidiver, sur un sujet qui lui tenait tant à cœur, en publiant ce conte où la grande figure de son ami passe, nimbée d'une auréole de légende, semblable à quelque pèlerin de l'éternité (1) — et telle que devait l'interpréter un peu plus tard le burin de Herbert Gilchrist, dans un admirable portrait, dont on n'oublie plus, après l'avoir contemplé une fois, le regard noyé de tendresse et l'indicible expression (2). Et dix-huit ans plus tard, dans une longue lettre ouverte au biographe de Walt Whitman, il combattait à nouveau le vieux combat pour son ami des jours d'autrefois, avec la même fraîcheur d'enthousiasme (3). Toujours aux côtés de Walt, le noble O'Connor demeurera, à travers le temps, image de loyauté, d'ardente foi et d'admiration sans réserve.

Harlan sous les verges n'avait pas bronché. Il se rencoignait dignement dans l'ombre avec sa flétrissure. Seulement, quelques mois après, à l'occasion d'une critique, parue dans un périodique de New-York, le parfait jésuite fit écrire au directeur de cette feuille par un de ses porte-plumes. Ce dernier, en essayant de défendre l'acte et la personne de son chef, qu'il appelait un « chrétien et un esprit élevé », accusait d'incapacité l'ancien employé du Service des Affaires Indiennes et déclarait qu'on n'aimait pas les ivrognes au ministère. Cette insinuation burlesque achevait de caractériser le grand chef qui y avait recours. O'Connor répliqua, en provoquant le champion du piètre Harlan et en l'invitant à préciser. L'autre naturellement resta muet (4).

(1) W. D. O'Connor, *The Carpenter*. Putnam's Magazine, janv. 1868.
(2) Bucke : *Walt Whitman* (frontispice).
(3) *Id.*, pp. 73-98.
(4) *Id.*, pp. 131-132.

Cette philippique, dont les mots vibrent encore comme au premier jour, devait marquer une date fameuse dans l'histoire des *Feuilles d'Herbe*. C'était la première lance publiquement rompue en l'honneur de Walt. Parmi les quelques approbations qu'il avait recueillies jusqu'alors, aucune ne le justifiait avec une telle ampleur. Cette fois une voix magnifique, claironnante, hautaine, s'était élevée pour sa défense, vengeresse des longues calomnies, armée des paroles nécessaires. Depuis la lettre d'Emerson, venue dix ans auparavant, rien d'aussi réconfortant ne s'était offert sur sa route. « Trois fois bénie soit sa mémoire! » prononçait pieusement Walt sur la tombe d'O'Connor, se rappelant ce qu'il avait été pour lui aux heures solitaires de ses débuts.

FIN DU TOME PREMIER

POITIERS. — IMP. MARC TEXIER. — 20-VIII-26

POITIERS. — IMP. MARC TEXIER

www.ingramcontent.com/pod-product-compliance
Lightning Source LLC
LaVergne TN
LVHW020552230826
846091LV00002B/464

* 9 7 8 2 3 2 9 3 7 9 5 5 5 *